敦煌与丝绸之路研究丛书

郑炳林 主编

新疆库木吐喇佛塔出土鲍威尔写本研究

任曜新 —— 著

『十三五』国家重点图书出版规划项目

教育部人文社会科学重点研究基地兰州大学敦煌学研究所项目

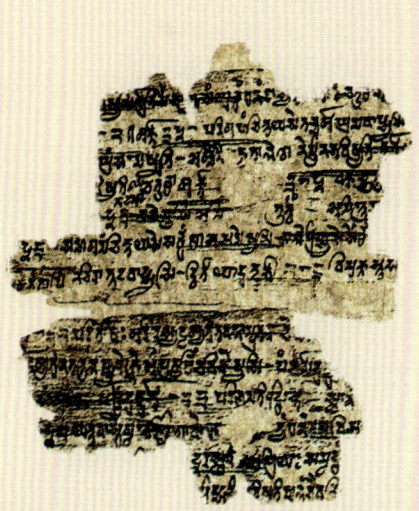

甘肃文化出版社

图书在版编目（CIP）数据

新疆库木吐喇佛塔出土鲍威尔写本研究 / 任曜新著
. -- 兰州：甘肃文化出版社，2022.12
　（敦煌与丝绸之路研究丛书 / 郑炳林主编）
　ISBN 978-7-5490-2399-8

Ⅰ.①新… Ⅱ.①任… Ⅲ.①出土文物—文献—研究
—库车县 Ⅳ.① K877.94

中国版本图书馆 CIP 数据核字（2022）第 185353 号

新疆库木吐喇佛塔出土鲍威尔写本研究
XINJIANG KUMU TULA FOTA CHUTU BAOWEIER XIEBEN YANJIU

任曜新丨著

策　　划丨郧军涛
项目负责丨甄惠娟
责任编辑丨刘　燕
封面设计丨马吉庆

出版发行丨甘肃文化出版社
网　　址丨http://www.gswenhua.cn
投稿邮箱丨gswenhuapress@163.com
地　　址丨兰州市城关区曹家巷 1 号丨730030（邮编）

营销中心丨贾　莉　王　俊
电　　话丨0931-2131306

印　　刷丨甘肃发展印刷公司
开　　本丨787 毫米 ×1092 毫米　1/16
字　　数丨360 千
印　　张丨26.5
版　　次丨2022 年 12 月第 1 版
印　　次丨2022 年 12 月第 1 次
书　　号丨ISBN 978-7-5490-2399-8
定　　价丨106.00 元

国家科技支撑计划国家文化科技创新工程项目："丝绸之路文化主题创意关键技术研究"

（项目编号：2013BAH40F01）

教育部哲学社会科学重大课题攻关项目："敦煌佛教疑伪经全集整理与研究"

（项目编号：22JZD027）

兰州大学中央高校基本科研业务费重点研究基地项目："敦煌与丝绸之路文明"

（项目编号：2021jbkyjd004）

总　序

　　丝绸之路是东西方文明之间碰撞、交融、接纳的通道，丝绸之路沿线产生了很多大大小小的文明，丝绸之路文明是这些文明的总汇。敦煌是丝绸之路上的一颗明珠，它是丝绸之路文明最高水平的体现，敦煌的出现是丝绸之路开通的结果，而丝绸之路的发展结晶又在敦煌得到了充分的体现。

　　敦煌学，是一门以敦煌文献和敦煌石窟为研究对象的学科，由于敦煌学的外缘和内涵并不清楚，学术界至今仍然有相当一部分学者否认它的存在。有的学者根据敦煌学研究的进度和现状，将敦煌学分为狭义的敦煌学和广义的敦煌学。所谓狭义的敦煌学也称之为纯粹的敦煌学，即以敦煌藏经洞出土文献和敦煌石窟为研究对象的学术研究。而广义的敦煌学是以敦煌出土文献为主，包括敦煌汉简，及其相邻地区出土文献，如吐鲁番文书、黑水城出土文书为研究对象的文献研究；以敦煌石窟为主，包括河西石窟群、炳灵寺麦积山陇中石窟群、南北石窟为主的陇东石窟群等丝绸之路石窟群，以及关中石窟、龙门、云冈、大足等中原石窟，高昌石窟、龟兹石窟及中亚印度石窟的石窟艺术与石窟考古研究；以敦煌历史地理为主，包括河西西域地区的历史地理研究，以及中古时期中外关系史研究等。严格意义上说，凡利用敦煌文献和敦煌石窟及其相关资料进行的一切学术研究，都可以称之为敦煌学研究的范畴。

　　敦煌学研究是随着敦煌文献的发现而兴起的一门学科，敦煌文献经斯坦因、伯希和、奥登堡、大谷探险队等先后劫掠，王道士及敦煌乡绅等人为流散，现分别收藏于英国、法国、俄罗斯、日本、瑞典、丹麦、印度、韩国、美国等国家博物馆和图书馆中，因此作为研究敦煌文献的敦煌学一开始兴起就是一门国际性的学术研究。留存中国的敦煌文献除了国家图书馆之外，还有十余省份的图书馆、博物馆、档案馆都收藏有敦煌文献，其次台北图书馆、台北故宫博物院、台湾中央研究院及香港也收藏有敦煌文献，敦煌文献的具体数量没有一个准确的数字，估计在五万卷号左右。敦煌学的研究随着敦煌文献的流散开始兴起，敦煌学一词随着敦煌学研究开始在学术界使用。

敦煌学的研究一般认为是从甘肃学政叶昌炽开始，这是中国学者的一般看法。而20世纪敦煌学的发展，中国学者将其分为三个阶段：1949年前为敦煌学发展初期，主要是刊布敦煌文献资料；1979年中国敦煌吐鲁番学会成立之前，敦煌学研究停滞不前；1979年之后，由于中国敦煌吐鲁番学会的成立，中国学术界有计划地进行敦煌学研究，也是敦煌学发展最快、成绩最大的阶段。目前随着国家"一带一路"倡议的提出，作为丝路明珠的敦煌必将焕发出新的光彩。新时期的敦煌学在学术视野、研究内容拓展、学科交叉、研究方法和人才培养等诸多方面都面临一系列问题，我们将之归纳如下：

第一，敦煌文献资料的刊布和研究稳步进行。目前完成了俄藏、英藏、法藏以及甘肃藏、上博藏、天津艺博藏敦煌文献的刊布，展开了敦煌藏文文献的整理研究，再一次掀起了敦煌文献研究的热潮，推动了敦煌学研究的新进展。敦煌文献整理研究上，郝春文的英藏敦煌文献汉文非佛经部分辑录校勘工作已经出版了十五册，尽管敦煌学界对其录文格式提出不同看法，但不可否认这是敦煌学界水平最高的校勘，对敦煌学的研究起了很大的作用。其次有敦煌经部、史部、子部文献整理和俄藏敦煌文献的整理正在有序进行。专题文献整理研究工作也出现成果，如关于敦煌写本解梦书、相书的整理研究，郑炳林、王晶波在黄正建先生的研究基础上已经有了很大进展，即将整理完成的还有敦煌占卜文献合集、敦煌类书合集等。文献编目工作有了很大进展，编撰《海内外所藏敦煌文献联合总目》也有了初步的可能。施萍婷先生的《敦煌遗书总目索引新编》在王重民先生目录的基础上，增补了许多内容。荣新江先生的《海外敦煌吐鲁番文献知见录》《英国国家图书馆藏敦煌汉文非佛经文献残卷目录（6981—13624）》为进一步编撰联合总目做了基础性工作。在已有可能全面认识藏经洞所藏敦煌文献的基础上，学术界对藏经洞性质的讨论也趋于理性和全面，基本上认为它是三界寺的藏书库。特别应当引起我们注意的是，甘肃藏敦煌藏文文献的整理研究工作逐渐开展起来，甘肃藏敦煌藏文文献一万余卷，分别收藏于甘肃省图书馆、甘肃省博物馆、酒泉市博物馆、敦煌市博物馆、敦煌研究院等单位，对这些单位收藏的敦煌藏文文献的编目定名工作已经有了一些新的进展，刊布了敦煌市档案局、甘肃省博物馆藏品，即将刊布的有敦煌市博物馆、甘肃省博物馆藏品目录，这些成果会对敦煌学研究产生很大推动作用。在少数民族文献的整理研究上还有杨富学《回鹘文献与回鹘文化》，这一研究成果填补了回鹘历史文化研究的空白，推动了敦煌民族史研究的进展。在敦煌文献的整理研究中有很多新成果和新发现，如唐代著名佛经翻译家义净和尚的《西方记》残卷，就收藏在俄藏敦煌文献中，由此我们可以知道义净和尚在印度巡礼的情况和遗迹；其次对《张议潮处置凉州进表》拼接复原的研究，证实敦煌文献的残缺不但是在流散中形成的，而且在唐五代的收藏中为修补佛经就已经对其进行分割，这个研究引起了日本著名敦煌学家池田温先生的高度重视。应当说敦煌各类文献的整理研究都有类似的发现和研究成果。敦煌学论著的出版出现了一种新的动向，试图对敦煌学进行总结性的出版计划正在实施，如2000年甘肃文化出版社出版的《敦煌学百年文库》、甘肃教育出版社出版的"敦煌学研究"丛书，但都没有达到应有的目的，所以目前还没有一部研究丛书能够反映敦煌学研究的整个进展情况。随着敦煌文献的全部影印刊布和陆续进行的释录工作，将敦煌文献研究与西域出土文献、敦煌汉简、黑水城文献及丝绸之路石窟等有机结合起来，进一步拓展敦煌学研究的领域，才能促生标志性的研究成果。

第二，敦煌史地研究成果突出。敦煌文献主要是归义军时期的文献档案，反映当时敦煌政治经济文化宗教状况，因此研究敦煌学首先是对敦煌历史特别是归义军历史的研究。前辈学者围绕这一领域做了大量工作，20 世纪的最后二十年间成果很多，如荣新江的《归义军史研究》等。近年来，敦煌历史研究围绕归义军史研究推出了一批显著的研究成果。在政治关系方面有冯培红、荣新江同志关于曹氏归义军族属研究，以往认为曹氏归义军政权是汉族所建，经过他们的详细考证认为曹议金属于敦煌粟特人的后裔，这是目前归义军史研究的最大进展。在敦煌粟特人研究方面，池田温先生认为敦煌地区的粟特人从吐蕃占领之后大部分闯到粟特和回鹘地区，少部分成为寺院的寺户，经过兰州大学各位学者的研究，认为归义军时期敦煌地区的粟特人并没有外迁，还生活在敦煌地区，吐蕃时期属于丝棉部落和行人部落，归义军时期保留有粟特人建立的村庄聚落，祆教赛神非常流行并逐渐成为官府行为，由蕃部落使来集中管理，粟特人与敦煌地区汉族大姓结成婚姻联盟，联合推翻吐蕃统治并建立归义军政权，担任了归义军政权的各级官吏。这一研究成果得到学术界的普遍认同。归义军职官制度是唐代藩镇缩影，归义军职官制度的研究实际上是唐代藩镇个案研究范例，我们对归义军职官制度的探讨，有益于这个问题的解决。归义军的妇女和婚姻问题研究交织在一起，归义军政权是在四面六蕃围的情况下建立的一个区域性政权，因此从一开始建立就注意将敦煌各个民族及大姓团结起来，借助的方式就是婚姻关系，婚姻与归义军政治关系密切，处理好婚姻关系归义军政权发展就顺利，反之就衰落。所以，归义军政权不但通过联姻加强了与粟特人的关系，得到了敦煌粟特人的全力支持，而且用多妻制的方式建立了与各个大姓之间的血缘关系，得到他们的扶持。在敦煌区域经济与历史地理研究上，搞清楚了归义军疆域政区演变以及市场外来商品和交换中的等价物，探讨出晚唐五代敦煌是一个国际性的商业都会城市，商品来自于内地及其中亚、南亚和东罗马等地，商人以粟特人为主且有印度、波斯等世界各地的商人云集敦煌，货币以金银和丝绸为主，特别值得我们注意的是棉花种植问题，敦煌与高昌气候条件基本相同，民族成分相近，交往密切，高昌地区从汉代开始种植棉花，但是敦煌到五代时仍没有种植。经研究，晚唐五代敦煌地区已经开始种植棉花，并将棉花作为政府税收的对象加以征收，证实棉花北传路线进展虽然缓慢但并没有停止。归义军佛教史的研究逐渐展开，目前在归义军政权的佛教关系、晚唐五代敦煌佛教教团的清规戒律、科罚制度、藏经状况、发展特点、民间信仰等方面进行多方研究，出产了一批研究成果，得到学术界高度关注。这些研究成果主要体现在《敦煌归义军史专题研究续编》《敦煌归义军史专题研究三编》和《敦煌归义军史专题研究四编》中。如果今后归义军史的研究有新的突破，主要体现在佛教等研究点上。

第三，丝绸之路也可以称之为艺术之路，景教艺术因景教而传入，中世纪西方艺术风格随着中亚艺术风格一起传入中国，并影响了中古时期中国社会生活的方方面面。中国的汉文化和艺术也流传到西域地区，对西域地区产生巨大影响。如孝道思想和艺术，西王母、伏羲女娲传说和艺术等。通过这条道路，产生于印度的天竺乐和中亚的康国乐、安国乐和新疆地区龟兹乐、疏勒乐、高昌乐等音乐舞蹈也传入中原，迅速在中原传播开来。由外来音乐舞蹈和中国古代清乐融合而产生的西凉乐，成为中古中国乐舞的重要组成部分，推进了中国音乐舞蹈的发展。佛教艺术进入中原之后，形成自己的特色又回传到河西、敦煌及西域地区。丝绸之路上石窟众多，佛教艺术各有特色，著名的有麦积山石窟、北石窟、南石窟、大象山石窟、水帘洞石窟、炳灵寺石窟、天梯山石窟、马蹄寺石窟、金塔寺石窟、文殊山石窟、榆林窟、莫高窟、西千佛洞等。祆教艺术通过粟特人的墓葬石刻表现并保留下来，沿着丝绸之路和中原商业城市分布。所以将丝绸之路称之为艺术之路，一点也不为过，更能体现其特色。丝绸之路石窟艺术研究虽已有近百年的历史，但是制约其发展的因素并没有多大改善，即石窟艺术资料刊布不足，除了敦煌石窟之外，其他石窟艺术资料没有完整系统地刊布，麦积山石窟、炳灵寺石窟、榆林窟等只有一册图版，北石窟、南石窟、拉梢寺石窟、马蹄寺石窟、文殊山石窟等几乎没有一个完整的介绍，所以刊布一个完整系统的图册是学术界迫切需要。敦煌是丝绸之路上的一颗明珠，敦煌石窟在中国石窟和世界石窟上也有着特殊的地位，敦煌石窟艺术是中外文化交融和碰撞的结果。在敦煌佛教艺术中有从西域传入的内容和风格，但更丰富的是从中原地区传入的佛教内容和风格。佛教进入中国之后，在中国化过程中产生很多新的内容，如报恩经经变和报父母恩重经变，以及十王经变图等，是佛教壁画的新增内容。对敦煌石窟进行深入的研究，必将对整个石窟佛教艺术的研究起到推动作用。20世纪敦煌石窟研究的专家特别是敦煌研究院的专家做了大量的工作，尤其在敦煌石窟基本资料的介绍、壁画内容的释读和分类研究等基本研究上，做出很大贡献，成果突出。佛教石窟是由彩塑、壁画和建筑三位一体构成的艺术组合整体，其内容和形式，深受当时、当地的佛教思想、佛教信仰、艺术传统和审美观的影响。过去对壁画内容释读研究较多，但对敦煌石窟整体进行综合研究以及石窟艺术同敦煌文献的结合研究还不够。关于这方面的研究工作，兰州大学敦煌学研究所编辑出版了一套"敦煌与丝绸之路石窟艺术"丛书，比较完整地刊布了这方面的研究成果，目前完成了第一辑20册。

第四，敦煌学研究领域的开拓。敦煌学是一门以地名命名的学科，研究对象以敦煌文献和敦煌壁画为主。随着敦煌学研究的不断深入，敦煌学与相邻研究领域的关系越来越密切，这就要求敦煌学将自身的研究领域不断扩大，以适应敦煌学发展的需要。从敦煌石窟艺术上看，敦煌学研究对象与中古丝绸之路石窟艺术密切相关，血肉相连。敦煌石窟艺术与中原地区石窟如云冈石窟、龙门石窟、大足石窟乃至中亚石窟等关系密切。因此敦煌学要取得新的突破性进展，就要和其他石窟艺术研究有机结合起来。敦煌石窟艺术与中古石窟艺术关系密切，但是研究显然很不平衡，如甘肃地区除了敦煌石窟外，其他石窟研究无论是深度还是广度都还不够，因此这些石窟的研究前景非常好，只要投入一定的人力物力就会取得很大的突破和成果。2000年以来敦煌学界召开了一系列学术会议，这些学术会议集中反映敦煌学界的未来发展趋势，一是石窟艺术研究与敦煌文献研究的有力结合，二是敦煌石窟艺术与其他石窟艺术研究的结合。敦煌学研究与西域史、中外关系史、中古民族关系史、唐史研究存在内在联系，因此敦煌学界在研究敦煌学时，在关注敦煌学新的突破性进展的同时，非常关注相邻学科研究的新进展和新发现。如考古学的新发现，近年来考古学界在西安、太原、固原等地发现很多粟特人墓葬，出土了很多珍贵的文物，对研究粟特人提供了新的资料，也提出了新问题。2004 年、2014 年两次"粟特人在中国"学术研讨会，反映了一个新的学术研究趋势，敦煌学已经形成多学科交叉研究的新局面。目前的丝绸之路研究，就是将敦煌学研究沿着丝绸之路推动到古代文明研究的各个领域，不仅仅是一个学术视野的拓展，而且是研究领域的拓展。

第五，敦煌学学科建设和人才培养得到新发展。敦煌学的发展关键是人才培养和学科建设，早在 1983 年中国敦煌吐鲁番学会成立初期，老一代敦煌学家季羡林、姜亮夫、唐长孺等就非常注意人才培养问题，在兰州大学和杭州大学举办两期敦煌学讲习班，并在兰州大学设立敦煌学硕士学位点。近年来，敦煌学学科建设得到了充分发展，1998 年兰州大学与敦煌研究院联合共建敦煌学博士学位授予权点，1999 年兰州大学与敦煌研究院共建成教育部敦煌学重点研究基地，2003 年人事部博士后科研流动站设立，这些都是敦煌学人才建设中的突破性发展，特别是兰州大学将敦煌学重点研究列入国家985 计划建设平台——敦煌学创新基地得到国家财政部、教育部和学校的1000 万经费支持，将在资料建设和学术研究上以国际研究中心为目标进行重建，为敦煌学重点研究基地走向国际创造物质基础。同时国家也在敦煌研究院加大资金和人力投入，经过学术队伍的整合和科研项目带动，敦煌学研究呈现出一个新的发展态势。随着国家资助力度的加大，敦煌学发展的步伐也随之加大。甘肃敦煌学发展逐渐与东部地区研究拉平，部分领域超过东部地区，与国外交流合作不断加强，研究水平不断提高，研究领域逐渐得到拓展。研究生的培养由单一模式向复合型模式过渡，研究生从事领域也由以前的历史文献学逐渐向宗教学、文学、文字学、艺术史等研究领域拓展，特别是为国外培养的一批青年敦煌学家也崭露头角，成果显著。我们相信在国家和学校的支持下，敦煌学重点研究基地一定会成为敦煌学的人才培养、学术研究、信息资料和国际交流中心。在 2008 年兰州"中国敦煌吐鲁番学会"

年会上，马世长、徐自强提出在兰州大学建立中国石窟研究基地，因各种原因没有实现，但是这个建议是非常有意义的，很有前瞻性。当然敦煌学在学科建设和人才培养中也存在问题，如教材建设就远远跟不上需要，综合培养中缺乏一定的协调。在国家新的"双一流"建设中，敦煌学和民族学牵头的敦煌丝路文明与西北民族社会学科群成功入选，是兰州大学敦煌学研究发展遇到的又一个契机，相信敦煌学在这个机遇中会得到巨大的发展。

第六，敦煌是丝绸之路上的一颗明珠，敦煌与吐鲁番、龟兹、于阗、黑水城一样出土了大量的文物资料，留下了很多文化遗迹，对于我们了解古代丝绸之路文明非常珍贵。在张骞出使西域之前，敦煌就是丝绸之路必经之地，它同河西、罗布泊、昆仑山等因中外交通而名留史籍。汉唐以来敦煌出土简牍、文书，保留下来的石窟和遗迹，是我们研究和揭示古代文明交往的珍贵资料，通过研究我们可以得知丝绸之路上文明交往的轨迹和方式。因此无论从哪个角度分析，敦煌学研究就是丝绸之路文明的研究，而且是丝绸之路文明研究的核心。古代敦煌为中外文化交流做出了巨大的贡献，在今天也必将为"一带一路"的研究做出更大的贡献。

由兰州大学敦煌学研究所资助出版的"敦煌与丝绸之路研究丛书"，囊括了兰州大学敦煌学研究所这个群体二十年来的研究成果，尽管这个群体经历了很多磨难和洗礼，但仍然是敦煌学研究规模最大的群体，也是敦煌学研究成果最多的群体。目前，敦煌学研究所将研究领域往西域中亚与丝绸之路方面拓展，很多成果也展现了这方面的最新研究水平。我们将这些研究成果结集出版，一方面将这个研究群体介绍给学术界，引起学者关注；另一方面这个群体基本上都是我们培养出来的，我们有责任和义务督促他们不断进行研究，力争研究出新的成果，使他们成长为敦煌学界的优秀专家。

目　录

下篇　鲍威尔写本文本翻译

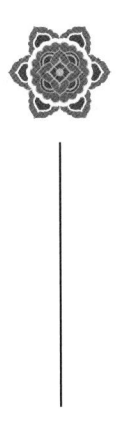

上 篇
鲍威尔写本文本研究

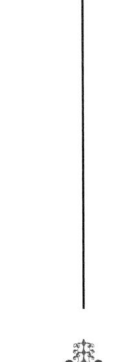

绪　论

一、选题缘起

19 世纪末 20 世纪初，各色觅宝人和西方探险家在中国西北地区进行了大规模的"寻宝"和探险考察活动。大量古代西域宗教与生活遗址、壁画雕刻与塑像等佛教艺术品、各种语言文字的写本文书随之流失海外，引起国际上印度学、中亚学、敦煌学、汉学等方面的学者对其进行研究，涌现大量成果。但其中西域流失海外的新疆佛塔出土佛教文献，由于资料获取和语言文字等限制，百年来一直未能得到国内学者的更多关注，这些文书和文物所包含的语言学、文献学和历史文化等价值也一直无人问津。与此同时，国内西域佛教史、西域社会生活史、中外文化交流等领域的研究，由于缺少西域实地出土的考古资料，往往只能依靠正史资料，从而不够全面和深入。

鲍威尔写本就是这样一批发现于新疆佛塔并流失海外的具有极大价值却较少被国内学者研究利用的西域出土梵语婆罗谜文文书。鲍威尔写本（The Bower Manuscript）是 1890 年 2 月由一些觅宝人在库车库木吐喇石窟附近的一座佛塔中挖掘出后，于 1890 年 3 月被在库车逗留的英属印度第 17 孟加拉骑兵团（17th Bengal Cavalry）中尉哈密尔顿·鲍威尔（Lieutenant Hamilton Bower，1858—1940 年）购买下的一批古代梵语、婆罗谜文写本的总称。现藏于英国牛津大学包德利图书馆。鲍威尔写本全部写在桦树皮上，属于印度波提（Pothi）形制写本。鲍威尔写本由 56 张桦树皮组成。从内容题材上来说，鲍威尔写本主要由 7 个独立的写本组成。第 6 和第 7 部分是《孔雀王咒经》的较早文本。鲍威尔写本的年代是 4—6 世纪。

鲍威尔写本不仅是纯语言文本、文献文本，还是文化历史文本。鲍威尔写本中第 1—3 部分的医学文书是较早的梵文医典之一，其作为医学原典，包含了大量印度阿育吠陀医学理论和医方特色，还与佛教医学有密切的关系。最重要的是，鲍威尔写本医学文书中包含的宗教、社会伦理道德和习俗等内容是研究社会史的珍贵史料。

鲍威尔写本第 4—5 部分的骰子占卜文书是目前已知有关骰子占卜的年代最早的文献资料，改变了学术界公认的最早的骰子占卜文书是敦煌藏经洞出土的吐蕃时期藏文写卷 ch.9.II.19 号的认识。其文本中所体现出的古代西域社会的信仰形态、宗教仪式、阶层等级、社会成功标准，以及人们的婚姻、家庭、恋爱等社会伦理与价值追求，再现了 4—6 世纪西域的社会生活，具有重要的社会史研究价值。

鲍威尔写本第 6—7 部分的《孔雀王咒经》文本的存在，使我们看到现存的《孔雀明王经》的文本来源、形成和扩展的历史过程，这一过程也正是佛教密教从简单实用的陀罗尼咒到将陀罗尼咒与佛教故事相结合形成杂密经典再到相关坛场、画像、仪轨等体系逐渐完备的历史发展过程。并且，鲍威尔写本《孔雀王咒经》文本的存在，使得龟兹 3—7 世纪早期杂密流行的观点有了确凿的证据，解决了一直困扰学术界的关键问题。

鲍威尔写本无论从发现还是从内容上，都有巨大的历史意义和研究价值。英籍德裔东方学家奥古斯塔斯·弗里德里克·鲁道尔夫·霍恩勒（Augustus Frederic Rudolf Hoernle，1841—1918 年）前后花费 21 年的时间将鲍威尔写本进行了释读、拉丁转写、考释和英译。但是霍恩勒历时 20 多年费尽心血释读出来的鲍威尔写本内容，近百年来并没有得到充分研究和利用。从它出土发现至今，国内外除了少数学者关注之外，仍鲜为人知，甚至没有一个完整的汉译本，更遑论对其内容进行综合与深入地研究。

本书将首次对鲍威尔写本进行完整的汉译，并首次对其全部文本内容进行综合研究，尝试揭示其历史文化价值。同时，也希望更多学者关注新疆佛塔出土的文献。

二、研究史回顾

鲍威尔写本自 1890 年流失海外后，近百年来国内学者鲜少关注。一直到 20 世纪 80 年代末 90 年代初，国内学者才逐渐走出去调查流失海外的中国西北文物。因此鲍威尔写本的研究史首先是发现史。国内学者王冀青在《阿富汗商人巴德鲁丁汗与新疆文物的外流》《库车文书的发现与英国大规模搜集中亚文物的开始》和《英国国家图书馆东方部藏"霍尔宁搜集品"汉文写本的调查与研究》几篇文章中首次介绍了鲍威尔写本的发现和收藏情况，并第一次引用霍恩勒的话"鲍威尔写本的发现及其在加尔各答的公布，开创了东土耳其斯坦（指新疆南疆）考古学探险的全新的现代化运动"，指出其在中亚考古学中的重大意义。[①]随后，太宰不二丸著、尚林、周润身译《鲍尔的信——敦煌学起源》一文也从鲍威尔写本与敦煌学起源的角度探讨了鲍威尔写本发现的重大历史和学术价值。[②]1996 年，荣新江在《海外敦煌吐鲁番文献知见录》一书中也提到鲍威尔写本的存在。[③]除了探讨鲍威尔写本发现的考古学意义，王冀青还对鲍威尔写本的出土发现、转手及研究情况进行了深入考证。[④]

鲍威尔写本自 1890 年被鲍威尔中尉带到印度后，就被寄给时任孟加拉亚细亚学会会长的华特豪斯上校（Colonel J.Waterhouse）。在印度土著学者萨拉特·钱德拉·达斯（Babu Sarat Chandra Das，1849—1917 年）的首次解读失败后，鲍威尔写本就被转到英籍德裔东方学家也是当时英属印度权威的印度语言学家鲁道尔夫·霍恩勒手中。霍恩勒从此开始了对鲍威尔写本长达 21 年的研究，并最终于 1912 年出版了《鲍威尔写本（影印图版·那迦梨字母释录·罗马字母转写·附注英译）》一书。[⑤]这是霍恩勒释读、刊布、研究鲍威尔写本的集大成著作，"迄今

[①]齐陈骏、王冀青：《阿富汗商人巴德鲁丁汗与新疆文物的外流》，《敦煌学辑刊》1989 年第 1 期，第 5—15 页；王冀青：《库车文书的发现与英国大规模搜集中亚文物的开始》，《敦煌学辑刊》1991 年第 2 期，第 64—73 页；王冀青：《英国国家图书馆东方部藏"霍尔宁搜集品"汉文写本的调查与研究》，《兰州大学学报》1991 年第 1 期，第 143—150 页。

[②]太宰不二丸著、尚林、周润身译：《鲍尔的信——敦煌学起源》，《新疆文物》1990 年第 3 期，第 138—140 页。

[③]荣新江：《海外敦煌吐鲁番文献知见录》，南昌：江西人民出版社，1996 年，第 1—2 页。

[④]王冀青：《日本大谷大学图书馆藏"霍恩勒文库"附新疆考古通信研究》，《西域文史》第 5 辑，北京：科学出版社，2010 年，第 219—242 页；王冀青：《霍恩勒与中亚考古学》，《敦煌学辑刊》2011 年，第 134—157 页。

[⑤] A. F. Rudolf Hoernle, *The Bower Manuscript：Facsimile Leaves, Nagari Transcript, Romanized Transliteration and English Translation with Notes*, Calcutta：Superintendent Government Printing, 1893–1912, Vol. 2, p. 241.

为止仍是学术界对鲍威尔写本研究的唯一专著"。①

霍恩勒对鲍威尔写本的研究主要集中在对其梵语婆罗谜文进行罗马字母转写、英语翻译和梵语索引上，并在导论中讨论了鲍威尔写本的文字，以及抄手、年代、第3部分《精髓集》的出处及年代、语言和写作、鲍威尔写本的主题。根据王冀青的研究，在霍恩勒最开始对鲍威尔写本进行解读时，还发生了一个插曲。奥地利维也纳大学的德裔印度学教授约翰·乔治·比累尔（Johann Georg Bühler，1837—1898年）在不知道霍恩勒已经开始对鲍威尔写本进行解读的情况下，仅仅根据《孟加拉亚细亚学会纪要》1890年11月号和1891年4月号上分别刊布的总共4张鲍威尔写本的照片进行了释读和研究，并发表了《关于名屋写本或鲍威尔写本的札记》和《关于名屋写本或鲍威尔写本的更进一步札记》两篇文章。② 1986年，桑德尔在《鲍威尔写本的来源与时代新考》一文中，对霍恩勒将鲍威尔写本年代定为4世纪的观点提出质疑，认为从文字存在的两种书写风格看，应该将其定为6世纪初或中期。③

鲍威尔写本内容由7个独立的写本组成。前3部分是梵文医学内容，4—5部分是骰子占卜内容，6—7部分是《孔雀王咒经》的部分文

---

①王冀青：《霍恩勒与中亚考古学》，《敦煌学辑刊》2011年第3期，第153页。具体的研究过程同样参见本论文。

② J. G. Bühler, 'A Note on the Mingoi or Bower Manuscript', *Wiener Zeitschrift für die Kunde des Morgenlandes*, Wien, Vol. 5, for 1891, p. 103; J. G. Bühler, 'A Futher Note on the Mingoi or Bower Manuscript', *Wiener Zeitschrift für die Kunde des Morgenlandes*, Wien, Vol. 5, for 1891, pp. 106–108.

③ Lore Sander, 'Origin and Date of the Bower Manuscript', *A New Approach, Investigating Indian Art：Proceedings of a Symposium on the Development of Early Buddhism and Hindu Iconography*, held at the Museum of Indian Art in May 1986（=Veroffentlichungen des Museums fur Indische Kunst, edited by M. Yaldiz and W. Lobo, viii）, 1988, pp. 313–323. incl. 6 figs.

本。学术界对于鲍威尔写本内容的研究比较有限。除了霍恩勒曾经利用《鲍威尔写本》中的医学内容考察过印度阿育吠陀经典医籍《阇罗迦本集》外，^①其他对于鲍威尔写本医学文书的研究和利用就只限于一些印度学史、中亚佛教史等论著中的零星一两句话的简单提及，方式和内容均类似于日本矢野道雄在《印度医学概论》中使用的：^②

> 1890 年，鲍威尔大尉发现于东突厥斯坦之库车（东京 80 度 34 分，北纬 41 度 43 分。现属中国的新疆）的佛教寺院。以发现者之名命名的抄本，因其中含有非常远古时代之医学与占卜的记录而受到注意。此写于白桦树皮之上，计 51 页之抄本的年代，据字体等判断，属公元四世纪后半期。其中尤当注意的是名为 Navanitaka——题目的含义是"乳汁、新榨出之物"，即集当时医学书之精华——的医学性部分。由于年代比较清楚，而且引用了《布哈拉集》《阇罗迦集》《妙闻集》的药物处方，故从医学史的角度看是极宝贵的。^③

---

① A. F. Rudolf Hoernle, 'Studies in ancient Indian medicine. V: The Composition of the Caraka-saühitā in the light of the Bower Manuscript: An Essary in Historical and Textual Criticism', *Journal of the Royal Asiatic Society*, 1909, pp. 857–893.

②这种作为一条材料或用综述方法提到鲍威尔写本的论著还有：O. P. Jaggi, ed, *Indian System of Medicine*, Delhi-Jaipur-Chandigarh-Lucknow: Atma Ram & Sons, 1973. pp. 21–23; Kshanika Saha, *Indian medical text in Central Asia*, Calcutta: Firma KLM Private Limited, 1985; Maurice Winternitz, *History of Indian Literature*, vol. 3, translated from German into English by Subhadra Jha, Delhi: Motilal Banarsidass Publishers Private Linited, reprinted 1998, pp. 666–667; B. N. Puri, *Buddhism in Central Asia*, Delhi: Motilal Banarsidass Publishers Private Limited, Reprinted 1996, pp. 209–210.

③矢野道雄:《印度医学概论》，东京：朝日出版社，1988 年，第 17 页。

国内最早关注鲍威尔写本的应该是季羡林。1962 年，他在《古代印度的文化》一文中从印度医学的传播和中医影响的角度首次提到鲍威尔写本：

> 1890 年，在中国新疆发现了一些梵文文献残卷，从字体上看属于公元后四世纪后半的。其中有三个医学残卷，里面讲到大蒜的医疗效果，还开了不少的药方。从这里可以看出印度医学在中亚细亚一带传播的情况。①

1998 年，季羡林在《新疆的甘蔗种植和沙糖应用》一文中，利用鲍威尔写本医学文书中沙糖的应用，来讨论沙糖在新疆文化史中的地位，并比较了大蒜在中印医学中的应用情况。季羡林指出《鲍威尔写本》"对研究中国内地的汉族医学同古代新疆医学的关系有重要作用，对探讨中西医学比较研究，也有重要作用。"②但季羡林并没有对此展开深入研究。

与上述在各自研究专题中综述性或简单提及鲍威尔写本医学文书不同，陈明是真正意义上对鲍威尔写本医学文书进行研究和利用的国内学者。其在《印度梵文医典〈医理精华〉研究》一书中，有一节是"《医理精华》与《鲍威尔写本》之比较"，主要利用鲍威尔写本医学写卷中的内容来讨论《医理精华》的医学史意义。③随后，在《敦煌出土的梵

---

①季羡林：《古代印度的文化》，《季羡林文集》卷五《印度历史与文化》，南昌：江西教育出版社，1996 年，第 227 页。（原载于《历史教学》1962 年第 10 期，第 37 页。）

②季羡林：《新疆的甘蔗种植和沙糖应用》，《文物》1998 年第 2 期，第 39—45 页。

③陈明：《印度梵文医典〈医理精华〉研究》，北京：中华书局，2002 年，第 27—66 页。

文于阗文双语医典〈耆婆书〉》一文中，陈明又再次利用鲍威尔写本医学文书中的一些材料来讨论《耆婆书》的特色。①一直到《殊方异药——出土文书与西域医学》一书中，陈明首次将鲍威尔写本前3部分的医学内容进行了汉译，并将鲍威尔写本医学文书作为众多出土的胡语医学文书之一，来还原胡语医学文书在西域的历史面貌，探讨中外医学文化的关系，以及根据胡语文书构建西域社会生活史。②2006年，陕西师范大学温翠芳博士论文《唐代的外来香药研究》中提及了鲍威尔写本中檀香和毕菝两种香药的使用。③

除了上述对鲍威尔写本前3部分医学文书的研究之外，学术界对于鲍威尔写本第4、5部分的骰子占卜文书内容几乎没有涉及。对第6、7部分的《孔雀王咒经》内容，目前为止也只有日本渡边海旭于1907年在《皇家亚细亚学会会刊》上发表的《与鲍威尔写本一部分相对等的汉文典籍》。在此文中，他根据霍恩勒的解读，通过与汉文佛经相比对，将鲍威尔写本第6、7部分确定为《孔雀王咒经》。虽然其在文中声称要对全文进行勘对，但是最终没了下文。④

回顾鲍威尔写本研究史，我们可以得到以下结论：

（1）鲍威尔写本发现至今，对其研究首推霍恩勒。其卓越工作主要集中于对鲍威尔写本的释读、罗马字母转写、英文翻译，并对鲍威尔写

---

①陈明:《敦煌出土的梵文于阗文双语医典〈耆婆书〉》,《中国科技史料》2001年第1期,第77—90页。

②陈明:《殊方异药——出土文书与西域医学》,北京:北京大学出版社,2005年。

③温翠芳:《唐代的外来香药研究》,博士学位论文,西安:陕西师范大学,2006年,第21—59页。

④ K. Watanabe, 'A Chinese Text Corresponding to Part of the Bower Manuscript', *Journal of the Royal Asiatic Society*, for April, 1907, pp. 261–266.

本的书写年代、抄手、语言文字、主题等进行了初步研究。国内对鲍威尔写本进行专论的主要有王冀青、陈明两人。王冀青首次向中国学术界介绍了鲍威尔写本，并且从中亚考古史的角度对鲍威尔写本的发现和转手过程进行细致的研究，为我们还原了很多鲍威尔写本出土发现的历史真相。陈明的研究贡献主要是首次将鲍威尔写本前 3 部分有关医学的内容翻译成汉文，并且开始注意到鲍威尔写本医学内容的价值，利用其中的部分医学材料来研究其他梵文医典和西域医学史。

（2）目前为止，国内外学者对鲍威尔写本内容本身的研究相对有限。鲍威尔写本所涉及的历史问题和资料价值并没有得到充分重视和利用。霍恩勒的研究主要集中在文本释读、转写和翻译；王冀青的研究侧重于从中亚考古史的角度切入，并不涉及写本内容本身；陈明的研究也只是局限在鲍威尔写本前 3 部分的医学内容，并且是从与其他梵文医典比较的角度和中印医学交流的角度进行了探讨，并没有对鲍威尔写本医学内容本身进行综合、整体的研究。至于鲍威尔写本中其余 4 部分的骰子占卜和《孔雀王咒经》的内容和研究价值，则乏人问津。

（3）鲍威尔写本从出土至今没有完整的汉译本。19 世纪末 20 世纪初从中国西域流失海外的大量新疆佛塔出土佛教文献，作为"二重证据"，在研究西域社会宗教、文化、历史等问题时有着正史资料没有的优势和价值。但这些文献由于资料来源和语言文字的限制，一直为国内学者所忽略，因此无法更大程度地发挥其史料价值。随着研究的推进，学界对于许多西域流失海外的新疆佛塔出土佛教文献进行汉译和充分利用是十分必要的。

三、论文的资料运用与整体结构

鲍威尔写本是写在桦树皮上的梵语婆罗谜文写本，共 56 张，现藏于英国牛津大学包德利图书馆。霍恩勒所著《鲍威尔写本（影印图版·那迦梨字母释录·罗马字母转写·附注英译）》一书有鲍威尔写本完整的 56 张桦树皮的正反图版、罗马字母转写，并附英语翻译。本书以霍恩勒的释读文本为基础，参考梵语原文，首次对鲍威尔写本进行完整的汉译。有关梵语词汇以荻原云来编纂的《梵和大辞典》为翻译依据。[①] 鲍威尔写本前 3 部分医学文书中各种梵语动植物药名的中文比定，则是根据加藤胜治编纂的《医学英和大辞典》[②]辅之以关克俭编《英拉汉植物名称》、[③]李衍文编《汉拉英中草药名称词典》[④]等工具书，比照汉译佛典并参考陈明对鲍威尔写本前 3 部分医学文书的翻译及药名考订。[⑤]

本书共分上下两篇。上篇是对鲍威尔写本内容的综合研究，下篇是对鲍威尔写本文本的翻译。其中前 3 部分医学文书为一部分，4—5 骰子占卜文书为一部分，6—7《孔雀王咒经》为一部分，总共分为六章。

第一章首先从鲍威尔写本的描述、鲍威尔写本的组成和内容、鲍威尔写本与中亚考古学 3 个方面讨论了鲍威尔写本的发现和考古学意义。接下来探讨了鲍威尔写本前 3 部分医学文书的内容及价值，共分为 3 章，分别探讨了鲍威尔写本医学文书中的阿育吠陀医学体系、佛教医学

---

①荻原云来编纂，辻直四郎监修：《梵和大辞典》，台北：新文丰出版公司影印，1979 年。

②加藤胜治编纂：《医学英和大辞典》，东京：铃木正二出版社，1978 年。

③关克俭、陆定安编：《英拉汉植物名称》，北京：科学出版社，1963 年。

④李衍文、黄云晖、黄月中编：《汉拉英中草药名称辞典》，广州：广东科技出版社，1998 年。

⑤陈明：《殊方异药——出土文书与西域医学》，2005 年。

特色、宗教和社会生活等价值。

　　第二章讨论了鲍威尔写本医学文书中的印度阿育吠陀医学特色。通过分析鲍威尔写本中出现的阿育吠陀基本理论、阿育吠陀药物、阿育吠陀治疗方法、阿育吠陀养生保健4个方面，来探讨鲍威尔写本与印度阿育吠陀之间的关系，揭示鲍威尔写本中的印度阿育吠陀医学特色。

　　第三章讨论了鲍威尔写本医学文书与印度佛教医学的关系，指出鲍威尔写本医学文书的出土地点、文本内容的叙事结构、佛教专用术语的使用，以佛教命名的医方的出现，都说明鲍威尔写本医学文书具有佛教医学特色。

　　第四章则从印度医学与印度宗教、社会民俗的关系角度出发，对鲍威尔写本医学文书中的宗教和社会生活资料进行研究。此章指出鲍威尔写本医方中所包含的神灵崇拜和医事活动中的宗教仪轨，并分析了鲍威尔写本医学文书中所反映的印度古代社会的生育观念、以婆罗门为中心的道德取向、与医事有关的节日习俗等，从而揭示了鲍威尔写本医学文书的社会史研究价值。

　　在对鲍威尔写本医学文书内容进行研究后，本文继续对鲍威尔写本中的骰子占卜文书和《孔雀王咒经》所涉及的问题及内容进行了探讨。

　　第五章对鲍威尔写本骰子占卜辞进行研究。本书根据鲍威尔写本骰子占卜辞，对学术界一直有争议的骰子占卜的工具和操作方法等进行了考证，将鲍威尔写本骰子占卜辞与吐蕃骰子占卜辞进行比较研究，并尝试从社会史的角度对鲍威尔写本骰子占卜辞所反映的印度古代社会中的经商与远行贸易、幸福观等进行研究。

　　第六章对鲍威尔写本《孔雀王咒经》文本的重要性进行研究，指出鲍威尔写本中的《孔雀王咒经》文本，保留有《孔雀明王经》文本起源和形成过程中最早的核心文本。这个最早的核心文本的存在，可以使我们看到《孔雀明王经》从鲍威尔写本时的最初的核心文本逐渐扩展成为唐不空本时内容丰富繁杂、仪轨详备的《佛母大金曜孔雀明王经》的文本起源、形成、扩展的历史过程。这一过程反映了佛教密教从简单实用的陀罗尼咒到将陀罗尼咒与佛教故事相结合形成杂密经典，再到相关坛场、画像、仪轨等体系逐渐完备的纯密的密教化过程。而且，鲍威尔写本《孔雀王咒经》的发现，为龟兹 4—7 世纪杂密流行提供了确凿无疑的证据，解决了学术界长期以来悬而未决的有关龟兹密教的问题。其珍贵资料价值不容忽视。

第一章　鲍威尔写本的发现及考古学意义

鲍威尔写本作为 19 世纪末 20 世纪初中国西北地区流失海外的第一批文书，在中亚考古学上具有十分重要的意义。鲍威尔写本的发现和公布，使得欧洲东方学界开始将眼光放到中国西北，从而开始了英国大规模搜集中亚文物的历史，并导致了 19 世纪末 20 世纪初各国在中亚的文物争夺战。可以说，鲍威尔写本的发现促进了中亚考古学和国际敦煌吐鲁番学的产生。本章将对鲍威尔写本基本情况及其在中亚考古学上的重要地位做一简略论述。

第一节　鲍威尔写本描述

一、鲍威尔写本的发现与流传

鲍威尔写本是 1890 年 2 月由一些觅宝人在库车库木吐喇石窟附近的一座佛塔中挖掘出后，于 3 月被在库车逗留的英属印度第 17 孟加拉骑兵团中尉哈密尔顿·鲍威尔购买下的一批古代梵语、婆罗谜文写本的总称。

关于鲍威尔写本的发现、出土和流传情况，王冀青在《库车文书的发现与英国大规模搜集中亚文物的开始》《日本大谷大学图书馆藏"霍恩勒文库"附新疆考古通信研究》《霍恩勒与中亚考古学》等文章中有过研究考证，①本小节所使用的材料大部分来源于王冀青的这几篇文章。

1890 年 2 月，一批"觅宝人"从库木吐喇（Qumtura）石窟附近的一座佛塔中挖掘出一批古代写本。随后在 3 月 2 日或 3 月 3 日，阿富汗商人古拉姆·喀迪尔·汗（Ghulam Qadir Khan）拜访了正好于此时在库车逗留的英属印度陆军第 17 孟加拉骑兵团中尉军官哈密尔顿·鲍威尔，并将出自此佛塔中的一部分写本卖给他。至于鲍威尔 中尉之所以会如此巧合地于此时出现在库车，成为历史上第一个获得 中亚文书的西方人，则与中亚考察史上的达格列什被杀案有关。

1888 年 4 月 8 日，英国苏格兰商人安德鲁·达格列什（Andrew Daglésh，？—1888 年）在从英属印度去往新疆的途中，于喀喇昆仑山口被来自奎达的普什图人达德·马合木（Dad Mahomed）杀害。清朝当地官员以案发当事人不是大清臣民为由拒绝调查此案，而后杀人犯乌合木逃匿不知所踪。与此同时，鲍威尔正与同伴利用假期潜往中国境内的帕米尔高原打猎探险。其于 1889 年 11 月 13 日到达叶尔羌，收到英国驻拉达克列城专员兰塞上尉（Captain Ramsay）让其在新疆追捕乌合木

---

①王冀青：《库车文书的发现与英国大规模搜集中亚文物的开始》，《敦煌学辑刊》1991 年第 2 期，第 64—73 页；《日本大谷大学图书馆藏"霍恩勒文库"附新疆考古通信研究》，《西域文史》第 5 辑，2010 年，第 219—242 页；《霍恩勒与中亚考古学》，《敦煌学辑刊》2011 年第 3 期，第 134—157 页。

的命令。①鲍威尔从喀什噶尔一路向东，一直追踪到库车一带，由此与鲍威尔写本产生联系。

鲍威尔在买下这批桦树皮写本后，还于当日午夜让卖主带他到写本出土地点进行实地考察。有关这次考察的经过，大谷大学图书馆编号为"霍恩勒文库"第439号12张信纸第9张的鲍威尔手写札记中有详细的记载。②随后，鲍威尔于1890年4月1日返回喀什噶尔。由于乌合木已被抓身亡，因此鲍威尔就带着他在库车购买的桦皮写本和其他文物，离开喀什噶尔，于1890年8月16日返回印度西姆拉。

有关鲍威尔写本的发现地点，很长时间都笼罩着层层迷雾。鲍威尔一直将其出土地点描述为"地下古城（an underground ancient city）"和"地下名屋废墟（subterranean ruins of Mingoi）"奇形怪状的古建筑物。霍恩勒曾通过与鲍威尔通信，根据鲍威尔在信中的描述和绘制出的写本出土的建筑物形状，认定写本是出自库车的一座佛塔。③王冀青根据保存在大谷大学图书馆里的鲍威尔札记（"霍恩勒文库"第439号12张信纸之第9张Hr/439/12-9）和鲍威尔写给霍恩勒的书信（"霍恩勒文库"第439号12张信纸之第11—12张Hr/439/12-11，12），考订出鲍威尔探访的"地下名屋废墟"就是库木吐喇石窟，并根据鲍威尔在札记中提供的平面图比对库木吐喇石窟的平面图，指出鲍威尔当时所入

---

① Captain H.Bower, A trip to Turkestan , *The Geographical* , Vol. 5, No. 3, 1895, p. 249.

② 王冀青：《日本大谷大学图书馆藏"霍恩勒文库"附新疆考古通信研究》，《西域文史》第5辑，2010年，第224页。

③ 王冀青：《日本大谷大学图书馆藏"霍恩勒文库"附新疆考古通信研究》，《西域文史》第5辑，2010年，第234页。

洞窟为库木吐喇石窟谷口区第9窟。①因此鲍威尔写本的出土地点应该是库木吐喇石窟附近的佛塔。

鲍威尔在将库车所获的桦树皮写本带回印度西姆拉的途中，曾在列城逗留，并将写本出示给驻列城的摩拉维亚教派（Moravian Missionary）德裔传教士韦伯（Reverend F.Weber）。在到达西姆拉后，鲍威尔于1890年9月15日从西姆拉的哈丁斯旅馆（Hardings Hotel）给时任孟加拉亚细亚学会会长华特豪斯上校写信，请求后者帮其寻找可以解读写本的人。这是鲍威尔本人首次向西方学术界透露他获得了桦树皮写本的消息。在得到华特豪斯的允诺之后，鲍威尔于1890年9月30日将桦皮写本打包通过西姆拉邮局邮寄给华特豪斯。这是鲍威尔写本从库车佛塔出土后经阿富汗商人、鲍威尔中尉之后又一次转手。

华特豪斯收到写本后，于1890年11月5日在孟加拉亚细亚学会月度总会上第一次向公众展示。1890年11月，鲍威尔写本转到印度土著学者萨拉特·钱德拉·达斯手中进行初次解读，但以失败告终，鲍威尔写本又回到华特豪斯手中。孟加拉亚细亚学会因此在《孟加拉亚细亚学会纪要》1890年11号中第一次全文发表了鲍威尔发现桦树皮写本的札记，并刊登了鲍威尔写本的说明和征集解读者的启事，欧洲学术界第一次知道鲍威尔写本。1891年2月，霍恩勒从欧洲回到加尔各答后，从华特豪斯处取得鲍威尔写本，从此开始其长达21年的研究工作。②1897年，霍恩勒完成了对整个写本的校注和英译工作，于1898年4月将鲍威尔写本还给鲍威尔。鲍威尔收到写本之后，将其从印度

---

①王冀青：《日本大谷大学图书馆"霍恩勒文库"附新疆考古通信研究》，《西域文史》第5辑，2010年，第226页。

②A. F. Rudolf Hoernle, *The Bower Manuscript*, Vol. 2, p. i.

带回英格兰，后来卖给了阔里奇古董商店（Quaritch's shop）。[①]最后，1900 年至 1902 年间的某个时候，牛津大学包德利图书馆馆长尼科尔森（E.W.B.Nicholson）以 50 磅的价钱将鲍威尔写本从阔里奇商店买下。从那至今，鲍威尔写本就一直保存在英国牛津大学包德利图书馆中。

二、鲍威尔写本的形制和年代

鲍威尔写本全部写在桦树皮上，形制属于印度波提制（Pothi）。一夹波提由大小相同的长方形叶子组成，每张树叶钻孔用绳系之，然后两端用木板夹住固定，又称"梵夹""贝叶经""贝叶梵经"。波提往往以夹为计量单位。鲍威尔写本在霍恩勒之前是什么状态已经没有记录。根据霍恩勒的描述，鲍威尔写本转到他手上时，所有叶子都在两个木板中间，中间有一绳穿过，属于一夹波提。

在霍恩勒将写本绳子弄断进行检查时，发现里面的叶子并没有按照内容顺序排列，而是处于混乱的状态。霍恩勒认为这种混乱不可能发生在最初的库车觅宝人那里，因为将写本放入佛塔中的人一定是能够阅读写本的，他们不可能将它无序存放。[②]因为鲍威尔写本在传到霍恩勒之前，已经至少经过觅宝者、阿富汗商人、鲍威尔中尉、韦伯、华特豪斯上校和学者达斯等至少 6 个人之手，而且华特豪斯还对其拍过照，达斯进行过释读，所以霍恩勒认为鲍威尔写本这种无序的状态一定是在出土后辗转的过程中产生的。

印度波提的形制为狭窄的长方形。这种形状与波提制起源于南印度

---

① 王冀青：《日本大谷大学图书馆"霍恩勒文库"附新疆考古通信研究》，《西域文史》第 5 辑，2010 年，第 239 页。

② A. F. Rudolf Hoernle, *The Bower Manuscript*, Vol. 1, p. xxv.

有关。由于棕榈树是南印度特有的，作为印度波提最初的书写材料，棕榈树狭窄细长的形状决定了印度波提的狭窄长方形制。与此同时，在北印度地区，最初的书写主要在比较宽大的桦树皮条上。之后，随着佛教的传播，便于书写的南印度样式的波提开始传入北印度和中国，并被广为接受。北印度人们将桦树皮切成狭窄的长方形进行利用，于是在北印度便出现了桦树皮做的波提写本。在中国新疆纸是主要书写材料，因此新疆也出现了很多狭窄长方形的纸质印度波提形制写本。鲍威尔写本桦树皮波提形制，说明了其特有的北印度地域特色和古老的年代特点。

波提的制作要经过很严格的工序，首先是必须有 8 年以上树龄的树叶才可采摘使用。其次，树叶有雄性和雌性之分。由于雌性树的叶子比较柔软坚韧，所以制作波提一般只选用雌性树的叶子。叶子选好采割后，需要在泥土或糟糠中反复浸泡、水洗，日晒后再用刀片对正反叶面进行打磨，然后用柔软的布向同一方向擦搓，最后把它裁割成相同的长度，并在上面用烧红的小铁棍打上穿线孔，这样方可用于刻写文字。在用铁笔刻写完毕之后，还要用色料涂抹叶面进行上色。最后用细绳把刻好的叶子穿在一起，打结，便订成了一夹波提。

整个鲍威尔写本虽然属同一夹波提，但桦树皮叶有大小两种不同尺寸。大的是长 11 英寸宽 2 英寸，小的是长 9 英寸宽 2 英寸，而且尺寸较大部分的桦树皮质量明显比尺寸较小部分要差。前者比较硬和脆，容易破碎，而后者软和坚韧，较易弯折。在书写方面，质量较好的小尺寸桦树皮比较完美，而大尺寸的桦树皮出现了一些空白或损坏。出现这种情况的原因有很多，一种可能是因为桦树皮剥落而避开书写。"因为书写用的桦树皮都是由非常薄的许多层黏合而成，当黏合制作过程不完美或叶子太老不合适时，在树皮彻底变干时，表面一层就会发生剥脱，因此不适合书写"。①在这种情况下抄写员就会避开不适合书写的地方留下空白。还有一种可能是叶子被刻写之后发生剥落。另一种情况是，鲍威尔写本中尺寸较大的桦树皮，其本身质量较差，表面粗糙，不适合用来书写。

鲍威尔写本标记页码的方式也是采用波提形制。"印度波提的做法是不计页码计页张，数字被放在页张背面或正面左手边的空白处。通常北印度会放在背面而南印度则放在正面"。②鲍威尔写本第 1—3 部分的页码写在桦树皮叶的背面，而第 6 部分的页码则标在叶的正面，显示出了其南方的特点。而鲍威尔写本第 4 和 5 部分由于叶边空白保存不好，因此并不清楚是否有标记页码。

鲍威尔写本穿绳子的空洞位于桦树皮叶左边的正中。这是一种非常古老的方式。4 至 5 世纪的印度波提多是采用这种穿洞方法。后来大约在 6 世纪，由于树叶易碎等原因，波提出现了在树叶左右两边与叶边距离相等处做两个洞的方法，这种做法可以在"剑桥搜集品"的第 1702 号和 1409 号尼泊尔写本中看到。③到了更晚些之后，两边穿洞的方式被在中间穿一个洞的做法取代了。鲍威尔写本左边穿洞的方式保存和再现了印度波提写本早期的形制特点。

关于鲍威尔写本的年代，学界一共有两种说法。一种是霍恩勒根据鲍威尔写本中出现的字母"y"的新形式的起源和传播的年代表判断出鲍威尔写本的这种书写特点属于 4 世纪的下半叶，并且应该追溯至这个

---

① A. F. Rudolf Hoernle, *The Bower Manuscript*, Vol. 1, p. xix.

② A. F. Rudolf Hoernle, *The Bower Manuscript*, Vol. 1, p. xx.

③ A. F. Rudolf Hoernle, *The Bower Manuscript*, Vol. 1, p. xxi.

时期的开始而不是结束，因为这种新形式是在 4 世纪传到鲍威尔写本所在的北印度，并且于 5 世纪就不用了。①而 1986 年，桑德尔在《鲍威尔写本的来源与时代新考》一文中，对霍恩勒将鲍威尔写本年代定为 4 世纪的观点提出质疑，认为从文字的两种书写字体风格——马图拉（Mathura）和马拉瓦（Rajasthani-Malava）看，应该将其定为 6 世纪初或中期。②无论这两种观点哪个更接近事实，鲍威尔写本属于年代较早的 4—6 世纪的说法是可以肯定的。

三、鲍威尔写本的语言文字和抄手

鲍威尔写本的语言是一种比较不合语法的梵语，霍恩勒称之为"混合梵语"。③实际就是书面梵语和口头梵语的混合。在鲍威尔写本的医学文书部分，其梵语更倾向书面化，而在骰子占卜部分和《孔雀王咒经》经咒部分则更倾向口语化（流行化）。

梵语（Sanskrit）本身的意思是"精心的、精炼的"，它是在公元前 7—4 世纪从吠陀时代神圣的诗歌语言发展来的。古典梵语有繁多而琐碎的语法规定。印度的婆罗门要在专门的婆罗门学校用十几年的时间学习才能掌握。公元前 6 世纪佛教兴起后，最初反对使用复杂难学的梵语，要求信徒用自己所在地区的方言进行学习。但是公元前 1 世纪左右，佛教徒开始模仿婆罗门使用书面梵语。虽然最终取得成功，但在开

---

① A. F. Rudolf Hoernle, *The Bower Manuscript*：Vol. 1, p. lv.

② Lore Sander, 'Origin and Date of the Bower Manuscript', *A New Approach, Investigating Indian Art: Proceedings of a Symposium on the Development of Early Buddhism and Hindu Iconography*, held at the Museum of Indian Art in May 1986（=Veroffentlichungen des Museums fur Indische Kunst, edited M. Yaldiz and W. Lobo, viii）, 1988, pp. 313–323.

③ A. F. Rudolf Hoernle, *The Bower Manuscript*, Vol. 1, p. lxviii

始的时候，佛教徒的书面梵语（或称学院梵语）水平并不高，因此出现了书面化和口语化混合的"混合梵语"。鲍威尔写本的"混合梵语"恰恰再现了佛教徒努力学习书面梵语的早期阶段。鲍威尔写本这种"混合梵语"与季羡林所称新疆地区出土的许多梵文写卷里的"和尚梵文"还是有所不同。"和尚梵文"是指由新疆和尚所使用的语法混乱、错误百出的梵文。它的特点并不是书面化和口语化混合，而是由于新疆的和尚梵文水平有限，因此形成有特色的"野蛮"的"和尚梵文"。[①]

　　鲍威尔写本的文字是婆罗谜文笈多字（婆罗谜文北印度分支）。这种文字主要流行于4—6世纪的北印度，流行区域与印度笈多王朝统治大体一致。婆罗谜文源于西亚阿拉梅克字母（Aramaic Alphabet），形成于公元前7世纪左右，是除佉卢文之外的印度所有文字的祖先。婆罗谜文由于书写不同，逐渐演变为至少8种变体。其中北印度分支包括早期孔雀体、晚期孔雀体和巽伽体。4—6世纪北印度由笈多王朝统治，因此从此时开始，婆罗谜文北印度分支又称笈多字。

　　在笈多字流行的3个世纪内，笈多字逐渐形成了两种不同的类型：南体和北体。南体流行于北印度的南部地区，而北体则只出现在北印度的北部地区，这两个地区的分界线在北纬24°和22°之间。笈多字的北体又分成了两个显著的变体：东体和西体，其分界线大约沿着东经81°。霍恩勒根据鲍威尔写本中字母 sh 和 s 的类型确定整个鲍威尔写本的文字都属于笈多字类型的西部变体。[②]这个事实将鲍威尔写本的来源限定在西北印度地区。

---

①季羡林：《龟兹之密宗》，《延边大学学报》（社会科学版）2007年第1期，第10页。

② A. F. Rudolf Hoernle, *The Bower Manuscript*, Vol. 1, p. xxvii.

　　虽然鲍威尔写本的文字属于同一文字变体，但由于各个部分的书写风格并不完全一致，因此根据其字体风格和差异，可以判断出鲍威尔写本并不是由一个人抄写，而是有多个抄手。

　　首先，关于抄手的数量。根据霍恩勒的研究，由于字母 y 和 th 的书写不同，第1—3部分与第4—7部分不可能是同一个人所抄。而第1—3部分书写风格完全一致，是同一人所抄。第5部分和第7部分明显一致为同一个抄手。第6部分与第5和7部分虽然在书写风格上有很大的不同，前者是认真的书法体，后者是不认真的草稿体，但他们插入标点的方式是一致的。然而两者标记页码的方式又不一样。第6部分标记在正面而第5、7部分标记在背面。根据这些情况，霍恩勒认为第6部分与第5、7部分是不同的抄手，但是来自相同的某个地区。第4部分的书写风格与另外3个都不一样。因此，鲍威尔写本至少有4个抄手。其中第1—3部分为一人，第4部分为一人，第6部分为一人，第5和7两部分为一人。

　　不仅抄手不同，而且根据抄手的字体和书写差异，还可以判断出鲍威尔写本的4个抄手所在的国家或地区。根据霍恩勒的研究，鲍威尔写本有3个显著的证据可以证明第1—3部分的抄手来自西北印度北部地区，而第5—7部分的抄手来自西北印度南部地区。[①]

　　（1）字母 ê 的形式不同。第5和7部分中书写 ê 的方式只在笈多字的南部地区存在。

　　（2）音节 ru 和 rû 的形式不同。第5—7七部分所使用的形式是南部所独有的，而第1—3部分是北部所独有的。

---

① A. F. Rudolf Hoernle, *The Bower Manuscript*, Vol. 1, p. xxxvi.

（3）字母 y 的形式不同。第 1—3 部分使用的是 y 的新形式，而 5和 7 部分使用的是 y 的旧形式。Y 的新形式起源于北印度的北部地区，没有传播到南部地区。

上述已经提到，第 6 部分虽然与第 5、7 部分的抄手不同，但来自相同的地区，因此可以断定第 6 部分的抄手也是来自西北印度南部地区。至于第 4 部分，它不同于其他几部分，是完全用毛笔写成而不是用铁笔或芦苇笔。因为印度写手通常习惯使用铁笔或芦苇笔，而毛笔是中国独有的，因此第 4 部分的写本应该是由新疆库车当地人或居住在库木吐喇石窟的中国僧人写成。

至此，我们可以知道鲍威尔写本抄写的大体情况了。毫无疑问，鲍威尔写本第 1—3 部分和第 5、7 部分的抄手都是来自印度的佛教徒，他们为了传教或游历来到新疆库车。其中第 1—3 部分的僧人来自北印度的北部地区，而第 5 和 7 部分的抄手及第 6 部分的抄手则来自北印度的南部地区，第 4 部分的抄手则是新疆库车当地人或僧人。

由于 4—6 世纪新疆库车还没有桦树皮，因此这些桦树皮是抄写了第 1—3 部分和第 5、7 部分的两个抄手从北印度的克什米尔等地区带来的。当开始抄写鲍威尔写本的时候，他们之前带来的桦树皮快要用完，因此鲍威尔写本这些部分的桦树皮质量并不高。而当原本抄写的第 6 部分不知因为什么原因毁坏的时候，第三个抄手（鲍威尔写本第 6 部分的抄手）在重新供应的新鲜桦树皮上进行补抄。这就是为什么第 6 部分虽然与第 7 部分内容相连贯，但使用完全不同的尺寸和质量的新桦树皮及使用新的抄手。当然第 6 部分的桦树皮也可能是新抄手自己从印度带来的，他可能较晚来到库车。当第 1—3 部分和第 5—7 部分抄写到一定程度后，被传给了第 4 部分的抄手继续抄写，他可能是新疆库车当地人。

整个鲍威尔写本应该是为一个叫 Yaśomitra 的人写的,因为在鲍威尔写本中提到了为了他而抄写。而这些写本之所以最终会被放在佛塔的密室里,可能是为了纪念这个叫 Yaśomitra 的人,将他生前的写本都存入为他而建的佛塔之中。当然也有可能是其他原因。

第二节　鲍威尔写本的组成及内容

一、鲍威尔写本的组成

鲍威尔写本是以鲍威尔中尉命名的。实际上鲍威尔写本并不是单独的一个写本,而是由大大小小 7 个写本共同组成。其中尺寸较大的是现在所称的第 1—3、4、5 和 7 部分,尺寸较小的是第 6 部分。

鲍威尔写本总共有 56 张桦树皮。其中第 1 部分有 5 张,从第 1 张的背面开始至第 5 张的背面结束,共有 9 面。现存的 5 张被连续地计数为 1 至 5。第 1 张的正面,按照印度波提的惯制,是空白的。第 2 部分的页码标记到第 33 张但实际只保留了 30 张。其中页码属于 20、21 和 30 的 3 张叶子全部缺失,第 16 和 17 张的主要部分也都遗失了。还有,第 9 和 12 张较小的部分由于破裂遗失了,第 29 和 33 张较小的部分由于剥落遗失了。第 2 部分现存的叶子的总数,包括 16 和 17 两个片段叶,共是 30 张。现存的绝大多数叶子,即 2—10、12、13、15、22—26、31 和 32(总共是 19 张),其常规的页码全部保留。16、18、19、28、29 这 5 张仅部分保留。1、11、14、17、27、33 这 6 张因为页边空白断裂或剥落完全遗失。第 2 部分实际共有 60 面。

第 3 部分共有 4 张。但其内容在第 4 张的正面中间就突然断掉，说明第 3 部分的抄手写到那里时就停止了书写，并且再也没有完成他的工作。第 4 部分从第 3 部分的第 4 张的背面开始写，总共有 4 张 8 面内容。第 5 部分共有 5 张，其中第 1 张背面和第 4 张正面空白，实际有 10 面。第 6 部分有 6 张，第 7 部分有 2 张。

二、鲍威尔写本各部分的内容

鲍威尔写本共 7 个部分。其中前 3 部分是有关医学的内容，第 4 和第 5 部分是骰子占卜辞，第 6 和第 7 部分合起来是一个文书，其内容是《孔雀王咒经》。鲍威尔写本第 1—3 部分的医学文书是目前已知年代极为古老的印度梵文医典，并保留有印度梵文医典《精髓集》的唯一孤本；第 4—5 部分是目前已知年代最为古老的骰子占卜辞；第 6 和 7 部分的《孔雀王咒经》则是现存《孔雀明王经》最早的文本。

（一）鲍威尔写本第 1 部分

鲍威尔写本第 1 部分是一个断断续续的残卷。其一开始是一篇关于大蒜的短文，总共有 43 颂，主要论述了大蒜的神奇功用。前 12 颂主要探讨了大蒜的起源，然后又讲述了大蒜的名称和性能。17—19 颂详细描写了大蒜的节日和相关仪式。从 20 颂开始，写本介绍了与大蒜有关的 8 个药方，内容包括大蒜的功效及如何使用大蒜进行配方等。

接下来的内容有些类似医学的教科书，包含了十分混杂的内容并且彼此之间没有条理。44—51 颂主要讨论了规律性消化的重要性，有些药理的色彩；紧接着 52—54 颂介绍获得好记忆力和长寿应该服用什么药物；55—59 颂是有关一些药物用法的说明；60—67 颂是两个关于增长阴唇和阴茎、增强性欲和增强体质的药方。

接下来的一节是关于各种不同洗眼液的药方，主要是 68—87 颂，里面提到了由不同原因引起的眼疾，并指出在使用洗眼液时要准备发汗药、催吐剂、润滑剂等其他药物配合使用。然后诗颂 88—105 主要是谈论面部膏药。这部分除了列出多种面部膏药的配方，还谈到了使用面部膏药的禁忌和方法。106—111 颂是另外几个治疗眼疾的药方。112—120 颂是治疗秃头和其他头发疾病的药方，还交代了白发和秃头的原因。最后一部分 121—132 颂是一组关于治疗各种咳嗽的药方。

（二）鲍威尔写本第 2 部分

鲍威尔写本第 2 部分是整个鲍威尔写本中内容最多、也相对完整的一部分。它是一个实用药方集或药方手册，自称《精髓集》（Nâvanîtaka），意即"生酥、乳酪"，有"精华"之意。其内容几乎涵盖了内科医药的全部领域，并声称是挑选了那个时候最权威的处方供患者使用。根据作者在导言中所说，这个处方集共有 16 章，但是在鲍威尔写本这个其唯一存在的孤本中，第 15 章、16 章的全部还有第 14 章的结论都缺失了。

在这个处方集中，章节的划分和药物的分类并没有统一的原则。首先，前 3 章根据药物的形态原则，列举了药散方、药酥方、药油方。其次，根据药物的治疗目的原则，从第 4 章至第 10 章依次列举了杂药方、灌肠剂、长年方、药粥方、春药方、洗眼剂和乌发方各章。其中第 4 章杂药方中的绝大多数处方能治疗多种疾病，但其中有一种疾病是最主要的，通常会在开头指出。最后，根据病人种类的分类原则，从第 14 章开始至 16 章，分别是童子方、不孕妇女治疗方和已育妇女治疗方。但鲍威尔写本只保留了第 14 章童子方，不孕妇女治疗方和已育妇女治疗方都已经缺失。第 11 章至 13 章则分别是诃黎勒、白花丹属植物根和沥青的药理短文。

　　根据霍恩勒的研究,《精髓集》是年代极为古老的印度古代医学文献,其年代大约为 2 世纪。鲍威尔写本是其孤本。《精髓集》中的药方很多来自印度阿育吠陀经典《布哈拉集》(Bhéda Samhitâ)、《阇罗迦集》(Charaka Samhitâ) 和《妙闻本集》(Suśruta Samhitâ),其中也有一些是来自未注明的更古老的出处及《精髓集》作者自己写的。

　　《精髓集》作为年代最早的印度梵文医学文献之一,对印度医学史具有十分重要的意义。首先,根据霍恩勒的研究,《精髓集》中主要引用了《布哈拉集》12 个处方和《阇罗迦集》29 个处方,并且《妙闻本集》的《补遗篇》(Uttara–Tantra) 中的处方也已经被《精髓集》所引用。根据印度阿育吠陀记载,《妙闻本集》是在公元前 6 世纪开始被编写,之后被一个据传叫龙树 (Nagarjuna)[①]的人进行了改定,并新增了第 6 篇《补遗篇》。印度医学史学界对于龙树改编的年代一直存有争议。《精髓集》对《妙闻本集》的《补遗篇》已经有所引用,说明龙树改编《妙闻本集》的年代一定在《精髓集》之前,也就是在 2 世纪之前。

　　同时,将《精髓集》中引用的《阇罗迦集》与现在的《阇罗迦集》比较会发现,其中保存了《阇罗迦集》被特里达巴拉 (Dridhabala) 改编之前的版本。众所周知,现存的《阇罗迦集》是两个不同作者的作品。阇罗迦 (Charaka) 是在 1—2 世纪开始根据《如火氏教法》编撰《阇罗迦集》,但是其未完成工作就去世。后来出身于克什米尔的特里达巴拉 (Dridhabala) 继续对《阇罗迦集》进行改编。有关特里达巴拉改编的内容究竟有哪几章节,印度医学史界一直有争议。《精髓集》由于

---

①此龙树并非佛教中观学派的思想家龙树。

年代很早，未引用特里达巴拉改编的《阇罗迦集》。这为研究现存《阇罗迦集》的作者和内容提供了证据。霍恩勒就根据《精髓集》对这个问题进行过专题探讨。[①]

最后，《精髓集》的医学史文献价值还有一点体现。根据印度医学的传说，大约在公元前 6 世纪，有一个著名的内科医生噉食（Âtrêya），他在印度西北部的塔克西拉进行教学。他有 6 个门徒，分别是差罗波尼（Ksarapani）、胭脂耳（Jatukarna）、婆罗舍（Parasara）、哈利塔（Harita）、布哈拉（Bhela）、如火（Agnivesa）。这六个门徒将噉食的医学成果写成论文。几个世纪后，有人将这些论文概括、集中，编成医集。其中如火和布哈拉的文章后来被编入了《阇罗迦集》和《布哈拉集》，但是另外 4 个弟子的文章没有留下。《精髓集》中一些没有出处的十分古老的药方可能就来源于当时还在口传的另外 4 个弟子的文章。

（三）鲍威尔写本第 3 部分

鲍威尔写本第 3 部分是另外一个古老的药方集的一部分。这些处方是按照药物的形态进行分类的。但是同一类的处方并没有集中在一起，而是十分杂乱随意，如下所示：

（1）油：处方 1、2、3、7；

（2）散剂：处方 4；

（3）涂抹剂：处方 5、8、4、13；

（4）印度酥油：处方 6；

[①] A. F. Rudolf Hoernle, 'Studies in ancient Indian medicine. V: The Composition of the Caraka–saühitā in the light of the Bower Manuscript: An Essary in Historical and Textual Criticism', *Journal of the Royal Asiatic Society*, 1909, pp. 857–893.

（5）丸剂：处方 10、12、14；

（6）另一个涂抹剂：处方 11。

（四）鲍威尔写本第 4—5 部分

鲍威尔写本第 4 部分和第 5 部分包含了两个骰子占卜文书。它们被称作 Pâśaka-kêvali 手册，即通过抛掷骰子（Pâśaka）来预知一个人的运气。第 4 和第 5 部分虽然预言涉及类似的事情，但却是完全独立的两个著作。第 4 部分几乎是完整的，而第 5 部分则明显残缺不全。

第 4 部分和第 5 部分的开头都先介绍了骰子占卜的仪轨和方法，然后是各种占卜辞。由于所使用的骰子是用 4 个数字标刻的四面体，每抛 3 次成一卦，因此最后一共会有 64 种结果。第 4 部分相当完整，保留了 64 种结果中的 60 种。缺失的 4 种（121，211，234，124）清楚地显示出是因为抄写员的疏忽而被忽略了，即第 2 张背面的 234，第 3 张正面的 124，第 5 张背面最后的 121 和 211。第 5 部分则只保留了 20 个占卜结果。其中 44 种都缺失了，即第 1 组的全部（444，333，222，111）；第 2 组的一半，即 vití（332，323，233），kâna（114，141，411），sajâ（322，232，223），pâñchi（221，122，212），chuñchuna（311，131，113），和 khari（112，121，211）；第 3 组的接近全部，只剩两个结果（243 和 412）保留下来。至于第 5 部分残缺的原因则并不清楚。

（五）鲍威尔写本第 6—7 部分

鲍威尔写本第 6 部分和第 7 部分是《孔雀王咒经》内容不相连的两部分。《孔雀王咒经》为北方佛教所称"五护秘经"之一，是密教重要经典之一。《孔雀明王经》主要讲述的是比丘莎底（Svati）出家未久，为蛇所咬，阿难陀见他痛苦，疾往佛所，佛告阿难陀，大孔雀明王大陀罗尼（dhārani）（此言咒）有大威力，能灭诸毒。佛说此咒之后，历数诸种神道不能恼害持此咒者。经中，佛还告阿难陀说，昔有金曜孔雀王（Suvarnāvabhāsa mayūra-rājñah），居于雪山，诵咒自护。因一时忘诵大孔雀王咒，遂与众多孔雀婇女游戏山林，被怨家捕获，被缚之时，复诵此咒，遂得解脱。

鲍威尔写本第 6 部分和第 7 部分只包含了这部经文本中极其少的一部分，即它的文本的第 2 和第 3 部分，大约有七分之一。第 6 部分是关于莎底比丘的故事，他通过使用大孔雀王咒从被蛇致命一咬中获得解救。后一个是佛在他本生作为孔雀王（mayûra-râja）时获得那个咒语。从鲍威尔写本中可以看出，这部经是为了一个叫 Yaśômitra 人（可能是一个比丘或住持）而抄写的。他的名字按照惯例被放在了这个抄本的最后。

第 6 部分和第 7 部分写在质量比较差的桦树皮上，已经严重损坏。其最开始的那一张的正面完全剥落了，包含莎底比丘故事的第 6 部分写本也一起被破坏了，因此用一个新的抄本代替，写在一个新的质量更好些的桦树皮上。所以第 6 部分和第 7 部分内容并不相连，而且分别写在质量和尺寸都完全不同的桦树皮上。

第三节　鲍威尔写本与中亚考古学

一、鲍威尔写本与库车文书

在中国西北文物外流史上，最早被发现的不是和阗文书、敦煌文书、吐鲁番文书，而是库车文书。"库车文书"一词最早由王冀青在《库车文书的发现与英国大规模搜集中亚文物的开始》一文中提出。[①]库车文书是指与鲍威尔写本同时代发现于库车佛塔等遗址的一批写本的总称。除了鲍威尔写本之外，还包括英国的韦伯写本（Weber Manuscripts）、马继业写本（Macartney Manuscripts）的一部分、格德福雷写本（Godfrey Manuscript）的一部分及俄国的彼得罗夫斯基写本（Petrovsky Manuscripts）的一部分。

在鲍威尔写本被阿富汗商人古拉姆·喀迪尔·汗卖给鲍威尔中尉后，古拉姆·喀迪尔·汗将他手中从库车佛塔出土的其他写本送给了他在叶尔羌的弟弟迪尔达尔·汗（Dildar Khan）。1891年，迪尔达尔·汗将这些写本带到叶城，将其中的一夹送给了英国驻列城的机构雇员蒙师阿赫玛德·丁（Munshi Ahmad Dîn）。后者于1892年6月左右将其转赠给列城摩拉维亚教派德裔传教士韦伯。这就是韦伯写本。1892年7月，韦伯将这夹写本从达拉克寄给霍恩勒。霍恩勒于1893年在《孟加拉亚细亚学会会刊》第62卷第1期上发表《韦伯写本——又一批中亚出土古书》一文介绍了韦伯写本。[②]

迪尔达尔·汗在列城将其中一夹送给蒙师阿赫玛德·丁后，将另外一件带到印度，留在他的朋友法伊兹·穆哈默德·汗（Faiz Muhammed Khan）那里。1895年，迪尔达尔·汗又将此件写本从印度带回中国新

---

① 这些写本的出土流传情况主要根据王冀青的相关研究。参见王冀青：《库车文书的发现与英国大规模搜集中亚文物的开始》，《敦煌学辑刊》1991年第2期，第64—73页；《霍恩勒与中亚考古学》，《敦煌学辑刊》2011年第3期，第134—157页。

② A. F. Rudolf Hoernle：'The Weber Mss. - Another Collection of Ancient Manuscripts from Central Asia', *Journal of the Asiatic Society of Bengal*, Vol. 62, No. 1, pp. 1–40.

疆，送给英国驻喀什噶尔的马继业（George Macartney）。这便是"库车文书马继业写本"。1896 年 10 月，马继业将这个写本和其他文书一起寄给了克什米尔驻扎官塔尔伯特，随后塔尔伯特将其转交给西姆拉的英属 印度政府外交部。1896 年 12 月，印度外交部将其寄给加尔各答的霍恩勒。[①]

"库车文书"中的格德福雷写本是 1895 年秋天，英国驻拉达克联合专员格德福雷从去新疆叶尔羌经商的印度帕坦商人那得到的一批同样出自库车的写本。其在收到写本后，同样将写本转交给克什米尔驻扎官塔尔伯特，并附有一封文书发现情况的说明书。塔尔伯特于 1895 年 11 月将其转交给霍恩勒。

随着"库车写本"中的绝大多数落入英国人手之后，俄国也不甘示弱，加快了搜集"库车文书"的步伐。当鲍威尔写本在欧洲学术界发布之后，俄国印度学家谢尔盖·费多罗维奇·奥登堡（Sergei Oldenburg，1863—1934 年）第一时间觉察到中国新疆库车可能埋藏着重要的古文书，因此便要求时任俄国驻喀什噶尔总领事的尼古拉·费多罗维奇·彼得罗夫斯基（Nicholai Petrovski，1837—1908 年）调查和搜集"库车文书"。后者利用新疆的俄属安集延商人，获得库木吐喇佛塔出土的文书中除被英属阿富汗商人古拉姆·喀迪尔·汗转手至英国外的另外一部分写本，此即"彼得罗夫斯基写本"的一部分。这些写本被寄回圣彼得堡，由奥登堡进行释读和研究。

韦伯写本共有 76 张，分 9 部分。形制为纸质波提制，均是梵语婆

---

①王冀青：《霍恩勒与中亚考古学》，《敦煌学辑刊》2011 年第 3 期，第 145 页。

罗谜文笈多字。韦伯写本年代在 7 世纪之前，其中有几部分的年代与鲍威尔写本的年代相同。其内容主要是一些佛教咒语和医咒，其中也有医学内容。韦伯写本于 1900—1902 年被霍恩勒卖给牛津大学包德利图书馆。

格德福雷写本总共有 71 张，共 8 个部分，为婆罗谜文笈多字。其文字和书写与鲍威尔写本、韦伯写本等相同，可以推测这部分写本也是出自库车佛塔。格德福雷写本中有 2 张纸质汉文文书残片。这是"库车文书"中首次出现汉文写本。

鲍威尔写本被发现并刊布之后，立即引起了英、俄的关注。他们纷纷将眼光转移到中亚，开始搜集"库车文书"。"库车文书"在经历了一段热潮之后逐渐被和阗文书、敦煌文书、吐鲁番文书所取代。

二、霍恩勒与鲍威尔写本

霍恩勒是鲍威尔写本释读第一人，也是研究的集大成者。其对鲍威尔写本长达 21 年的释读、整理与刊布、研究，为中亚考古学和广义"敦煌学"做出了突出的贡献。

有关霍恩勒的生平事迹，本节将不再论述。有兴趣的学者可以参考王冀青《霍恩勒与中亚考古学》一文。[①]该文首次对霍恩勒有较为详细的研究。这里主要介绍霍恩勒与鲍威尔写本有关的活动。

1890 年 11 月，当华特豪斯第一次向公众展示鲍威尔从新疆带回的桦树皮写本时，作为当时英属印度最权威的印度语言文字学家、时任孟

---

① 王冀青：《霍恩勒与中亚考古学》，《敦煌学辑刊》2011 年第 3 期，第 134—157 页。

加拉亚细亚学会语言学干事的霍恩勒正在欧洲度假。霍恩勒第一次知道鲍威尔写本是在 1891 年初。霍恩勒从欧洲乘船返回印度，在英属也门的亚丁（Aden）偶然看到印度出版的《孟买报》(Bombay Gazette)，上面转载了鲍威尔有关发现桦树皮写本的札记。1891 年 2 月，霍恩勒到达加尔各答后立即前往华特豪斯上校处确认了自己对桦树皮写本的解读权，并索要了全部写本。

从 1891 年 3 月中旬开始，霍恩勒开始了对鲍威尔的桦树皮写本的解读。1891 年 4 月 1 日，霍恩勒在孟加拉亚细亚学会的年度月会上，第一次就桦树皮写本发表演讲。这次演讲稿以《喀什噶尔出土古代桦皮写本》为题，刊登在《孟加拉亚细亚学会纪要》1891 年 4 月号上。这是霍恩勒发表的关于鲍威尔写本的第一篇文章。[①]

随后，在《孟加拉亚细亚学会会刊》1891 年第 2 期上，霍恩勒发表了关于鲍威尔写本的第一篇专题文章——《论鲍威尔写本的断代》，首先对鲍威尔写本的年代进行讨论。[②]这篇文章也是霍恩勒第一次正式将鲍威尔所获桦树皮写本定名为"鲍威尔写本（The Bower Manuscript）"。

1891 年，霍恩勒在发表完有关鲍威尔写本的第一篇专题研究《论鲍威尔写本的断代》后，以孟加拉亚细亚学会为名，请求英属印度政府资助出版鲍威尔写本的释录、拉丁转写、英译、考释及图版。[③]同年，

---

① A. F. Rudolf Hoernle, 'The old Birch MS. From Kashgaria', *Proceedings of the Asiatic Society of Bengal*, for April , 1891, pp. 54–65.

② A. F. Rudolf Hoernle, 'On the Date of the Bower Manuscript', *Journal of the Asiatic Society of Bengal*, Part I , Vol. 60, for 1891, No. 2, pp. 79–96.

③ *Proceedings of the Asiatic Society of Bengal*, for Februry, 1892, pp. 61–63.

霍恩勒为专心研究鲍威尔写本，辞去了孟加拉亚细亚学会名誉语言学干事的职务。1892 年，孟加拉省政府和英属印度政府批准了霍恩勒的申请，答应为其提供一切必要的经费。

随后，霍恩勒开始分批整理、解读、考释、英译、刊布、研究鲍威尔写本。根据王冀青的考订，霍恩勒以《鲍威尔写本的一个部分》为题首先刊布了鲍威尔写本第 5 部分的 5 张内容。[①]1892 年，霍恩勒发表《关于鲍威尔写本断代问题的札记》一文，对之前发表的《论鲍威尔写本的断代》进行修订。[②]同年，霍恩勒又以《鲍威尔写本的另一个部分》为题，刊布了鲍威尔写本第 2 部分中的 5 张叶子。[③]1892 年年底，霍恩勒又发表《鲍威尔写本的第三个部分》一文，刊布了鲍威尔写本第 3 部分中的 4 张叶子。[④]

1893 年以后，由于韦伯写本和其他库车文书及 "中亚文物英国搜集品" 的陆续发现，霍恩勒虽放慢了对鲍威尔写本的研究，但并未放松对鲍威尔写本的刊布。根据王冀青对霍恩勒生平和学术研究的考证，从 1893 年起，霍恩勒开始陆续将鲍威尔写本 7 个部分的释录、拉丁转写、考释和英译进行分册排印。1893 年，霍恩勒首先将鲍威尔写本第 1 部分进行排印，1894 年至 1895 年分两次排印了鲍威尔写本的第 2 部分，

---

① A. F. Rudolf Hoernle, 'An Instalment of the Bower Manuscript', *Journal of the Asiatic Society of Bengal*, Part I , Vol. 60, for 1891, No. 3, pp. 135–195.

② A. F. Rudolf Hoernle, 'A Note on the Date of the Bower Manuscript', (Reprinted with alterations and additions from the Journal of the Asiatic Society of Bengal, Part I, Vol. 60, No. 2, 1891,), *The Indian Antiquary*, Vol. 21, for Februry, 1892, pp. 29–45.

③A. F. Rudolf Hoernle, 'Another Instalment of the Bower Manuscript', *The Indian Antiquary*, Vol. 21, for May, 1892, pp. 129–145.

④ A. F. Rudolf Hoernle, 'The Third Instalment of the Bower Manuscript', *The Indian Antiquary*, Vol. 21, for December, 1892, pp. 349–369.

1897 年将鲍威尔写本剩下的部分全部排印，至此完成了对鲍威尔写本全部的释录、拉丁转写、考释和英译工作。[1]

1898 年 2 月 2 日，霍恩勒在孟加拉亚细亚学会年度总会上宣布卸任学会会长一职，离开印度，返回英国。霍恩勒返回英国后，仍没有停止对鲍威尔写本的研究工作。1898 年，霍恩勒排印了鲍威尔写本的全部梵语索引。1909 年，霍恩勒将前 3 部分的医学内容的英译本重新进行排印。从 1910 年开始，鲍威尔开始着手撰写全书的"导论"部分，并于 1912 年完成。

1912 年，在"导论"完成后，鲍威尔将"导论"与 1893 年开始排印的鲍威尔写本 7 个部分的释录、拉丁转写、考释和英译、1898 年排印的梵语索引加上全部写本的照片合并在一起，以《鲍威尔写本（影音图版·那迦梨字母释录·罗马字母转写·附注英译）》为名，作为"印度考古局新帝国丛书"第 22 卷，由加尔各答的英属印度政府印刷厂在印度加尔各答正式出版。[2]"《鲍威尔写本》一书的正式出版，标志着霍恩勒对鲍威尔写本长达 21 年之久的解读、考释、刊布工作圆满完成。1912 年最终完成的《鲍威尔写本》一书，是霍恩勒研究、刊布鲍威尔写本的集大成著作，迄今为止仍然是学术界对鲍威尔写本研究的唯一专著。"[3]

霍恩勒对鲍威尔写本进行了长达二十几年的释读、刊布、研究工作，这在近现代学术史上也是比较罕见的。这在体现霍恩勒认真严谨、

---

①王冀青：《霍恩勒与中亚考古学》，《敦煌学辑刊》2011 年第 3 期，第 152 页。

②王冀青：《霍恩勒与中亚考古学》，《敦煌学辑刊》2011 年第 3 期，第 152 页。

③王冀青：《霍恩勒与中亚考古学》，《敦煌学辑刊》2011 年第 3 期，第 153 页。

持之以恒的学术态度和精神的同时，也充分表明了鲍威尔写本的巨大价值及其在中亚考古学上的里程碑式意义。

三、鲍威尔写本与中亚现代化考古运动

霍恩勒曾说"鲍威尔写本的发现及其在加尔各答的公布，开创了东土耳其斯坦（指新疆南疆）考古学探险的全新的现代化运动。"[1]这个"全新的"新在何处？"现代化"又是指什么？我们要理解这个问题，认识鲍威尔写本在中亚考古学上的重要意义，就得对中亚考古学历史发展有个基本了解。

根据王冀青考证，"中亚考古学"一词是霍恩勒于 1898 年首创，"用以概括 19 世纪 60 年代以后西方列强在中国西部地区进行的长时间、大规模、带有国际竞争性的考古学考察运动"。[2]中亚考古学最初是从 19 世纪 60 年代的觅宝业开始的。1893 年以后英国开始了官方的中亚文物搜集。直到 1900 年斯坦因第一次中亚考察活动，中亚考古运动从此走上了现代化的道路。而正是 1890 年鲍威尔写本的发现和公布，才使得英国开始官方的中亚文物搜集活动。也正是鲍威尔写本的重大价值，将斯坦因的目光吸引到了中国新疆，使其决心到中国新疆地区进行考古考察。

19 世纪 60 年代，觅宝业首先在中国新疆和阗地区出现。其标志性

---

① A. F. Rudolf Hoernle, *The Bower Manuscript: Facsimile Leaves, Nagari Transcript, Romanized Transliteration and English Translation with Notes*, Calcutta: Superintendent Government Printing, 1893–1912, Vol. 1, Introduction, p. ii.

②王冀青：《霍恩勒与中亚考古学》，《敦煌学辑刊》2011 年第 3 期，第 134 页。

事件是 1865 年，英属印度测量局测量人约翰逊（William Johnson）私越喀喇昆仑山口潜至和阗地区，其返回印度后撰写报告提及他在和阗听到北方沙漠中发现古城并出土金币等宝物。[①]随后，当安集人阿古柏侵占并统治南疆期间，和阗人民在古和阗国都遗址（约特竿村）发现大量古陶瓷和金、银、玉等器物。从此，沉睡在中国西北沙漠中的上千年的地下宝藏开始逐渐被当地人所注意。一些没有土地和渴望发财的人们开始纷纷四处挖掘，寻找古物，觅宝业就此诞生。从事这一行业的人则被称为觅宝人。

觅宝人将其挖掘到的古物主要出售给当时在新疆的阿富汗、印度、安集延、克什米尔等各地商人。由于各种原因，19 世纪中叶后，中国新疆南疆的叶尔羌、和阗、喀什、英吉沙、库车等地居住着大批外国商人。随着大英帝国和沙皇俄国在中亚的角逐，英俄开始在新疆争夺侨民，作为自己的政治势力。他们通过领事裁判权和免税权等吸引这些商人加入本国国籍，充当本国的侨民。因为当时安集延已经被俄国占领，所以新疆的安集延商人自然属于俄国侨民，而印度和克什米尔作为英国的殖民地和属国，其在新疆的商人也自然投靠英国。至于阿富汗商人，由于 1879 年《英国—阿富汗甘达马克条约》的签订，阿富汗成为英国的保护国，不得与除英国外的其他国家发生外交关系，因此新疆的阿富汗商人也变成英国的侨民。这些新疆的外国商人在获得觅宝人出售的古物后，若要出手自然会选择自己所效忠的国家。

---

① William Johnson, 'Report on his Journey to Hohi, the capital of Khotan, in Chinese Tartary', *Journal of the RGS*, vol. 37, 1868. 转引自齐陈骏、王冀青：《阿富汗商人巴德鲁丁汗与新疆文物的外流》，《敦煌学辑刊》1989 年第 1 期，第 7 页。

我们现在回头看鲍威尔写本的发现及转手过程，就会发现英国中尉鲍威尔能获得这批桦树皮写本并非出于偶然。首先是随着时间的推移，在 19 世纪 90 年代，觅宝业已经从和阗扩散到南疆其他地方，因此才会有鲍威尔写本在 1890 年被觅宝人从库车佛塔中挖出。随后，觅宝人将这些写本卖给了阿富汗商人古拉姆·喀迪尔·汗。当 1890 年鲍威尔中尉在库车时，阿富汗商人才会将这些写本出售给同样是英国人的鲍威尔中尉。与此形成对比的是"库车文书彼得罗夫斯基写本的一部分"。这些写本与鲍威尔写本出自相同的佛塔，由于被觅宝人卖给了安集延商人，而后被出售给俄国驻喀什噶尔总领事彼得罗夫斯基，成为俄国搜集品。

由此可见，一直到 1890 年鲍威尔写本被发现为止，中国新疆考古活动的主角一直是觅宝人和各国商人，而这种活动大多是自发的、非官方的。鲍威尔写本的发现和刊布研究，证明中国新疆存在远远早于印度本土出土的世界上最古老的文书，其地下是埋藏着古老文化的资料宝库。霍恩勒曾说"正是鲍威尔写本和韦伯写本的发现，将我的注意力引向了东土耳其斯坦，我认为这是从事碑铭学研究前途无量的地区。当我听说俄国的政治代理人们积极地为圣彼得堡搜集写本和其他文物从而使俄国人在这方面获得成功后，我对东土耳其斯坦考古前景所寄予的厚望得到了进一步的证实。"[1]正是基于这样的心理，霍恩勒开始建议英属印度政府官方搜集中亚文物。

因此，由于鲍威尔写本的发现，自 1893 年开始，一个由英属印度

---

[1] A. F. Rudolf Hoernle, 'A Collection of Antiquities from Central Asia', *Journal of the Asiatic Society of Bengai*, Part I, Vol. 68, No.1, Extra–Number1, 1899, p. 11.

政府领导，霍恩勒直接负责的由觅宝人—英国侨商—英国驻新疆各地政治代表—英国和英属印度政府（霍恩勒负责）组成的官方中亚文物搜集组织建立起来。鲍威尔写本的发现，使得中亚考古活动由自发的、无组织的活动变成官方的、有组织、有系统的活动。

至鲍威尔写本发现时，英俄两国在新疆的文物争夺明显是俄国占据上风。因为当时俄国驻喀什总领事馆长已设立 10 余年，而英国在 1890 年才开始任命马继业担任"克什米尔驻扎官负责中国事务的特别助理（special Assistant for Chinese Affairs to the Resident in Kashmire）。1893 年 6 月 1 日，霍恩勒给英属印度政府内务部部长写了一封信，建议印度政府命令驻中亚各地的政治代表尽力协助英国调查中亚文物并获取新疆文物。随后内务部向英属印度外交部发出提请，获得赞同。1893 年 8 月 22 日，英属印度政府向克什米尔驻扎官巴尔中校（Lt.Colonel D.W.R.Barr）正式下达了搜集中亚文物的命令，并通过巴尔下达给英国驻吉尔吉特、奇特拉尔、喀什噶尔和列城的政治官员。[①]

在这些地方中，起主要作用的是喀什噶尔和列城。喀什噶尔位于中国境内，常驻此地的马继业是英国在中国新疆唯一的官方政治代表，拥有无法替代的地利条件。因此，喀什噶尔是英国搜集中亚文物主要的中转站。列城位于克什米尔境内，可通过喀喇昆仑山口直接到达塔里木盆地，因此，在此驻扎的英国官员格德福雷在搜集中亚文物中也起了很大作用。

马继业和格德福雷在英国官方搜集中亚文物的过程中发挥了很大的

---

①王冀青：《库车文书的发现与英国大规模搜集中亚文物的开始》，《敦煌学辑刊》1991 年第 2 期，第 71 页。

作用。马继业总共搜来 18 批文物，格德福雷搜集了 12 批。霍恩勒在向印度政府的报告中指出"在上述 5 个地点中，喀什和列城对搜集东突厥斯坦文物最占地利优势，尤其是前者。目前搜集到的文物中，几乎全部来自驻扎在这两地的官员"。[①]

根据英属印度政府的规定，收购文物的费用都由英属印度政府从政府财政中拨款支付，获得的所有文物均定名为"中亚文物英国搜集品"，转交加尔各答孟加拉亚细亚学会，由霍恩勒负责鉴定和检查，并将报告递交英属印度政府，所获文物都归英属印度国家所有。

在英国官方搜集文物的系统中，英国驻新疆各地的政治代表在活动中起了主要作用。但是在他们的下面，英国侨商同样发挥重要作用。马继业和格德福雷等政治代表也同样是依靠这些自由活动在新疆的英国侨商才得以获得文物。此时，这些英国侨商作为新疆当地文物收购者，有专门的名字"阿克萨卡儿"。[②]

阿克萨卡儿最初是源自在新疆活动的英国侨商中实行的阿克萨卡儿制度。本制度在各重要城镇的英国侨商中指认一位向英国驻喀什政治机构和代表负责的阿克萨卡儿，其任务主要是维护英国当地侨商的经济利益，以及送交各种政治、经济、军事情报，并为到该地区旅行的英国人提供便利等。在 1893 年英国开始官方搜集文物之后，阿克萨卡儿便在此系统中扮演了当地文物收购者的角色。他们负责从觅宝人手中搜集收买文物，然后交给马继业和格德福雷等政治代表。

---

① A. F. Rudolf Hoernle, 'A Collection of Antiquities from Central Asia（Part I）', *Journal of the Asiatic Society of Bengal*, Part I, Vol. 68, Extra–Number1, 1899, pp.ii.

②齐陈骏、王冀青:《阿富汗商人巴德鲁丁汗与新疆文物的外流》,《敦煌学辑刊》1989 年第 1 期, 第 6 页。

可见，1893 年建立的以英属印度政府为领导，霍恩勒直接负责的，由觅宝人—阿克萨卡尔（英国侨商）—英国驻新疆各地政治代表—英国和英属印度政府组成的官方中亚文物搜集组织，比以往多了英国驻新疆各地政治代表和英属印度政府的官方身影，开始变成有组织、有系统的官方活动。但是，这种文物搜集活动仍然是以当地觅宝人的觅宝活动为基础的，并不是现代化的考古运动。

真正结束觅宝业并将现代化考古带到中亚的是英国考古学家奥莱尔·斯坦因（Aurel Stein，1862—1943 年）。斯坦因于 1900 年 5 月 29 日开始其第一次中亚考察。促使其开始注意中国西北地区、意识到新疆是文物宝库的正是鲍威尔写本的发现和其在欧洲的刊布。斯坦因曾说："1891 年，鲍威尔上校获自库车的著名桦皮写本开始为印度学家们所知，从此以后我将眼睛盯住了东土耳其斯坦（塔里木盆地），认定这里是干考古学事业的场所。"[①]自从斯坦因进入中国新疆并开始大规模的考察后，中亚具有现代考古学意义的考察正式拉开了帷幕。从此以后，法国伯希和、俄国奥登堡、瑞典斯文赫定、日本大谷光瑞等探险家纷至沓来，由此中国西北文物大量外流。

小　结

鲍威尔写本在 1890 年 2 月被觅宝人从新疆库车库木吐喇石窟附近佛塔发现后，经过了觅宝者、阿富汗商人、鲍威尔中尉、韦伯、华特豪斯上校和学者达斯、霍恩勒至少 7 人之手，在由霍恩勒历时 21 年对其

---

① Marc Aurel Stein：*Ancient Khotan：Detailed Report of Archaeoloical Exploration in Chinese Turkestan*，First Published by Oxford University at the Clarondon Press，1907，vol. 1，p. 5.

进行释读和刊布后，最终被牛津大学包德利图书馆收藏。鲍威尔写本以梵语婆罗谜文写成，形制是印度波提制，年代为 4—6 世纪，共有 56 张桦树皮，内容分 7 个部分，由 4 个不同抄手写成。鲍威尔写本的发现在中亚考古学上具有十分重要的意义。

第二章　鲍威尔写本中的印度阿育吠陀医学特色

印度古代传统医学体系主要包括哪几大类，学者观点不一。[①]但一致的共识是，阿育吠陀作为印度古代医学的主流体系，历史悠久、具有代表性，是印度传统医学的构成主体。

阿育吠陀，梵语 Ayurveda 的音译，是 Ayus（生命）与 veda（知识）的结合。因此阿育吠陀的基本含义是"生命的知识"。《妙闻本集》第 1 卷第 1 章指出，"阿育吠陀之目的，在于医罹病者之病，使健康者维护其健康。'阿输'（ayus）为生命、健康、寿命之意，'吠陀'（veda）的语根为'vid'为'懂''得'之意；阿输吠陀（ayurveda）为生命的学问，或由此而得健康、长寿的路径也，故如此明之"。[②]可见，阿育吠

---

①陈明在其多篇论著中认为印度古代传统医学体系主要包括生命吠陀、佛教医学、南印度达罗毗荼"悉达"（Siddha）医学、尤那尼（Unani）医学等；另有学者如刘新民等认为包括瑜伽（Yoga）和自然疗法，而将佛教医学排除在外，日本学者丸山博则又在阿育吠陀、尤那尼、自然疗法的基础上加入顺势疗法、生命化学疗法、异物疗法等体系。参考陈明：《〈阿输吠陀——印度的传统医学〉评介》，《自然科学史研究》2003 年第 3 期，第 278—283 页；刘新民等：《印度传统医学概述》，《自然科学史研究》2005 年第 6 期，第 86—88 页。

②本论文引用的《妙闻本集》和《阇罗迦集》的内容，若无特别标注，主要是采用廖育群译自大地原诚玄和矢野道雄的日译本和陈明在《殊方异药——出土文书与西域医学》中的英译，下同。参见廖育群：《阿输吠陀——印度的传统医学》，沈阳：辽宁教育出版社，2002 年 2 月，第 77 页。

陀作为印度传统医学中重要的医学体系，主要包括"维系与促进健康"和"解释与治疗疾病"两大方面。前者包含的是"养生保健"的知识，后者是关于疾病解释和解决办法的知识。阿育吠陀不仅可以治疗疾病，而且是维系、促进健康的指南，更是建立在生命知识基础上的实际生活法则。

对于印度阿育吠陀医学的研究，国内外学界呈现出一冷一热的局面。以霍恩勒为代表的欧美学者，无论在印度医典文献整理校勘、文本翻译还是原典研究方面的成果均层出不穷，建树卓越。① 但反观受印度医学影响深远的我国，由于梵语是一门难学的死语言且国内梵语教学范围狭窄，这种客观上存在的语言障碍影响了学界对印度古代医学体系的深入研究。已有的一些研究也多是利用汉文史料和佛教资料在中印文化交流史方面做工作，② 对于印度阿育吠陀实证性的原典研究几乎凤毛麟角。③

鲍威尔写本的医学文书，作为阿育吠陀体系形成早期的重要医方选集，使我们得以跳出"从汉文史料和佛经管窥印度医学"的窠臼，直

---

① 1983，专门以印度阿育吠陀为研究对象的"欧洲阿育吠陀学会"（The European Āyurvedic Society，简称 EĀS）在德国和荷兰成立。1990 年，专门致力于印度阿育吠陀文献学研究的《欧洲生命吠陀学会会刊》（The Journal of the European Āyurvedic Society，简称 JEĀS）创办，2001 年更名为《南亚传统医学》（Traditional Sourth Asian Medicine）。

② 代表性的有黄鸣驹《印度医学史》、周济《我国传来印度眼科术之史的考察》、刘成基《中印历史中的医药关系》、汤用彤《针灸·印度古医学——康复杂记之二》、李经纬《隋唐时期中外医药之交流》，蔡景峰《唐以前的中印医学交流》，王棣《宋代中国与印度洋沿岸各国的医学文化交流》，季羡林《印度眼科医术传入中国考》、薛克翘《印度佛教与中国古代汉地医药学》等。

③ 由于难度大等原因，直接研究印度医典本身的文章十分少见。张敏《〈妙闻集〉记载的古印度外科学》，根据英译本研究《妙闻集》中的外科学；廖育群《阿输吠陀——印度的传统医学》，根据日译本对阿育吠陀原典的部分内容进行翻译；陈明《印度梵文医典〈医理精华〉研究》，首次对印度梵文医典《医理精华》原典进行翻译和研究。

接从印度阿育吠陀的原典出发，具体了解阿育吠陀的理论框架和医方特色，对印度阿育吠陀医学有更直观的认识。本章将从医理、药物、疗法、养生四个方面，探讨鲍威尔写本与阿育吠陀之间的关系，揭示鲍威尔写本中的印度阿育吠陀医学特色。

第一节　鲍威尔写本中的阿育吠陀基本理论

一、有关疾病的基本理论

阿育吠陀认为，"人，成于五元素之结合，是由肢体（头、胴、四肢）及体部（额、鼻、颐、指、耳等）、皮、肉、脉、腱、韧带、神经等的集合而构成之物"。人由地、水、火、风、空五大元素所成，形成乳糜、血液、肉、脂肪、骨、髓、精液7种身体组织。这些组织要素都来自"五大"。其中，体液（dosa）是构成身体的基本元素，如《妙闻本集》第1卷第21章指出：

> 风、胆、痰三者乃人体生存之原因。……。能保持如此之正常状态者，则人之身体得以维系，恰如一室之屋要有三根柱子支撑一般。故亦有人将身体称为"具有三支柱者"。此三种流体原素之失调为身体死灭之原因。①

---

① 廖育群：《阿输吠陀——印度的传统医学》，第129页。

体液分为风、胆、痰三种，三体液是人体生存之本。

病即苦也。阿育吠陀认为人不论身心，只要遭受失衡紊乱之苦都是疾病。《妙闻本集》第 1 卷第 1 章指出：

> 人是各种疾病的容器。赋予人苦者，称之为病。病有客病（āgantuka）、① 身病（śarīra）、② 心病（mānasa）、③ 俱有病（svābhāvika）④四类。客病是外伤引起的疾病。身病是饮食引起、或体内风、胆、痰及血液之一、二、三或全部失调引起的疾病。心病是由过度怒、悲、恐、喜、失望、嫉妒、不幸、吝啬、欲望、贪婪等爱憎违顺的精神失调引起的疾病。俱有病是指饥饿、干渴、衰老、死亡、睡眠等自然而生之病。人的身心紊乱都可以归因于上述一类或几类疾病的共同作用。⑤

从中我们可以看到，阿育吠陀将病分为身病、心病、客病和俱有病四大类。人的身心紊乱都是由这四大类疾病共同作用产生的。

在明确了病的概念和分类后，阿育吠陀将疾病的原因归为依内（adhyatmika）、依外（adhibhutika）、依天（adhivaivika）3 种，认为此3 种苦因具体表现为由生殖力、胎育力、体液力、外伤力、时力、超自

---

① Āgantuka，译作客病，也译作偶发性疾病。

② Śarīra，译作身病，也译作躯体性疾病。

③ Mānasa，译作心病，也译作精神性疾病。

④ Svābhāvika，译作俱有病，也译作自然性疾病。

⑤ Kaviraj Kunjalal Bhishagratna, *Suśruta Samhitā: Text with English Translation*, Prologued and Edited by Dr. Laxmidhar Dwivedi, Varanasi: Chowkhamba Sanskrit Series Office, 1998, Vol. 1. 参考陈明：《殊方异药——出土文书与西域医学》，第 24 页。

然力、自然力 7 种原因引发的疾病。详情见表 2-1：

表2-1：阿育吠陀疾病病因及分类一览表

疾病病因	定义	分类	病因分类
生殖力	指关联到父母精液、经水恶化引起	源于母性	依内苦
		源于父性	
胎育力	指因母亲不养生造成的跛、盲、聋、哑、侏儒等	因乳糜的作用引起的	
		因妊娠不节制引起的	
病素力	指因精神性苦恼及不当食物、不正行为引起的	身体性	
		精神性	
外伤力	指因偶然负伤、或弱者与强者争斗导致的外伤	因武器而受伤	依外苦
		因猛兽而受伤害	
时力	指因寒暑风雨	因不顺之时引起者	依天苦
		季节顺调但不拥有者	
超自然力	指因受到鬼神之恶意诅咒、或因《阿阇婆吠陀》的咒语、或因恶灵附体而生	因雷电者	
		因毕舍遮引起者	
自然力	指饥、渴、老、死、睡眠等	时所作	
		非时所作	

　　鲍威尔写本中虽然对于疾病的概念、分类和原因没有专门的章节叙述，但是在具体的药方中体现了阿育吠陀疾病的相关理论。在鲍威尔写本中，对身病、心病、客病和俱有病四大类疾病都有提及。其中有 55个药方提到了治疗一、二或三种体液失调引起的各种身病。比如：

（1.78b-1.79a①）弄清楚眼疾是由两种体液或全部三种体液聚合地缺少或过度所致，（1.79a）一个聪明的医生才能决定他的治疗方法。

（1.385）通过排泄去除（受损）的体液重新恢复身体元素的平衡，病人可以摆脱痛苦，感觉舒服，并完全摆脱发烧。

（1.408）（这剂药）能迅速地止住三种混乱的体液聚合引起的腹泻、带恶臭的排泄和剧痛及痰或胆汁导致的粪便。

除了体液失调引起的身病外，鲍威尔写本中还提及精神失调引起的心病。如：

（1.801a）用稻米熬的稀粥，用凝乳和白落葵煮，可治疗精神激动。

除了上述各种身病，鲍威尔写本中还提及许多心病。在鲍威尔写本 2.101 颂和 2.285 颂中提到的发疯，2.142 颂中的躁狂症，2.333 颂和 2.341 颂两次提及的精神错乱，还有 2.359 颂和 3.44 颂中提到的意识被失调的风损坏的疾病等，都属于心病的范畴。

此外，鲍威尔写本中还多次提到肋受伤或骨折、骨头关节错位或粉碎性骨折等外伤引起的客病和病态干渴、衰老等俱有病。如：

（2.349）有以下疾病的人可以使用它：冷漠、哑巴、跛足、口

---

① 1.78b 表示出自鲍威尔写本第 1 部分第 78b 颂。其他以此类推。本文所引用鲍威尔写本内容出处均以此种形式表示。

吃、瘫痪或面部麻痹、失忆、肋受伤或骨折、骨头关节错位或粉碎性骨折、行走蹒跚……

（2.1113）石榴籽、旃檀香、莲花须、长胡椒、糖蜜和蜜，制成药水，治疗病态干渴。

对于阿育吠陀提到的 3 种苦所体现的 7 种原因的疾病，鲍威尔写本中也有表现。这里列举两个具有代表性的药方：

（3.41）现在请听这个油的功德吧，如下所述：它能治疗跛足，甚至马跛足，还有驼背和侏儒。（3.42）简而言之，它能治疗任何严重的疾病或骨折，还有那些风性的内部肿瘤、胸口和肋部剧痛、（3.43）各种咳嗽和哮喘、痔疮、腹部肿瘤、水肿、肛门瘘管、黄疸和面色苍白、衰弱无力、病态肤色。（3.44）它也适于那些单肢麻痹或全身瘫痪的人，或意识的力量被（不良习惯）浪费或被年老消耗的人；也适于意识衰弱、获得的指示已经丧失的人，（3.45）也适于那些耳背的人和口吃的人；（3.46）和那些（在房事方面）有障碍的男人和不受妇女欢迎的男人、那些阴囊受风失常和受疝气之苦的人，（3.47）那些不能生育或只生一个孩子的妇女，那些月经过长或月经不调的妇女；（3.48）那些没有受孕或流产的人，以及那些不管不孕或多产子宫都痛的妇女，（3.49）那些癣菌、瘢痕瘤、牛皮癣斑和宿疾，以及其他皮肤病。（总之），它适用于（失调的）痰、风或胆汁引起的任何疾病。（3.50）也适于嘴巴有恶臭或感染溃疡的任何人。事实上，该油对每一种疾病都是非常有效的。

（2.357）该药油可以提供给忍受下列疾病的人：跛足、哑巴、截瘫、面部麻痹、（2.358）肋部挛缩或骨折、骨头或关节错位或骨折，或者提供给那些身体元素受到失调的风削弱或损坏的人，（2.359）或者给那些由于失调的风而忍受破伤风、痛风、病态泌尿的人，或者意识被失调的风削弱和损坏的人，（2.360）和那些精子耗尽的男性，或那些由于嫉妒导致不孕的人，或者头脑受到鬼魅或同类影响的人，（2.361）或者得间歇性热病、血性的腹部肿瘤、深度沙眼、坐骨神经痛、失调的风引起的脾脏病和腹部肿瘤及……的人。

在上述鲍威尔写本的两个药方中，有依内苦中的生殖力原因导致的痔疮等疾病；胎育力原因引起的跛、哑、聋和侏儒；体液失调引起的"风性的内部肿瘤、胸口和肋部剧痛"等身体性疾病和"意识被失调的风削弱和损坏"的精神性疾病；也有依外苦导致的骨折、截瘫；还有依天苦中的受鬼神恶意诅咒或因恶灵附体等超自然力引起的疾病和由自然力引起的衰老等疾病。

下面我们再举两个药方：

（2.1041）如果一个儿童处于恐惧当中，哭闹得很厉害，应该给他一剂由三果药、长胡椒加蜜和酥制成的润喉止咳糖浆。

（2.1037和2.1038）对面露病相、被富多那（Pûtanâ）或其他鬼魅所控制的儿童，医生应该给他服用由山羊尿制成的药丸。（1038）或将药丸研磨成散，用牛尿配成药浆，作为膏药贴用。任何暴戾的鬼魅都会被驱除。

从中我们可以看到鲍威尔写本中涉及的疾病原因之全，种类之多。

鲍威尔写本医学文书中虽没有专门的阿育吠陀疾病基本理论，但是其药方中所涉及的疾病病因和分类与阿育吠陀的疾病理论体系完全一致，充分体现了印度阿育吠陀基本疾病理论特色。

二、有关时令的基本理论

时，梵文作 kala，源于"kal"的语根，有瞬间不停之意。因为时能使生物体集成或使生物体置死，故称"kala"。阿育吠陀十分重视时对生命的作用，认为"时，为独立自存者，始、中、终不绝，味之成坏、人之生死亦依存于此也"。[①]阿育吠陀强调，诸如风、晴与阴、月的明暗、寒、暑、雨、昼、夜、半月、月、季、半年等，均为时的变化之产物。这些时之产物，或者能使身体体液蓄积、增长，或者使体液镇静、治愈，因此时对生命和医疗十分有用。

时是对人体风胆痰三体液产生影响较强的因素之一。时通过影响三体液，从而对人体疾病和健康产生影响。根据时与风胆痰三体液的关系，阿育吠陀将一年划分为雨季、秋季、冬季、春季、夏季及前雨季 6 个季节。

阿育吠陀理论认为，在 6 个不同的季节里，时所造成的环境和食物的性质不同，从而使人体风胆痰三体液产生不同的积聚，并在随后的下一个季节里使其激化，从而体液不调，产生疾病。然后医生根据时节，在之后的下一个季节采用相应的疗法，从而使激化的三体液镇静，从而

---

① Kaviraj Kunjalal Bhishagratna, *Suśruta Samhitā: Text with English Translation*, Prologued and Edited by Dr. Laxmidhar Dwivedi, Vol. 1. 转引自廖育群:《阿输吠陀——印度的传统医学》，第 88 页。

消除疾病。具体来说：

胆汁在雨季时，由于力弱、水浊、土多物污的食物特点及云掩空、水润地的环境，从而使身体湿，消化弱，产生胆汁积聚。到秋季时，由于空中少云、干、日光弱，从而使胆汁激化、失调产生胆汁性疾病。到冬季时，食物力强、水澄从而使胆汁自然镇静，恢复和顺。

痰在冬季时，由于力强、水澄的食物特点及日光弱、寒气重的环境，从而使身体凝缩，消化弱，产生痰积聚。到春季时，由于日光强，溶解身体凝缩性，从而使痰激化、失调产生痰性疾病。到夏季时，激化的痰因为环境与食物特点改变从而自然镇静。

风在夏季时，由于草干、水轻的食物特点及太阳强热的环境，从而使身体干燥，产生风积聚。在前雨季和雨季，由于湿气、冷气加重，从而使积聚的风激化，失调产生风性疾病。到秋季时，由于变干从而使得激化的风自然镇静，恢复健康。

时不仅包括季节，而且包括昼夜。昼夜也如同一年的时节一样，会造成体液的积聚、激化和镇静。参照表2-2：

表2-2：时与三体液积聚激化镇静变化关系

体液	雨季（黄昏）	秋季（夜半）	冬季（拂晓）	春季（午前）	夏季（日中）	前雨季（午后）
胆汁	积聚	激化	镇静			
风			积聚	激化	镇静	
痰	激化	镇静			积聚	激化

《妙闻本集》第 1 卷第 6 章对于时与疾病的关系总结道"无论是最

适于健康的季节，还是与之相反的季节，或是不顺的季节，人类的体液都会分别因各季的特性而被激化。故春季应除痰，秋季应除胆汁，雨季应除风，可预防疾病于未发之中"。[①]

虽然鲍威尔写本的药方中没有对时与疾病关系的理论性解释，但是从药物采摘的时节、治疗的时间、疾病的季节性等很多方面强调时对于疾病和医疗的重要作用。通过对这些药方的具体分析，我们会清楚地看到阿育吠陀医学中有关时的理论是如何在具体的药方配制和医疗中发挥作用的。

例如，鲍威尔写本第4张背面第1部分谈到6个脸部膏药时，具体地讲到了不同的时节治疗不同体液失调所导致的疾病：

（1.92）使用以上6个半颂中叙述到的6种脸部膏药，病人应该在夏天和一年的其他5个季节里治疗。这些药据说对视力有好处。现在听我解释这些药物怎样消除人的体液的失调。

（1.93）在雨季它们据说能治疗由于风失调引起的疾病；在秋季它们被用来治疗由于胆汁失调引起的疾病；在夏季它们被用来治疗由于血液失调引起的疾病；在春季它们据说能治疗由于痰失调导致的疾病。

将鲍威尔写本此药方中提到的季节与体液、疾病的关系与上述"时与三体液积聚激化镇静变化关系表"相对照，我们会发现，鲍威尔写本

---

① Kaviraj Kunjalal Bhishagratna, *Suśruta Samhitā: Text with English Translation*, Prologued and Edited by Dr. Laxmidhar Dwivedi, Vol. 1. 转引自廖育群：《阿输吠陀——印度的传统医学》，第88页。

与阿育吠陀有关不同时节不同的体液造成的疾病理论完全一致。

除了这种具体指出不同季节对应的不同体液性的疾病外，鲍威尔写本还不止一次提到药方要与疾病的季节性相适应。比如：

（1.88）据说，脸上的膏药要与季节性的疾病相适应，以消除黑痣，雀斑和黑斑，并预防中毒肿胀。

（2.283）这个心叶黄花稔油（Balâ）是一种受称许的治疗很多疾病的药。它被推荐用作内服药、涂抹剂、作为食物的配料、催嚏剂或灌肠剂，（2.284）治疗与季节有关的所有疾病。

除了注意疾病的季节性外，鲍威尔写本还强调药物要在特定的时节采摘才能达到最好的性能。我们列举下列几个为代表：

（2.366a–2.379b）现在我将解释蒺藜油，（2.367）以正确的方式使用，男人严重的疾病将被治愈。请听我说！雨季的两个月（Nabha、Nabhasya）是季节中最好的两个月份（2.368）此时，大量的药用植物在地表生长，季节性的云雨使它们在长满嫩绿的庄稼的大地上成长。在它还没有开花结果，在田野里生长到健康和良好的状态时采摘它（蒺藜）；（2.370）在一个喜悦日子的吉祥时刻里收集它们，洗净，放在一个干净的木钵中，碾碎。

（2.753–2.758）在鬼宿（Pusya）秋季开始的时候，医生应该取一种黄花稔属植物，清洗它的根，精磨成粉。（2.754）将1两的该散放在牛奶中搅拌，然后让（病人）服用。

（2.759–2.768a）在吉祥的末伽始罗月，用催吐剂和其他净化药物清洁自身之后，应该取带果子和花的龙葵。（2.760）10 婆罗的龙葵，洗净，医生应该仔细地、慢慢地用半分量的油，放在铁器中煮。

（2.974b–2.975）人们采摘此药应该在迦剌迦底月，或在末迦始罗月，或安沙荼月。

在上述药方中，鲍威尔写本明确指出药物的采摘时节，强调时在药物采集中的重要作用。

另外，鲍威尔写本还提到药物的服用也要在合适的时间。第 2 部分的"大苦酥"药方中谈道"它应该在合适的时间和根据病人的（消化）力来服用"。鲍威尔写本在提及增肥的药方时指出要在冬天有规律地服用阿输乾陀和黑芝麻籽加糖，而在讲到春药方时又提到要在夏天饮用加了蜜和油的药物。由此可见，鲍威尔写本十分重视时与医疗的关系。

不仅如此，在下列诗颂中，鲍威尔写本还直接指出要"考虑时间和季节"："（2.1024）由于考虑到病人的利益，医生应该采用各种治疗方法，考虑儿童的体力或虚弱，还要考虑时间和季节"。

上述分析我们看到，鲍威尔写本在点点滴滴中渗透了阿育吠陀有关时的理论特色，并且展示了这种理论在具体医疗实践中的应用。

三、有关饮食的基本理论

不同的药方要搭配不同的饮食。明确规定饮食宜忌是鲍威尔写本医方中一个十分显著的特点。具体有以下几种情况。

（一）明确规定服药后允许的饮食种类

鲍威尔写本第 1 部分在谈到大蒜汁的药方时，非常详细地规定了病人在肠药后可以食用的食物：

（1.24）待消化后，他可以喝加米的牛奶；或者牛奶里可以加些野味或豆类做的汤，或加些油质的东西。但是他必须有节制的食用，并且1天只能服用1次。（1.25）他也可以饮用葡萄酒，或等量的蒸馏液体和葡萄酒，或纴婆，或者蔗糖酒，或浓烈的米酒，或一种提神的汁液，或者迷丽耶酒，或者其他任何可能有的烈性液体。但是他服用时应该兑水饮用，并且1次1种，避免混合。（1.26）如果他不习惯饮用这些液体，他可以喝温水或（未去壳的稻米熬的）酸稀粥，或他也可以饮用（未去壳的豆子熬的）酸稀粥或（未去壳的大麦熬的）酸稀粥，或新鲜的乳清。（1.27）在使用这个药方时，他既不要和糖蜜一起饮用，也不要喝未煮开的水；他应该始终注意消化，也不能服用短短的几天。

在这个药方中，鲍威尔写本明确规定了服药后允许的饮食。在第2部分的"AYôRAJîYA散"药方中，鲍威尔写本特意强调"（2.55）服药后的饮食应该由烤干的谷物粉加上蜂蜜，作为一种润喉止咳糖浆服用，然后饮1口牛奶，并且应该持续7到8天"。

（二）明确规定服药后的饮食禁忌

除了规定允许的饮食种类外，鲍威尔写本的很多药方中也明确规定了应该禁止的食物。比如在第2部分的"AYôRAJîYA散"中，就规定了"不能吃任何固体食物"；在"黄花稔方（Nâgabalâ）"的长生方中就提出"要禁食含淀粉的食物"；在"作催嚏药的滋补丸"的药方中就明确提出"患者1个月内只能吃加芝麻油的菜肴"。

（三）根据不同疾病与药方配合不同饮食

除了规定食物宜忌，鲍威尔写本还根据不同疾病和药方配合不同的饮食。比如，用来提供给渴望生子的妇女的"小萝卜油"药方中规定了"（2.328）食物应该准备成简单的素食样式，并且应该有去壳的大豆和稻米"，但是在治疗各种腹部肿瘤的"阿提耶的白花丹酥"药方中，就规定"病人应该服用大量的油性食物，并吃肥肉"。一素一荤，疾病和药方的不同导致病人的饮食也完全不同。这充分说明鲍威尔写本重视食物在医疗中的作用。

（四）根据药物消化时段的不同配合不同饮食

不仅不同疾病和药方要配合不同饮食，鲍威尔写本也规定要根据药物消化的不同时段食用不同的食物。在第2部分的"MÂGADHA散"中，根据药散已经消化和正在消化两种不同的时段，药方规定了完全不同的饮食。

（91）如果药散已经消化，病人开始口渴时，可以允许喝石榴汁加一些一种牧豆树属植物的灰碱汁；（92）然后他会感觉相当舒服。如果药散正在消化时而病人开始渴望食物，（93）他可以吃一种由煮好的红大米配以醋和盐调味的野味肉汤制成的温和的滋补品。

这个药方规定，药散已经消化时要喝一些石榴汁和灰碱汁，药散正在消化时则要吃一些滋补品。药物时段不同饮食也就完全不同。

（五）关于断食、进食与暴饮暴食的明确规定

除了上述提到的药方中的具体饮食规定外，鲍威尔写本还有几处直

接关于断食、进食与暴饮暴食的规定。鲍威尔写本提到治疗痰性咳嗽时第一件要做的事情就是断食,通过运动吐纳。当消化虚弱时,病人也应该首先断食,随后再用药来促进食欲和增强消化。此外,鲍威尔写本规定,在给需要安慰、元气耗散、便秘的男人们使用灌肠剂时要"在适当的时候,适度地进食,但不要暴饮暴食,也不要忌食"。

鲍威尔写本医方强调不同食物在疾病治疗中的食用,体现了阿育吠陀重视食物与医疗关系的理论特色。阿育吠陀认为,食物是维系生命的根本。只有依靠食物,才能获得力、健康、颜和六根清净。食物为生类之体力、形色及活力的根源。食物依存于六味,六味又依存于物质。身体由物之味、性质、力用、消化产生体液、组织与平衡状态。身体的七大组织"乳糜、血、肉、脂肪、骨、骨髓、精液"也源于食物。《妙闻本集》第1卷第14章中说:

> 所有的食物皆由五元素组成,可以分为四类(食、饮、含、嚼)。食物由具有六种味,两种"力"(冷、热)或八种"力"(冷、热、湿、干、淡、粘、软、苛),以及其他多种性质的东西组成。食物被适当摄取、适当消化后,成为具有最微妙之质、生成健康美的主要素,名曰乳糜(rasa)。乳糜位于心脏之中,从心脏通过24条动脉,靠"不可视性的原因作用"日日夜夜转输全身,维系身体的生长、保持、补养、生存。
>
> ……由乳糜生成血,由血生成肉,由肉生成脂肪,由脂肪生成骨,由骨生成髓,由髓生成精液。由饮食物生成的乳糜,是使这些组织欢愉之物。应该知道人体乃是产生于乳糜。眼光深远的贤者应

该注意饮食物与摄生法、养护乳糜。[①]

食物不仅是身体七大组织的来源，而且与对人体健康非常重要的三体液关系密切。如果食物不规则，就会导致三体液失衡从而产生疾病。食物主要通过味（rasa）对三体液发生影响。

味（rasa）是阿育吠陀的一个重要概念。廖育群就专门写过《印度医学中的味》一文，对味的功能、味与食物和三体液的关系做过探讨。[②]味（rasa）简单地说，就是由水、火、风、地、空五大元素生成的甘、酸、咸、辛、苦、涩 6 种味道。《妙闻本集》第 1 卷第 42 章如此说：

"空、风、水、火、地"五大之中，依次分别有"声、触、色、味、香"且呈递加（如空中有声，而风中有声、触，火中有声触色）。故"味"为水性。……味虽为水性，然因与其他四元素的结合而成熟，分为甘、酸、咸、辛、苦、涩之六种相。此等味通过相互结合，别为 63 种。其中，甘味所成，由多地、水之质；酸味所成，由多地、火两性；咸味所成，因水、火两性为盛；辛味所成，因多地、风两性为盛；苦味所成，因多风、空两性；涩味所成，因多地、风两性。[③]

---

① Kaviraj Kunjalal Bhishagratna, *Suśruta Samhitā: Text with English Translation*, Prologued and Edited by Dr. Laxmidhar Dwivedi, Varanasi: Chowkhamba Sanskrit Series Office, 1998, Vol. 参考廖育群：《阿输吠陀——印度的传统医学》，第 109—110 页。

②廖育群：《印度医学中的味（rasa）》，《中国科技史料》2002 年第 3 期，第 255—272 页。

③廖育群：《印度医学中的味（rasa）》，《中国科技史料》2002 年第 3 期，第 258 页。

由于风、胆汁、痰三体液也是由空、风、水、火、地五大元素生成，因此与六味一样也具有空、风、水、火、地等不同性质。其中风体液为风性，胆汁为火性，痰为水性。因为六味与三体液有互通的性质，可以通过同类相加而增加，异类相加而抵消，所以味的选择会对三体液产生不同影响。关于六味是怎样影响三体液的平衡，阿育吠陀理论有详细解说：

> 甘、酸、咸除风之不调；甘、苦、涩除胆汁之不调；辛、苦、涩除痰之不调。……或如众人所云：宇宙万物中有冷热两性，故味抑有冷热两性。其中甘、苦、涩味水性，辛、酸、咸为火性；甘、酸、咸为湿、重性，辛、苦、涩为干、轻性；水性味为冷，火性味为热。[①]

阿育吠陀的理论提到，冷、干、轻、淡、排泄障碍，是风的性质特征。涩味与风同族。涩味通过其冷性、干性、轻性、淡性、排泄障碍增强风体液的相应性质。同理，辛味与胆汁热、苛、干、轻、淡的性质相同，辛味通过增强相应特性增强胆汁的性质。甘味与痰同族，通过甘味的甘、湿、重、冷、黏性，增强痰的相应性质。同理，辛味与痰性质相反，可压倒痰体液的相应性质。

《妙闻本集》有诗颂曰"在饮食方面不注意味的不相容性的人，招致疾病、感官衰弱，以致死亡。或摄入了在味等方面不调和的食物，且又未能排除体外者，则引起体液的紊乱而生病。"

---

① 廖育群：《印度医学中的味（rasa）》，《中国科技史料》2002 年第 3 期，第 259 页。

只有明白了食物与味、味与身体三体液、七组织等关系，我们才会懂得鲍威尔写本的药方之所以如此重视食物与医疗关系的原因，也才会明白其理论来源和反映的阿育吠陀医学特色。

四、有关医护的基本理论

阿育吠陀认为，医疗绝不仅仅是简单的药方，而是医师、药物、看护、患者共同作用的结果，并将其命为"医疗四柱"。阿育吠陀对于医师、药物、看护和患者这四柱有明确的规定和要求。《阇罗迦集》第1卷第9章对医疗的四柱进行了解说，并提出了具体要求。《妙闻本集》在"理解与博学""行医资格""养伤须知""军阵医疗"等章节都对医生、患者、看护等提出详细具体的规定：

> 医师、患者、医药、看护者，这四者是治疗奏效的原因。患者、医药、看护人三者分别具有良好的能力，第四的医师为适当之才，那么就算是一时患大疾，医师也能够治疗。……技艺高超的医师，一个人便可救病人。正确学习教科书、理解其真义，实地实践，亲自尝试操作，手技轻巧，纯洁，器械及药品完备，沉着、聪明、果断、多才、诚实、敬虔的医师，堪称四者中的一员。[①]
>
> 作为病人，具有长寿之体质，有元气，其病为可治性，有财富，信仰神，听从医师教诲的人，堪称四者中的一员。[②]

[①] Kaviraj Kunjalal Bhishagratna, *Suśruta Samhitā: Text with English Translation*, Prologued and Edited by Dr. Laxmidhar Dwivedi, Vol. 1.

[②] Kaviraj Kunjalal Bhishagratna, *Suśruta Samhitā: Text with English Translation*, Prologued and Edited by Dr. Laxmidhar Dwivedi, Vol. 1.

生长于吉祥之地，采集于吉日，按照适当的分量调制，具有宜人的气、色、味，有去除恶化病素的性能，不会给予不快的感觉，炒过极量亦不会有副作用，且能在诊察后及时给予的药，堪称四者中的一员。[①]

作为从事看护病人者，亲切，无厌嫌感，体强，谨奉医嘱而行，不知疲倦的看护人，作为四者中的一员，堪称胜任者。[②]

从这些规定中我们可以看到，阿育吠陀认为医疗活动要产生效果必须是医师、患者、医药、看护者四者共同发挥作用，并且四者必须满足一定的条件要求才能胜任。

廖育群在《阿输吠陀——印度的传统医学》一书中，引用了稻村晃江根据《八心集》总结的"四柱"的具体条件要求，兹转引如下以供参考。

1. 医师
（1）具有熟练的治疗技艺
（2）具有完善的专门知识
（3）具有丰富的实践经验
（4）身心俱纯洁无邪
2. 药物

---

① Kaviraj Kunjalal Bhishagratna, *Suśruta Samhitā: Text with English Translation*, Prologued and Edited by Dr. Laxmidhar Dwivedi, Vol. 1.

② Kaviraj Kunjalal Bhishagratna, *Suśruta Samhitā: Text with English Translation*, Prologued and Edited by Dr. Laxmidhar Dwivedi, Vol. 1.

（1）制剂的多样性

（2）具有多种药理作用

（3）药效显著

（4）用途广泛

3．看护者

（1）具有同情患者之心

（2）身心俱纯洁无邪

（3）具有熟练的看护技能

（4）具有理解医师指示的智力

4．患者

（1）具有治疗所需的经济实力

（2）确实能遵守医师的指示

（3）能够正确、详细叙述自身疾病的能力

（4）具有忍受疾病之苦、克服治疗困难的勇气[①]

　　《八心集》中的上述规定反映了阿育吠陀医学体系对医疗四柱的重视。这些条件规定了医生和看护者应该具有的能力和品德、成为药物的标准及患者应该具备的素质。

　　鲍威尔写本虽然没有直接提及"医疗四柱"，但是其作为医方选集，仍然在很多地方强调了医生应该如何做，患者应该如何遵守医嘱，看护者应该如何看护。从鲍威尔写本中我们可以看到阿育吠陀重视医疗看护的理论特色是如何深入细致地影响印度的医学文献和医疗实践的。

---

①廖育群:《阿输吠陀——印度的传统医学》，第271页。

首先是关于医生。鲍威尔写本中有 16 处提到专业的医生应该如何做。例如第 1 部分谈到消化功能时，提到对医生的专业要求："（1.50）因此一个明智的医生在所有时间处理所有疾病时，首先会将他的治疗指向消化功能的适当调节，之后再关注去除疾病"。

与此类似，比如第 1 部分就指出"（1.121）一个聪明的医生，应该给风性咳嗽的病人吃加入了甜、酸和咸的物质与酥油（配制的药物），根据病人生命元气的状态，可以放在食物中或者单独服用"。第 2 部分"治疗恶性腹泻的 4 个药方"中认为"（2.412）这个主治带恶臭的腹泻的药剂，得到医生的认可，但是计较自身利益和信誉的医生应该慎重使用它"。这些要求与阿育吠陀中对医生的要求十分吻合。

其次关于病人。鲍威尔写本中也有提及，这里我们列举有代表性的几处：

（1.64）服药后应该饮用温水以便调节失调的体液。在这剂泻药生效后，病人应该沐浴并且恢复正常饮食。（1.65）对这个药方不应该有任何含糊犹豫，不管是在言语或行动或思想上。

（1.99）当病人使用脸部膏药时，他不可哭笑，也不可睡觉和吃东西。他还不可烤火，在膏药变干后不可保留。

（2.726）他应该经常待在避风的地方，避免各种不宜的东西。他可以适当地在食谱中加余甘子以及一些酸的东西，（2.727）罗望子的果汁或石榴汁。他也应该有规律地洗澡。

（2.737）它的用法要不折不扣地执行才能获得一个成功的结果。

由上述几处内容，我们可以看到，鲍威尔写本对患者的要求主要是要遵守医师的指示，在言语或行动或思想上不应该有任何含糊犹豫。鲍威尔写本明确认为"不折不扣地执行才能获得一个成功的结果"。

再次关于看护。鲍威尔写本也有涉及，举例如下：

（1.22）当病人饮用时，要用棕榈叶制成的扇子轻轻地给他扇风。当病人饮用［大蒜汁］而昏倒时，应该给他撒凉水并用旃檀粉擦他的身体

（2.1116）用熬煮的药液涂抹患儿全身，药凉后可以服用，加入鹌鹑的肉汤和糖，但不要加盐和任何酸的东西。（2.1117）冷药膏……冷房子、和穿湿的、冷的东西看护，还可供应汤解渴。

鲍威尔写本对看护的要求侧重强调看护的熟练技能和专业。

有关医疗四柱的药物本文将另分一节讨论。阿育吠陀对于治疗过程中医生、患者、看护的要求不仅在4—6世纪的鲍威尔写本中被贯彻，而且值得现代医学参考。

第二节　鲍威尔写本中的阿育吠陀药物

药方在梵语中是 upaya，意思为"使药物形成作用的手段"。疗效的梵语是 phala，意思是"药物的作用完成"。可见，不管是药方或疗效，都是以药物为基础和中心的。药物作为医药药方和医疗四柱的重要组成部分，其重要作用不言而喻。不同医学体系对药物的性能分析、选

取采集、分类使用体现了不同的医学传统和特色。印度北起喜马拉雅的
雪地高山，南至科罗曼德尔的热带海岸，广袤的土地和丰富的物产为印
度阿育吠陀医学提供了药物宝库。因此，印度阿育吠陀医学的药物数
量巨大、种类繁多、范围广泛。日本科学史家矢野道雄在《印度医学概
论》一书中曾总结印度阿育吠陀三大古典医学书中的药用植物名，仅
《阇罗迦集》就大约可见 1100 种、《妙闻本集》中约有 1270 种、《八心
集》中约有 1150 种。[①]本文初步统计鲍威尔写本中涉及的药物也有近千
种。本文对鲍威尔写本中的药物采集、分类等进行研究，可以直观地了
解阿育吠陀的药物理论特色。

一、药物的理论基础

阿育吠陀药物最重要的理论基础是水土环境的性质决定各种植物
药、动物药和食物药的性质。药物的味、力、消化带来不同的性能。药
物的特性对风胆痰三体液产生不同的影响并带来不同的疗效。因此，了
解土壤性质、药物的味、力和消化及药物的特性 4 个基本问题是掌握阿
育吠陀药物理论基础的关键。

（一）土的性质与药物

阿育吠陀认为，所有的物质都是由地、水、火、风、空五大元素结
合而生。当其中的某一元素占优势时，则该物表现为某一性质。如地
占优势则为地性，水占优势则为水性。土壤作为五大元素形成之物，不
同的土壤也相应具有不同的性质。不同的土壤性质所生长的药物具有不
同的味和特性。廖育群根据《妙闻本集》的阐述总结"土壤的性质与特

---

①廖育群：《阿输吠陀——印度的传统医学》，第 70 页。

征"一表如下：

表2-3：土壤的性质与特征[①]

性质	特征
自性[②]最优	多石，坚，暗色或黑色，多乔木及谷物。
水性最优	地味膏腴，有冷性，近水，多润泽的谷草、柔软的树木，色白。
火性最优	杂色，含轻石，所生树木的嫩条稀小且呈淡黄色。
风性最优	干燥，灰色或灰褐色，所生树木多枯瘦、干有空洞，少汁液。
空性最优	土质柔软，平坦，多孔，暗色，含无味之水，遍生汁液缺乏的树木，多为高山生树木。

（二）药物的味、力和消化

本章第一节已经对味的概念、味与食物和三体液的关系做了探讨。不管是植物药还是动物药、食物药，其作为物质同样具有甘、酸、咸、辛、苦、涩六味。阿育吠陀医学在选择这些植物、动物、食物、矿物入药时，均是选取其不同的味来发挥作用。

药物的治疗作用，除了味，还要根据其力用才能奏效。阿育吠陀认为，任何一种物质都有温性、冷性两种力，又具体分为温、冷、湿、干、淡、粘、软、苛性之八种。药物在有些药方中会以力压倒味，发挥自己的作用。例如在《妙闻本集》第 1 卷第 40 章指出，"各种吐剂、下

---

① 廖育群：《阿输吠陀——印度的传统医学》，第 169 页。
② 自性指地性。

剂及吐泻剂构成的净化剂、镇静剂、收敛剂、消化剂、脓汁压出剂、除脂药、强壮药、长寿药、催淫剂、发泡剂、溶解药、烧灼药、破溃药、麻醉药、剧药、解毒药，皆是通过药力的所长而各有其特效"，[1]并有诗颂云：

虽为镇静风体液之味，若有干、轻、冷之诸性时，其味则不能消灭恶化的风体液。虽为镇静胆汁之味，若没有苦性、热性、轻性，其味则不能产生镇静胆汁的作用。虽为镇静痰体液之味，若有湿、重、冷诸性，则使痰增生。[2]

药物发挥疗效，除了味、力的作用，消化作用也很重要。因为服用的药物被消化力正常消化时就会产生有利的影响，发挥正常的作用；反之就会产生不好的效果。并且，药物在消化时同样会产生甘味和辛味并对三体液有不同的影响。《妙闻本集》有诗颂云：

物质在不断消化的过程中，地、水二性显著出现时，曰"甘"味消化也。然若在物被消化的过程中，火、风、空性显著出现时，曰"辛性"消化也。[3]

其中甘味为重性，辛味为轻性。

阿育吠陀认为，药物的味、力和消化是药物发生疗效的关键要素。

---

①廖育群：《阿输吠陀——印度的传统医学》，第201页。
②廖育群：《阿输吠陀——印度的传统医学》，第202页。
③廖育群：《阿输吠陀——印度的传统医学》，第203页。

有些是药物的力发挥作用，有些是药物的味和消化使三体液调和或失调。可以说，药物的味、力和消化相互独立又相互依存，它们统一于药物实体之中，根据不同疾病区别用药。

（三）药物的特性

如土壤有地、水、火、风、空不同的性质，药物作为物质也有不同性质。阿育吠陀药物理论认为，不同的性质对身体产生不同的作用。现根据《妙闻本集》和《阇罗迦集》有关药物特性与身体的关系，列表如下：

表2-4：药物特性与功能（对身体作用）关系表

性质	特征	功能（对身体的作用）
地性	质粗大，易触知，富实质，浓密有惰性，非流动性，消化重性，坚硬，有强烈气味，总体呈甘味。	使身体不动性及力强化增进，尤其是具有下降性。
水性	冷、湿、润、惰、重、流动、浓密、软、黏、多浆，总体呈甘味。	使身体滑润，赋予元气，使组织湿润，使组织间的结合紧密，促进排泄。
火性	有热性和苛性，质极微难触知，干、糙、轻、淡，色及其他属性多样，总体呈苦、涩味。	有灼烧、化脓、破溃、赤引作用，增强视力，使颜色光彩，发挥健康美。
风性	质极微，干、糙、冷、轻、淡性，赋予多样快感，稍有苦味，涩味更甚。	带来身体的鲜净、轻快、弛缓、干燥、赋予思路敏捷的精神状态。
空性	质黏滑、极微、柔软，有弥漫性，明澄纯净，不赋予味感，富有音响性者。	赋予身体柔软性、多孔性及淡泊性。

根据上述药物性质，阿育吠陀认为可以根据不同场合，考虑各种不同治疗目的，使用具有不同药效和药性的药物实现治疗目的。现将药性与药物治疗的关系列表如下：

表2-5：药物特性与药物治疗关系表

药物治疗	药物特性	原因
下剂	地、火为优	地、水性重，所以行下方向，因此下剂具降下性。
吐剂	风、火为优	风、火性轻，所以行上方向，因此吐剂具向上性。
镇静剂	空性为优	因空有淡泊性。
收敛剂	风性为优	因风有干涸性。
消化剂	火性为优	因火有热性及苦性。

因为身体的三体液同样具有地、水、火、风、空不同性质，所以人体中的三体液的正常状态、增长、衰减都受制于药物的特性。《妙闻本集》第1卷第41章有诗颂云：

风体液的不调，用地、火、水组成的药物使其镇静；胆汁的不调，用地、水、风组成的药物快速除去；痰的不调，用空、火、风性的药物使其镇静。风体液因为空、风性的药物而增长；胆汁因火性的药物被激化；痰体液因地、水性的药物而增长。这样，知道某药物内的五元素哪种占优势，在体液不调的时候，应采用两种或两种以上的药物作治疗使用。[①]

鲍威尔写本第 2 部分有 3 章专门谈论 3 种药物的药理，分别是第 11 章《诃黎勒药理》、第 12 章《五灵脂药理》、第 13 章《白花丹药理》。这 3 章为我们直观地了解上述阿育吠陀药物理论提供了原始资料。

在第 11 章中，双马童对梵天说："（2.926）我再描述一下这 7 种诃黎勒的味道和性能。它们有 5 种味道，是热性的，但是缺少咸味，是非常有用。"在分析五灵脂的药理时，鲍威尔写本也始终是在阿育吠陀的药物理论框架内：

（2.950-2.957）五灵脂是略酸、涩、消化时是辛辣的。它既不太热，也不很凉。它产自四种金属：（2.951）金、铜、银、铁。当合理配置时，它可以作为滋补剂、壮阳剂和医用药品。（952）当它浸泡在这些熬煮的药液中时，它的能量就发展到最高程度，或合用或单用，能治风痰胆失调。

（2.957-2.964）现在我将解释 5 种不同的五灵脂及其用法。金子和山中其他金属，当被太阳加热时，排除杂质，像油重，像黏土一样，这些就是五灵脂。（2.959）甜、苦、颜色像宋槿，味辛辣、凉，这是金的挥发。（2.960）铜一类，颜色像空的咽喉，是苦的、热的、味辛辣。银一类，是辛辣的，白色、凉，消化时，是甜的。（2.961）铁一类，是所有当中最好的，其颜色像树脂，味苦和咸，

① Kaviraj Kunjalal Bhishagratna, *Suśruta Samhitā: Text with English Translation*, Prologued and Edited by Dr. Laxmidhar Dwivedi, Vol. 1.

消化时是辛辣的、凉的。（2.962）这几类都有牛尿的气味，都可作药用。不过，在用作滋补剂的成分时，最后一种是首选。（2.963）当风和胆失调，痰和胆失调，痰失调以及风痰胆三者共同失调时，金和其他金属种类特别受欢迎。（2.964）在使用五灵脂期间，一个人应该戒用任何增热和重性的东西，不过要避免使用秦豆。

鲍威尔写本在解说诃黎勒、五灵脂、白花丹这 3 种药物的药理时，无一例外的都是从药物的味、力、消化、药物特性与三体液的关系等方面论述。这与阿育吠陀的药物理论基础完全一致。

二、药物的采集保管

因为土壤、时节会决定药物的味、力、消化和特性，进而对药物的疗效产生影响。因此，阿育吠陀对于药物的采集和保管自然会有要求和标准。这种特色在鲍威尔写本中同样有所体现。

（一）采集的季节要求

阿育吠陀理论认为，此世界由冷湿（月性）与温干（火性）两性组成。冷湿性的药用植物应在冷季采集；温干性的药用植物应在暖季采集。如此，可不损其特性。在冷季，从月性之地采集的冷湿性药用植物，为极甘、缓和性、冷却性的药物。温热性的药物依此可知。而对于一些特定药用植物之叶与盐炮制的药，其采集并无特定时季，任何时候都能采集。

鲍威尔写本第 2 部分在谈到祛风用的蒺藜油时，提到"雨季的两个月（Nabha、Nabhasya）是季节中最好的两个月份。此时，大量的药用植物在地表生长，季节性的云雨使它们在长满嫩绿庄稼的大地上成长。

在它还没有开花结果，在田野里生长到健康和良好的状态时采摘它（蒺藜）"。雨季生长的蒺藜药物性质为水性，力为极甘、缓和性、冷却性，而风体液失调的疾病靠冷性和水性得以平衡。这充分符合阿育吠陀药物采集理论。

在一个黄花稔的长年方中，鲍威尔写本要求"在鬼宿（Pusya）秋季开始的时候，医生应该取一种黄花稔属植物，清洗它的根，精磨成粉。"在谈到白花丹的药理时，鲍威尔写本强调"人们采摘此药应该在迦刺迦底月，或在末迦始罗月，或安沙荼月"。这些都是阿育吠陀重视时节对于药物特性影响的实际例证。

（二）采集的地点要求

因为阿育吠陀重视水土环境对于药物的影响，所以对药物的采集地点自然也有明确的要求。在《妙闻本集》第 1 卷第 37 章中有如下要求：

> 大凡欲得药用植物，应检无穴、砾、石之凹凸，未遭蚁冢、火葬场、屠杀场、礼拜堂、砂之侵害，无盐分，平坦，近水，肥沃，有植物之荫，质软、不脆、均匀，呈黑、白或赤色的土地。应面北采集生于如此之地，且无虫、毒、武器、太阳之热、风、火、水、狭隘小路之害。①

上述要求说明阿育吠陀对药物采集地点要求不能在火葬场、屠杀场、礼拜堂等地，而是要在肥沃平坦之地，并且要避开虫、毒、武器和

---

① Kaviraj Kunjalal Bhishagratna, *Suśruta Samhitā: Text with English Translation*, Prologued and Edited by Dr. Laxmidhar Dwivedi, Vol. 1.

风、火、水、小路等公害。

在同一章节中，阿育吠陀还明确规定了不同用途的药物要在不同性质的土壤中采集。

> 用于下剂的药物，应采集生于地性与水性为优者；吐剂用药，应从火、风、空性为优的土地上采集；兼具泻下与催吐两种作用的药物，应在兼具上述两性的土地上采集；应在空性为优的土地上，采集镇静剂，有较强的药力。①

这说明，阿育吠陀认为不同的土壤性质会影响药物的性质，进而使药物具有不同的药效和用途。

无独有偶，鲍威尔写本同样有关于药物采集地点的要求。这再次证明鲍威尔写本的阿育吠陀医学特色。鲍威尔写本第 2 部分的"耆呵提（Vrhapati）"药方提到阿育吠陀药物时，要求是"长在未被开垦过的，或未被人群和争吵声［污染过的］土地上的带根、叶和花的"，而采集白花丹时则要求"应该在一块［地方］，那里没有墓地，没有光秃秃的盐碱地，没有蚁丘，没有支提塔……之地"。这说明鲍威尔写本对药物采集地点的要求与阿育吠陀一致，都要求没有污染和公害。

（三）采集入药标准

阿育吠陀认为，作为药物的植物一定要符合"味单一，发育良好，具有深、粗之根"的要求，并且认为，凡是药用植物，均应是具有所生

---

① Kaviraj Kunjalal Bhishagratna, *Suśruta Samhitā: Text with English Translation*, Prologued and Edited by Dr. Laxmidhar Dwivedi, Vol. 1.

地固有性质的东西。只要达到作为药物的标准，需无恶臭、恶味，洗涤干净。除蜜、酥、糖、荜茇、咸酸酱之外的药物，都要用新鲜之物。如果没有新鲜材料，医生就可用一年以内采集的植物。生长之动物的血、毛、爪、乳、尿和屎等，应在食物充分消化的时机被采集。这些入药标准在鲍威尔写本的药方中比比皆是，这里就不再详细举例。

（四）药物的储藏保管

阿育吠陀医学同样注重药物的储藏和保管。《妙闻本集》中曾有"药品以布包，或纳陶器中，或置板上，或以木、竹之钉悬挂。为储藏药物，应在吉祥、清净的地方设置药室"之规定。我们统计鲍威尔写本的药方发现，其涉及的储存药物的容器就有干净、新旧之分，还有铁器、陶制、铜器、木钵、榄仁木做的盒子等不同材质，圆形、平底等不同形状，水罐、烹饪罐等不同用途之分。可见鲍威尔写本对于药物储藏和保管的重视。

三、药物分类

阿育吠陀的药物分类是在医学理论的基础上，结合药物的性质和医疗的目的和效用，在分析归纳的过程中逐渐形成。药物分类既有赖于医学理论，其本身也是医学理论建立完善的过程。我们了解阿育吠陀的药物分类法，可以更好地研究鲍威尔写本药方特色。

《阇罗迦集》中根据药物的自然属性和医疗效用，将药物分为动物、植物、矿物三大类。动物类药物包括蜜、乳、胆汁、脂肪、骨髓、血液、肉、尿便、皮肤、精液、骨、髓、腱、角、蹄、爪、毛发、体毛等。廖育群在《阿输吠陀——印度传统医学》中对《阇罗迦集》相关章节的翻译提到，阿育吠陀对乳、脂肪、肉、尿4类有特别说明。我们从中可以一窥印度阿育吠陀医药分类的方法和特点。兹引如下：

（1）乳：一般来说属于甘、润、冷之性；给予满足、营养、精力、智力、体力、意志力，延寿，去除疲劳与呼吸困难，止咳、愈伤。对于所有的生物来说都具有增进健康、平息疾病之功，尤对虚弱、损伤有效。

（2）脂肪：能够增加人体的脂肪、肉、体力、活力；美容颜，是构成印度传统医学中"油剂疗法"的重要成分。

（3）肉类：肉类据其栖息地与食性分为8类。其中水生、沼地、两栖动物，及食"消化重性"之物的动物，都属"消化重性"。而生长于干燥地、行动于干燥地的动物及食"消化轻性"之物者，都属"消化轻性"。一般来说，肉类多具"增大"的效用。

（4）尿类：包括羊、山羊、牛、水牛、象、驼、马、驴等八种尿。各种尿的主治不完全相同，但皆有咸味，属温、激、润、辛之性的药物。可引"火"下行，增进食欲，杀寄生虫，制毒，治疗黄疸。①

对于上述提到的动物药物分类，鲍威尔写本中均有体现。其中很大一部分的药方都要用到乳奶。在鲍威尔写本中，仅奶一类就有山羊奶、母牛奶、小母牛奶、羊奶、人奶等多种。肉也是鲍威尔写本中的重要药物，多是在补充体力、增强肌肉的药方中以肉汤的形式出现。鲍威尔写本明确提到的有山鹌鹑肉、公鸡等家畜肉、大蜥蜴肉等野生动物肉、沼

---

① 廖育群：《阿输吠陀——印度的传统医学》，第369页。

泽动物肉、水禽动物肉、陆地动物肉、孔雀肉、野兽肉等，与《阇罗迦集》中根据栖息地与食性的分类相一致。《阇罗迦集》中提到的 8 种尿，在鲍威尔写本中主要出现了牛尿、羊尿、雄山羊尿、公牛尿 4 种，多是在下剂、黄疸的药方中使用。

　　阿育吠陀植物类药物主要分为根、皮、叶、花、实五大类。《阇罗迦集》中详细地分为根、皮、髓、树脂、分泌液、中空茎、液汁、嫩叶、灰汁、乳液、果实、花、灰、油、刺、叶、叶梢、球根、新芽 19 种。① 其所区分的理论基础是物质的 20 种"质"：重、轻、冷、热、湿、干、缓、急、动、静、软、硬、清、粘、滑、糙、微、粗、固、液。阿育吠陀认为在同一植物中，由于取材的部位不同，则其性质也不同。这种药物分类在鲍威尔写本中得到了充分的体现。例如在第 1 部分治疗眼疾的药方中，只蓖麻一种植物，在同一个药方中就分别以蓖麻根、蓖麻籽、蓖麻芽 3 种药物形态出现。《阇罗迦集》中的 19 种类别在鲍威尔写本中都可找到。

　　矿物类药物在阿育吠陀医学中使用的相对较少。其中，盐类被运用最多。盐类皆属温性、刺激性，能增进食欲，可以制成灌肠剂、涂剂手术药、眼药、疮药等。鲍威尔写本中有石盐、青盐、黑盐、碳酸盐等，是一味用途极为广泛的药物。

　　此外，阿育吠陀还有两种药物分类方法。一种是从治疗效用的角度出发，将药物分为 10 组 50 类药物，比如长寿药、强壮药、食物增进药、缓和补助药、制吐药、制尿药、镇咳药、丹毒消除药、止血药等。

---

① Caraka, *Caraka-Samhitā (Text and English Translation)*, Edited and Translated by Priya Vrat Sharma ect, Varanasi：Chaukhambha Orientalia a House of Oriental and Antiquarian Books, 2000.

还有一种是使用"食物分类"的方法，其核心宗旨认为"世间没有不是药物者"，将凡是能入口之物分为 12 类，并根据"六味"的理论对某一类药物的共性和每一种药物的个性进行详细的解说。因为鲍威尔写本主要是医方选集，所以这两种药物分类方法并没有过多体现，因此在此不再涉及。

第三节 鲍威尔写本中的阿育吠陀治疗方法

一、五业治疗法

鲍威尔写本第 2 部分第 14 章《童子方》有方如下：

（2.1023—2.1025）在（儿童）病情没弄清楚前，医生应该让他用温水服用一颗能治所有病的药丸。（2.1024）由于考虑到病人的利益，医生应该采用各种治疗方法，考虑儿童的体力或虚弱，还要考虑时间和季节。（2.1025）医生应该对他们的乳母采用五业治疗法，即两种泻剂、催吐剂、两种油性灌肠剂。

这里谈到的五业治疗法，用的是 panca-vidha kriya。陈明译的《医理精华》中也提到五业治疗法："应该知道，五业治疗法即催吐剂、催泻剂、灌鼻药、缓下法、灌肠法"。①

---

① 陈明：《印度梵文医典〈医理精华〉研究》，第 511 页。

医理精华提到五业治疗法用的是 panca-vidhm karma。《四部医典》的汉译本中使用的是"五业相应法",具体指的是"催吐法、催泻法、灌鼻药、缓下法、油性灌肠法"。《阇罗迦集》称为"头部净化、吐、下、油性灌肠和非油性灌肠"根本性五疗法。有些医典则将两种油性灌肠法合并为一项,然后加入了放血疗法。五业治疗法具体是哪五种方法,各种医书并不完全相同。总体来说,各个医书都有的是催吐法、下法、两种灌肠法。不同的是,鲍威尔写本中是两种泻法,而《医理精华》中是灌鼻法,《阇罗迦集》中是头部净化法。

由于关于印度阿育吠陀治疗法的资料和研究相对较少,目前国内学界较有影响的主要是廖育群《印度医学经典〈阇罗迦集〉中的治疗方法》一文。文中根据日本学者矢野道雄翻译的《阇罗迦集》将五业治疗法的内容大要进行总结。[①]鲍威尔写本五业治疗法主要有以下几种:

(一)头部净化

凡是为了清除头部的病素,直接施加于头部的措施,都可称为头部净化。《阇罗迦集》中提到的头部净化主要有 4 种方法:

(1)用宽 4—5 英寸的熟皮革缠绕在头的周围,并以软膏密封下缘,然后在头上形成的空间中注满微温之油;

(2)直接将油或其他液体浇注在头上;

(3)将用油浸过的布贴在肩胛骨上;

(4)仅按摩头部。

对于这种直接施治于头部的治疗方法,鲍威尔写本中有多处提及。

---

① 廖育群:《印度医学经典〈阇罗迦集〉中的治疗方法》,《中华医学杂志》1997 年第 2 期,第 114—118 页。

比如第 1 部分谈及脸部膏药时，提到"（1.101）当一个人在使用脸部膏药时笑或吃或睡觉，他体内的痰和风将会急剧增多：这种情况下应该在头部使用分泌剂"；第 2 部分的"孔雀酥（Mâyûra）"药方中认为"（2.179）这种孔雀酥（Mâyûra）可以外用于头部，是一种治疗头痛、面部麻痹和肿瘤的药"；"五个治疗头痛的药方"中就说道："（2.517 和 2.518a）一分的陈油和等量的一种羽叶楸属植物……（2.518a）制成一剂极好的膏药，贴在额头上，治疗头痛，是众所周知。"

鲍威尔写本中头部净化的方法虽然不是《阇罗迦集》提到的那 4 种，但是直接在头部使用分泌剂或将药膏贴在额头的做法毫无疑问是属于头部净化治疗法的。

（二）催吐剂

在"胆汁""痰"两大体液失调的情况下，及胃部发生疾患时，医生在不损坏身体的情况下使用甘草等一类药物对病人施行催吐。《阇罗迦集》有一章专门详细介绍了催吐的具体方法。在服用催吐剂，做好准备后，患者"张开口、唇、喉，不必过于勉强但要促进逐渐产生的呕吐感。吐物接近喉、颈部却吐不出时，稍将身体弯曲，用剪短了指甲的两根手指或莲茎刺激一下喉部，以加速呕吐。"有经验的医生应该仔细观察呕吐物，根据呕吐物的特征可以了解所行的呕吐法是适度还是过度或不足，并且知道疾病的性质，决定随后的治疗。

鲍威尔写本中有 8 处提到使用催吐疗法，涉及口腔化脓、痰性咳嗽、男性疾病、儿童疾病等许多疾病。

（三）催泻剂

《阇罗迦集》在谈到根本性五疗法的下法时，只是提到对发生在肠部的疾病使用催下剂是有效的。但是在鲍威尔写本中，治疗很多疾病的药方中都提到了催泻剂。这里试举 1 例：

（2.484−2.490）（取）25 颗诃黎勒、25 婆罗的 Dantî、同样多婆罗的白花丹根，把整个在 1 斗水中煮，（2.485）直到减少至最初量的四分之一。过滤再次煮，将诃黎勒留在其中，加入与 Dantî 等量（即 25 婆罗）的过滤后的糖浆，（2.486）半斛（kudava）纯油、4 婆罗牵牛花根、长胡椒粉和生姜粉各半婆罗。（2.487）把所有的煮成糖浆的密度，在它还温的时候加入蜜、等量的油、各 1 两（karsha）的桂皮、豆蔻、桂叶和铁力木（Kêsara）。（488）如果他服用 1 婆罗的该止咳糖浆，并且服用 1 颗诃黎勒，病人将因此被润滑很容易地排出 1 升受损害的体液，变得健康。（2.489）使用这个药剂能去除腹部肿瘤、炎症、痔疮、病态脸色苍白、食欲不振、心脏病、慢性腹泻、严重黄疸、间歇性发烧、（2.490）皮肤病、脾脏病、反胃。

从鲍威尔写本这个药方就可知道，催泻剂是如何排出有损害的体液，从而治疗多种疾病，使身体恢复健康。

（四）两种灌肠法

两种灌肠法包括油性灌肠剂和非油性灌肠剂两种。《阇罗迦集》中没有过多谈论此治疗法，只是提及针对尿便停滞的非油性灌肠剂，使用蓖麻等药物是有效的。这些药物也可制成油性灌肠剂，起到压制风体液的作用。

但是鲍威尔写本有非常多的灌肠剂药方。其中第 2 部分有专门一章是讲灌肠剂的。鲍威尔写本不仅给出了制作灌肠剂的详细药方，而且为我们保留了灌肠具体操作方法的珍贵资料。在第 5 章灌肠剂的"双马童的阿输乾陀灌肠剂"中，鲍威尔写本在药制好后提道："然后将其灌入无裂缝的膀胱中，可以继续用作灌肠剂，用 1 次、2 次或 3 次。当灌注已经溢出时，要再用温水灌一次"。在"木棉灌肠剂"中提道："在涂油之后，将此灌肠剂注入体内，当其后溢时，病人应该洗澡，并服食牛奶或野味肉汤"。鲍威尔写本这些记录成为我们目前了解阿育吠陀灌肠治疗法非常珍贵的资料。不过鲍威尔写本中提及的都是油性灌肠剂。我们并未发现非油性灌肠剂。

二、六大疗法

六大疗法是指除去、增加、干燥、油剂、发汗、静固疗法。六大疗法是在对阿育吠陀治疗方法进行归纳、总结、理论解释的基础上完成的。就像三体液组合形成不同疾病，但却总不超过"三"这个数字一样，阿育吠陀的治疗方法多种多样，却万变不离这六大疗法的范畴。因此可以说，六大疗法是阿育吠陀治疗方法高水平的总结。

（一）除去疗法

除去疗法是指使身体产生轻快感的疗法。消化剂、禁食、断食、催吐催泻法、运动等都属于此疗法的范畴。以鲍威尔写本的下列药方为例：

（2.463-464）在患痰性咳嗽时第 1 件要做的事情是服用催吐剂和断食。然后，适合吃些大麦饭、辛辣食物做的汤。同时应该饮用混合进陈蜜的温水或葡萄酒。还应做运动吐纳，并吃干的、热的东西。

在这个药方中，就同时提到了断食、催吐、运动 3 种除去疗法。

（二）增加疗法

增加疗法是给予营养、肥满，能使人体增加的疗法。阿育吠陀要求，对于虚弱之人，应在夏天使用此种疗法。沐浴、轻按摩、睡眠、油性灌肠剂、牛乳、砂糖、酥等均属于此法。

这种增加疗法在鲍威尔写本中被大量谈及，比如之前谈到的油性灌肠剂。鲍威尔写本对于沐浴法也很重视，在多个药方中提到。例如"（2.586）为了消炎，（病人）应该服用黄细辛、喜马拉雅雪杉、老姜加牛奶，连服 3 天。或者应该服诃黎勒、喜马拉雅雪杉、姜、黄细辛、加牛尿。在消化之后，应该沐浴，然后再喝牛奶。"这是典型的增加疗法。在第 14 章《童子方》中，有一个药方内容是"对于身体虚弱、瘦弱的儿童，我将讲述一个很好的、有效的药方。当他全身涂抹好后，再用 1 斗的凉牛奶沐浴。"这个针对虚弱瘦弱儿童所采用的沐浴法也是增加疗法的代表。

（三）干燥疗法

凡是能产生干、燥、纯的疗法即是干燥疗法。收敛性药物、节制房事、素食、糖蜜等都属于此疗法。干燥疗法用于分泌物增多、体液激增、大腿麻痹等。

鲍威尔写本第 2 部分专门有"用作收敛剂的 4 个药方"。这 4 个药方无一例外都用到糖蜜，多是用来治疗腹泻等疾病。这里列举一例以资参考："（2.413–2.414a）詹部核和芒果核、一种束藻属植物、石榴皮、汁安膳那、Anantâ、小豆蔻、莲花须；这些药与 1 份的蜜混合据说可制成一种极出色的收敛剂"。这种收敛剂就是典型的干燥疗法。

（四）油剂疗法

使浸透油，变得柔软、湿润者为油剂。油剂疗法是印度医学中极具特色的治疗法。《阇罗迦集》中有专门一章是"关于油剂之章"。其总结出"构成油剂的原料有动物性和植物性两大类。不同的油剂具有各自不同的特点。比如胡麻油最能赋予体力，蓖麻油做下剂最优。油剂适用于风、胆性体质与风、胆性疾病之人；希望提高视力及其他感觉功能者；瘦弱老幼之人；希望长寿、丰满、多子之人等。"①在鲍威尔写本中，绝大多数的药方都要使用各种油。以下列药方为例："（2.533b 和 2.534a）当耳朵嘶嘶作响或耳鸣有杂音时，应该在耳中滴辛辣的油。（2.534a）当耳鸣有杂音或耳聋时，可使用与治疗耳中剧痛一样的药"。我们从这个药方可以看到油剂疗法是如何在医疗活动中被使用的。

（五）发汗疗法

能消除硬直、钝重感、恶寒、引起出汗的疗法称为发汗法。《阇罗迦集》专门有一章是"关于汗法之章"，对发汗法的适应症、准备工作做了介绍，并总结出温湿布发汗法、温床发汗法、导管发汗法、喷洒发汗法、浸浴发汗法、火之屋发汗法、巨石发汗法、沟发发汗法、小屋发汗法、地面发汗法、壶发汗法、穴发汗法、粪便发汗法 13 种发汗法。鲍威尔写本在治疗眼疾、哮喘和打嗝、痛性尿淋沥 3 个药方中提到发汗药和发汗法，但没有具体的操作方法。

（六）静固疗法

凡是使运动的、不安定的东西静固下来，具有液体性、微细、流动性和冷却作用的药物，及甘、苦、涩味的药物，都属于此疗法。以鲍威

---

① 廖育群：《阿输吠陀——印度的传统医学》，第 280 页。

尔写本中的下列药方为例：

（2.1064b-2.1066a）阿输乾陀、娑罗树脂、大麦粉、凝乳，（2.1065）与蜜、酥混合，制成一种膏药，贴在头皮上。这种药能治疗发烧、干渴、呕吐和其他疾病。（2.1066a）无论何时需要冷却法时，也可使用此药。

这里提到的冷却法即属静固疗法范畴。

三、涂抹法

涂抹法是鲍威尔写本中出现频率非常高、应用十分广泛的一种治疗方法。据初步统计，鲍威尔写本中有 28 个药方谈及涂抹法。《阇罗迦集》里对涂抹法的定义是将各种药物加工成粉，用芥子油等油类煮或调匀后涂抹在身体上，或者直接将药粉撒在涂了油的身体上的治疗方法。

鲍威尔写本第 3 部分专门有 3 个以"涂抹油"命名的药方。其中一个药方引起我们的注意：

（3.65）黄细辛、心叶青牛胆、干姜和须芒草，磨成粉，加入清水制成药浆，将患者溃疡性的导管用菩提树叶的叶脉处理后，可使用该药治疗肛门瘘管。有经验的医生这样说。事实上，他们一直推荐这个药。

在这个药方中，涂抹法并没有使用油，而是用了清水。这说明在实际的医学实践中，涂抹法并不总是一定要使用油的，它可以使用清水，也可以使用一些果汁汁液或凝乳。例如下一个药方："（2.853）将凝乳与盐在铁容器中精磨。当眼剧痛时，用来涂眼，会很快康复"。在鲍威尔写本的此药方中，涂抹法就没有使用油，而是使用了凝乳。

分析了鲍威尔写本中涉及涂抹法的药方，我们会发现，涂抹法治疗疾病的范围非常广泛。它能使耳朵、阴唇和阴茎增大，治疗发热和干渴、各种眼疾、腹部肿大、四肢风湿病、肺结核、麻痹、头发变白、儿童消瘦、口腔疾病、各种皮肤病、风引起的80种疾病、各种肿瘤、毒病等。我们从中选取有代表性的3个药方供参考：

（1.60）用石榴皮煮芥末油，涂抹会引起耳朵、阴唇和阴茎的增长。

（2.852）糖、红赭石、蜜、铜灰，制成一种涂抹剂，是治疗各种眼病的绝妙药。

（2.895b和2.896）先用诃黎勒、余甘子洗发，（2.896）然后，用绒毛戴星草、靛青做成的药浆，温温的时候涂抹头发，头发就不会变白。

（2.1071）如果儿童因嘴疼而拒绝吸奶时，（2.1072）用素馨叶子和蜜涂抹，或用甜根子草秆的粉末和甘松香制成的软膏（涂抹）。

在鲍威尔写本中，用来做涂抹剂的药物除了有植物药，还有阿育吠陀医学中比较少见的矿物药，例如"（2.852）糖、红赭石、蜜、铜灰，制成一种涂抹剂，是治疗各种眼病的绝妙药"。这个涂抹剂就用到了红赭石和铜灰两种矿物药。

涂抹法比较广泛地运用于身体各部位，可以全身涂抹，也可以根据疾病的特点局部涂抹。比如鲍威尔写本第 2 部分第十章《乌发方》有"用三果药涂抹全身",也有"温温的时候涂抹头发"。《童子方》既有涂抹肛门的,也有涂抹嘴巴和眼睛的。

涂抹法使用的药物也不一定都是药油或药粉。以鲍威尔写本的以下几个药方为例:

（2.1072）用素馨叶子和蜜涂抹,或用甜根子草秆的粉末和甘松香制成的软膏（涂抹）。

（2.1108 和 2.1109）青木香、姜黄和……的果实,制成药浆,据说可以作为涂抹剂,有益于治疗疥疮。

（2.1022）如果儿童的肛门滋生虫子,可用此药丸涂抹。

除了药油和药粉,涂抹法使用的药物还有软膏、药浆、药丸等。

至于涂抹法中最常见的药油法,使用的油有芥末油、心叶黄花稔油、甜油、芝麻油等,并且每种油治疗的疾病都各不相同,在此不一一举例。

最后需要指出的一点是,鲍威尔写本中的任何一种涂抹剂同时还可以用作催嚏剂、灌肠剂、内服剂等。例如第 2 部分的"黄花稔药油"方中提道:"（2.270）它可以用作涂抹剂、催嚏剂、麻醉药、油状灌肠剂,或放在食物中,或作为灌耳剂,或作为通过肛门或尿道的灌肠剂使用;"第 3 部分的"那罗延天的义成油"药方中提道:"该油对每一种疾病都是非常有效的。它可用作催嚏药、口服剂、涂抹油或灌肠剂的形式;也可用作润喉糖浆的形式。"由此可见,印度阿育吠陀治疗方法的多样性与灵活性。

第四节 鲍威尔写本中的阿育吠陀养生保健

阿育吠陀主要包含"解释和治疗疾病"和"维系与促进健康"两大方面。阿育吠陀认为，健康并非远离疾病那么简单，更包括维持和促进身体的平衡，达到肉体、精神、灵魂的满足。鲍威尔写本第 1 部分中就有一段文字，可以反映当时印度阿育吠陀医学对于标准健康状态的认识："尊者啊！有着像小鼓和长笛般美丽的嗓音，如融化的纯金般干净的面色，很强的记忆力和头脑，拥有结合紧密的身体，毫无皱纹，等等，拥有稳定的意识感觉，聚集和不断增长的活力，拥有一个调节好的消化力和无穷尽的生殖能力，你将活到一百岁"。因此阿育吠陀不仅是有关疾病的医学，更是维系促进健康的科学指南，包含有很多养生保健的知识。阿育吠陀认为，只有理智地遵循一定的养生方法，才可以健康长寿，享受幸福的人生。鲍威尔写本虽然是药方集，却有很多涉及增强体力、促进健康的养生保健内容。这充分体现了阿育吠陀疾病与健康、医疗与养生互为一体的观念。

一、饮食养生

食物对于身体和健康的重要性不仅体现在医疗中，而且体现在养生保健中。阿育吠陀认为，在由五元素构成的身体中，同样由五大组成的食物被充分消化时，可以发挥五元素各自的性德。然后，食物的精髓化为乳糜并扩散形成各种身体组织。食物对健康的作用不言而喻。

鲍威尔写本中就有"提及［获取健康和力量］，尊者阿提耶说：'食疗有 3 倍的价值'"的记载。《妙闻本集》中有专门关于食物养生保健的要求。我们试总结几条：

（1）应选择与体质相适、易消化、具湿性、易食、有温热性、易流动的食物，适时、适量地食之；

（2）作为食物，应避免不钝、恶化，含残物、草、石、土、嫌弃、隔夜、无味、恶臭之物，不可用调理后长时间搁置、变冷或重新加热之物；

（3）食物充分消化后，风体液增长；消化不充分时胆汁增长；食物过程中痰体液增长，因此应该在食后熏香去痰体液；或嚼具有辛、苦、涩味与清洁口腔作用的叶子或果实；

（4）无论何时，皆不可只吃 1 种味的食物，不可食生的蔬菜、劣质之饭、多酸味的食物，难消化的食物应该避忌。

鲍威尔写本中有几个处方专门是有关饮食养生的，用来使人长寿、增肥、健康强壮：

（2.744）一个人饮服甘草加酥和油，然后喝牛奶，并戒房事，他将长命百岁。

（2.782）在冬天，应该有规律地服用阿输乾陀和黑芝麻籽加糖，［服食］之后，牛奶一定要喝。作为赋予［人们］毗湿奴力量的一个方法，这个疗法是天神自己制定的。照此服用 12 天，老人都能变年轻。

（2.788）大叶山蚂蟥和一种狸尾豆属植物以及心叶黄花稔、木橘的肉、石榴所熬的这种米粥有益于健康。

（2.793b）用猪脂熬的汁所做的粥，可用于增加体重。

（2.932和2.933）每餐用诃黎勒与菜豆同食，可以长命百岁，抵制疾病。（2.933）有规律的使用此食谱，他将健康强壮，没有皱纹和白发，精力充沛。

从上述处方中，我们可以看到，鲍威尔写本对药物和食物并没有明确的区分。以药入膳、以食作药是食物养生一大特点。

二、季节养生

季节会对水土、植物、动物、环境和人类活动产生影响，自然也会对人体的健康产生作用。季节养生是阿育吠陀养生保健中十分重要的一个部分。各季节环境因素的变化，对所有的身体组织、病素及老废物乃至精神都产生影响。健康是精神、三体液、身体组织及老废物均达到平衡的状态。为了预防疾病、维系健康，遵循一定的季节养生法和季节生活方式是十分重要的。

当代印度的阿育吠陀学者 V.B.Athavale 曾撰《日常与季节的摄生》一书，从人类与环境、土地与人类、季节与环境、季节与三体液、食物、基本性五疗法等关系角度探讨了季节与养生，并总结了人类要维持健康应该如何适应季节的每日生活方式，兹引如下：

表2-6：适应季节的一日生活方式 [1]

季节	前雨季	雨季	秋	初冬	严冬	春	夏
起床	日出前一个半小时						

---

[1]转引自廖育群：《阿输吠陀——印度的传统医学》，第 355 页。

续表

季节	前雨季	雨季	秋	初冬	严冬	春	夏
磨齿	涩、苦、辛味的小枝	涩、苦、辛味的小枝	涩、苦、辛味的小枝	涩、苦、辛味的小枝	涩、苦、辛味的小枝	涩、苦、辛味	甘味
眼	Surma眼膏	Surma眼膏	Surma眼膏	Surma眼膏	Surma眼膏	Surma眼膏	Surma眼膏
含漱	微温之水	微温之水	冷水、牛乳+涩味	微温之水+药油	微温之水+药油	温水+辛味煎液	冷水+油剂 冷水+牛奶
药烟	黏性物无刺激物	黏性物咸味物	禁忌	可抗旱之物加热之物	与初冬相同	镇静黏液的物质	禁忌
油性按摩	弱温性药油（抗风性）	弱温性药油（抗风性）	油、酥（抗胆汁）	温药油、香油（抗风）	与初冬相同	非油性按摩沉香	禁忌
运动	禁忌	中度	禁忌或轻度		强运动与初冬相同	使用一半体力	轻度
游泳	禁忌	禁忌	中度	中期以前甚可	禁忌	中度	最低限水中浴可

续表

季节	前雨季	雨季	秋	初冬	严冬	春	夏
劳动	禁忌	禁忌	轻度	中度、强度	与初冬相同	中度	冷水或微温之水
入浴	温水	热水	药用冷水	温水、浴缸	温水或热水	微温之水（黄昏）	冷水或微温之水
香料	沉香、白檀等干燥粉末	沉香、白檀等的粉末。禁用花环		浴后用香料。茉莉、沉香、芝麻、麝香等	与初冬相同	麝香、沉香等具有镇静"黏液素"的药物香料	白檀：玫瑰花环；珍珠项链
午睡	禁忌	禁忌	禁忌	禁忌	禁忌	禁忌	禁忌
性生活	15日1次	15日1次	3—4日1次	无限制可使用春药	与初冬相同	3—4日1次	15日1次

阿育吠陀同时指出，任何养生法都应该根据季节出现的突然变化进行修正。比如，如果冬季多雨，就应该将雨季的养生方法融入冬季。而且任何养生法都要在充分地考虑年龄、性别、体力、消化力、体质、精神的健康状态和个人的总体健康情况后，对季节养生法和季节生活方式进行修正和调整。

关于鲍威尔写本对于季节的重视，本章在第一节已经有所探讨，这里就不再具体举例。

三、长年保健

长命指维持年轻状态，延年益寿。保健指促进体质，保持健康力量。长命保健在阿育吠陀中有专门的术语，叫长年方。梵语为 vayo-rakasā、rasāyana–tantra 等，意思为"生命体液获取之道"。它既指用药物治疗疑难杂症，也包括防止衰老、延长寿命、预防疾病。因此，阿育吠陀的长年方不仅具有治疗疾病的作用，而且是长命保健的重要方法。陈明曾在《殊方异药——出土文书与西域医学》一书中从中印医学文化交流史的角度探讨了阿育吠陀的长年方。[①]本文则主要是从养生保健的角度来重新认识这些药方。

阿育吠陀《阇罗迦集》中有一章专门论述长年方，并将其作为第 1 章，放在其他各种治疗疾病的药方之前。由此可见，《阇罗迦集》强调保健预防重于医药治疗。[②]《妙闻本集》分 4 章分别论述了安抚诸烦恼的长年方、强烈渴望智慧的长年方和预防除身病、心病、客病之外的人体天生就有的各种诸如饥饿、干渴、衰老、死亡等俱有病的长年方，以及解除精神和体质痛苦的长年方。[③]可见，长年方并非只是简单地预防衰老和死亡，而且能去除烦恼、增长智慧、安定精神，使人的生命从身体和精神上获得健康和长寿。关于长年方的益处，阿育吠陀的另一部经

---

①陈明：《殊方异药——出土文书与西域医学》，第 108—125 页。

② Ram Karan Sharma and Vaidya Bhagwan Dash, ed. and trans, *Agniveśa's Caraka-samhitā, (Text with EnglishTtranslation and Critical Exposition Based on Cakrapāni Datta's Āyurveda Dīpikā)*, Varanasi: Chowkhamba Sanskrit Series Office, 1998, vol. 3, pp.1–70.

③ Priya Vrat Sharma, ed. and trans, *Suśruta-samhitā, with English Translation of Text and Dalhana's Commentary along with Critical Rotes*, Varanasi: Chowkhamba Sanskrit Series Office, 1999, vol. 2, pp. 526–551.

典《八支集要》中的《补遗部》的第 49 章有专门的论述：

> 长寿、好的记忆和智慧、朝气蓬勃、好肤色和声音、思想活
> 跃、增加了体质和感官的力量，在语言、性威力和才华方面都成
> 功——所有这些均从长年方而得。这一使乳糜（rasa）和其他体组
> 织（dhātu）处于最佳状态的最好手段，就叫作长年方。①

可见，阿育吠陀的长年方其实就是现代所讲的预防保健。鲍威尔写
本第 2 部分专门有一章是《长年方》，共收集了 13 个药方，主要是 3 个
长胡椒长年方、2 个龙葵方、1 个黄花稔方、1 个双马童长年方、3 个增
肥方和 3 个无名方，辑录如下：

（2.715）提及［获取健康和力量］，尊者阿提耶说："食疗有 3
倍的价值，节制房事有 4 倍的价值。"

（I）"长胡椒渐增"（Pippalî-Vardhamâna）长年方

（2.716–2.737）为了［关心］人们的福祉，我将讲述有关"长
胡椒渐增"长年方的功德、效果和力量。服用一剂这样的"甘露
药"，没有人会后悔，因为它带来的好处就像掌中的余甘子一样清
楚可见。因此，当某人渴望促进财富、健康、生育和智慧，那么就
应该服用这个吉祥的、长生的补药。服用一剂量的油或酥，加入
长生类的药物，［因此］呕吐和排泄，在完全干净之后，可以在吉

---

① K. R. Srikantha Murthy, trans., *Astānga Samgraha of Vāgbhata* (*Text, English Translation, Notes, Appendices and Index*), Varanasi: Chaukhambha Orientalia, second edition 2000, vol. 3, pp. 460–520.

祥的日子里选择一个合适的时间，使用这一药方。当月亮与井宿、鬼宿、牛宿、Śravisthâ、Uttara 和 Hasta 相连时，在禁食之后，洗头，穿上干净的衣服，抑制自己的感官欲望，祭祀诸天神和婆罗门，他应该服用 1 颗长胡椒，然后喝牛奶和羊奶，消化后吃牛奶煮的饭。这样继续服用（长胡椒），以每天一颗的量递增，直到 100 颗，然后再来［每天以 1 颗的量］如此递减。当递减结束后，应该以 7 夜（为 1 个周期），分别吃牛奶煮的米饭，然后吃豆子和肉汤煮的米饭。在第 3 个周期，他可以享用野味肉和甜果汁，还可饮用冷却的、加了有益物质的开水。他应该经常待在避风的地方，避免各种不宜的东西。他可以适当地在食谱中加余甘子以及一些酸的东西，罗望子的果汁或石榴汁。他也应该有规律地洗澡。用此疗法，一个人可以快速地获得健康、精力充沛。妇女可以怀孕，甚至不孕的妇女也将结果。由此，白斑病、癞病、恶性黄疸、癫痫病、疯病和间歇性发烧都会被消除。经常使用此疗法，将消除皱纹和白发。这是改善肤色、增加精神、增强体力和最好地加快消化的一剂药。它是吉祥的、治疗皮肤病，并润喉健声；它能恢复性能力和性敏感的损失。长胡椒吉祥，是辛辣的、甜的、油质的、凉性的，有深远的功德。由于其酸性，长胡椒可以祛痰；其油性可以祛风；由于其凉性，可以用于每一种治疗当中。这个最佳的处方，一剂可以用 3 颗或 5 颗长胡椒；也可根据（病人）的体力和年龄，一剂使用 8 颗甚至 10 颗。不过，在每种情况下，都要服药后饮用牛奶，而且牛奶也应该是食谱中的常备品。这个药方的用法已经解释，好处也已经宣告。因此，要仔细地遵守此药方的用法，应按照次序使用这个"长胡椒渐增"方。该药方是双马童为了促进健康、财富、力量和长寿和创制的。(737)它的用法要不折不扣地执行才能获得一个成功的结果。

(Ⅱ)[龙葵方]

(2.737b-2.741)让一个聪明人收集带着根、叶、花和果的新鲜龙葵,并让他用四分之一的量精磨成粉,在1斗的水中煮。当减少至最初量的四分之一时,再放在1升油和4倍量的牛奶中,加入下列药物的浆共煮:一种香木、甘草、一种万带兰属植物、天门冬、白花酸藤果子、莳萝和发疗蠶豆。这种油作为涂抹剂、口服剂、催嚏药、灌肠剂,可以去除风引起的80种疾病。

(Ⅲ)

(2.742和2.743)(a)积雪草的鲜汁,或者(b)甘草粉加牛奶,以及(c)心叶青牛胆的汁,加根与花。这剂药物能延年益寿,消除疾病。这些药物有滋补的功效,能增强(病人)体力,(促进)消化,(滋润)肤色,(增强)记忆,刺激智力(发展)。(d)加入一种穿心草属植物,这种药浆可用作智力(发展)的刺激剂。这种穿心草属植物是非常有用的。

(Ⅳ)

(2.744)一个人饮服甘草加酥和油,然后喝牛奶,并戒房事,他将长命百岁。

(Ⅴ)长胡椒药方

(2.745-2.748)任何希望获得恢复健康的滋补,应该1个月内(每日)服用5颗、或8颗、7颗、10颗的长胡椒;或者应该每个上午正餐前,取3颗长胡椒,在甄叔迦树的灰中泡软,并在酥中炮制,用酥配制。这个药主治咳嗽、肺病、炎症、哮喘、打嗝、咽喉感染、大出血、慢性腹泻、面色苍白、间歇性发烧、鼻黏膜炎、失音、痞疾和持续的低烧。

（VI）另一个长胡椒药方或者"千颗长胡椒"方

（2.749—2.752）让病人10天内服用长胡椒和牛奶，每天有规律地增加10颗长胡椒，同样地再来1次递减。消化后，吃60天成熟的稻米和牛奶与酥（煮的饭）。这剂补药叫作"千颗长胡椒"方。长胡椒以粉的形式配成浆，身体强壮的人服用。中等体力的人可以煮着服用。该药分量最轻的是限制在3颗以内长胡椒。这剂长胡椒补药能增强身体、滋润声音、延长寿命、治疗脾脏肿大、确保健康和强化体力。

（VII）黄花稔方（Nâgabalâ）或者长生方（Âvalika）

（2.753—2.758）在鬼宿（Pusya）秋季开始的时候，医生应该取一种黄花稔属植物，清洗它的根，精磨成粉。将1两的该散放在牛奶中搅拌，然后让（病人）服用。消化时病人应该喝牛奶，并禁食含淀粉的食物。每天增加1婆罗的剂量，共服7夜。然后再每天减少1婆罗的剂量，所以感觉不到什么干扰。据说（同时）患者应该避免看到任何女性或首陀罗，或任何野兽。该补药能治疗11种棘手的肺痨症状，并延年益寿。以同样的方式，在此药中加入甘草配制，以及积雪草和生姜。这个称作"长年方"的药剂，是一切之中最好的。

（VIII）另一个龙葵方

（2.759—2.768a）在吉祥的末伽始罗月，用催吐剂和其他净化药物清洁自身之后，应该取带果子和花的龙葵。10婆罗的龙葵，洗净，医生应该仔细地、慢慢地用半分量的油，放在铁器中煮。取少量的（药液）和用 60 天成熟的大米煮的饭一起服用。也可以将龙葵和 60 天成熟的大米和牛奶煮的饭一起吃。这个药也可以加入余甘子剂量的水。连续 21 夜（即 3 个疗程），这剂药是最好的。若持续两个疗程，是中等的疗法。而只服用 7 夜，是最轻微的疗法。同时，还应该避免夫妻间的房事，不要白天贪睡，也不要剧烈运动。在疗程结束时，可以逐渐喝些肉汤，但不要饱食过量，不要吃不宜的东西。这一药方能使人返老还童，去皱纹，治疗男性神经疾病。对那些受性能力下降之苦的人，也可（使其）重振雄风。如果与不同种类的疗法联合使用，（病人）将及时的实现所想。这是一个幸运的、光荣的、快捷的、幸福的、吉祥的和超卓的（药方）。

（IX）作催嚏药的滋补丸

（2.768b–2.773a）各 1aksa 的三果药、靛青、蓝莲花、安膳那、长胡椒根、假杜鹃的叶子、阿周那榄仁树的皮和 Pindâraka（Vangueria spinosa，？）的果子和瞻部树根熬的汁液、瞻部树根的泥土、白礼肠和铁粉。将这些药在毗醯勒的汁液中用温火慢慢地煮。在已经服用泻剂之后，此药可用作催吐剂。患者一个月内应只吃加芝麻油的菜肴。当他口渴时，可以喝三果药泡的水，而且不管该药在什么情况下使用，水都是必需的。

（X）双马童创制的一种长年药

（2.773b–2.781a）当大仙人遍友（Viśvâmitra）正在修严厉的苦行时，最好的施主——神医双马童，向他致意，打断了他的苦行。为了重新补上这一过程，讲述了下列最好的长年药，（该药）能促进健康，增强体力。取 1 升上等的、在寒季采摘的余甘子，2 升的蜜、1 âdhaka 的酥、2 升的糖、半升的白花丹。再将所有的药，放在一个装酥或者其他东西的容器中 1 个月，然后，根据病人的体能服用。每天早晨正餐前，［取］1 婆罗或 2 婆罗的药剂，作为药水服用。然后此人将长命百岁，精气神十足，并消除皱纹和白发。此药剂对沐浴、进食和房事没有特别的规定。

（XI）增肥的药方

（2.782）在冬天，应该有规律地服用阿输乾陀和黑芝麻籽加糖，［服食］之后，牛奶一定要喝。作为赋予［人们］毗湿奴力量的一个方法，这个疗法是天神自己制定的。照此服用 12 天，老人都能变年轻。

（2.783）阿输乾陀与 Payasyâ（Gynandropis pentaphylla，？）混合，与牛奶一起饮。任何瘦人有规律地服用 1 个月，都将变胖。

（XIII）耆呵提（Vrhapati）

（2.784）将长在未被开垦过的，或未被人群和争吵声［污染过的］土地上的带根、叶和花的阿输乾陀，精磨成散。每天取猫爪子大小的剂量，加牛奶，用作止咳药水，然后喝牛奶。当消化后，可吃加牛奶的食物。连续服用 21 夜（即 3 个疗程），可身强体胖。耆呵提如是说。

从鲍威尔写本的这些长年方看，长命保健追求的结果主要分为两种。一种是用牛奶、酥、蜜、肉汤等滋补身体、增强体质、强化体力、改善肤色、消除白发皱纹、返老还童等；另一种是增强记忆、增加精神、增长智慧等。但两种都是为了最终获得健康、财富、智慧、力量的生命，实现长生保健的目的。

从鲍威尔写本的这些长年方中，我们还可以看到，保健养生还要注意一定的原则。例如第一个"长胡椒渐增长年方"和第八个"龙葵方"都规定了使用长年方之前一定要排泄或催吐等净化自身。类似的这种原则在《妙闻本集》"治疗部"第27章中也有明确要求："在青年或者中年时，明智的医生应该让其在预先涂油和排泄之后，使用长年方。如果此人事先没有排泄，那么，就不能接着用长年药，就像不能给脏衣服染色一样"。①

此外，还有一些原则要求与现代养生也极为相似。例如"不要白天贪睡，也不要剧烈运动。在疗程结束时，可以逐渐喝些肉汤，但不要饱食过量，不要吃不宜的东西"等。人们在使用长年方养生时，还应特别注意时间和季节的要求。此外，《妙闻本集》还规定了7种人不能使用长年药，即缺乏自我克制的人、游手好闲的人、穷人、粗心大意的人、上瘾的人、罪人和药物过敏的人。《妙闻本集》认为下列7种原因阻碍长年方的功效，即无知、缺乏主动、思想脆弱、贫穷、上瘾与放纵、罪恶和对药物无效。这些实际上是从心灵和道德上约束人，从而获得精神上的健康。鲍威尔写本在"长胡椒长年方"中也有"抑制自己的感官欲望，祭祀诸天神和婆罗门"然后服药等类似对品德和精神上的规定。

此外，鲍威尔写本除了有专门的长年方，还有一些治疗疾病的药方也有养生保健的作用。例如治疗发热的双马童的"退烧酥"药方就是一个典型的代表：

（2.223-2.225）酥油与10倍量的水煮，直到所有的水都蒸发：

---

① Kaviraj Kunjalal Bhishagratna, *Suśruta Samhitā: Text with English Translation*, Prologued and Edited by Dr. Laxmidhar Dwivedi, Vol. 1.

把诃子在它的10倍量的水中煮，直到熬出的药减少至起初量的十分之一，然后把它在1升酥油中煮。做好后，可以给任何发烧和咳嗽的人，以适合他的消化力的剂量服用。它被梵天（Brahman）高度评价为一种治疗各种发烧的良药，并且当它被长期服用后，可以作为增强体力和改变体质的滋补药。

这充分说明了阿育吠陀医疗和养生是不可分割的统一整体的医学特色。

另外，长年方的对象包括所有的人在内。例如在鲍威尔写本中，除了老年人用长年方来消除皱纹，返老还童，妇女用来获得好的肤色，我们还可以找到给儿童使用长年方的例证：

（2.1048b–2.1054a）对于身体虚弱、瘦弱的儿童，我将讲述一个很好的、有效的药方。该药方能促进身体生长，增强体力，改善气色。（a）吉祥草、甜根子草、香草根、葡萄干、莲花须、牛奶和糖与药粉同煮，可以给虚弱的孩子（服用）。

这说明，在印度阿育吠陀医学中，上至儿童、下至老人，不论男人还是女人都可以进行长年保健。

四、房事养生

有关印度的房中术和春药，李零、刘达临、陈明等学者都做过探讨。李零在《东汉魏晋南北朝房中经典流派考》中，通过对昙无谶传密教进行考察，从而讨论印度房中术的影响。①刘达临撰《世界当代性文化》一书，其中介绍了印度的《欲经》等房中术经典。②尤其是陈明以印度房中药术为对象，介绍了阿育吠陀中房中药方的概况和特征，梳理了西域出土胡语医学文书中的相关药方。③本文将从养生保健的角度来重新认识这些春药方。

春药，梵语 bīja-vivardhana 或 vājīkara，属于印度阿育吠陀八术之一。印度阿育吠陀的几部医典都有专门的章节谈论春药方。Bīja-vivardhana 的意思是"增强精子"，vājīkara 是"服药使男性在性生活中如马（vājī）"之意。因为春药方与长年方一样，都是给健康人使用，旨在使健康者更加强健，对于维持健康和预防疾病都有很大的作用，因此堪称房事养生。

鲍威尔写本第 2 部分第 8 章即《春药方》，共有 22 个药方。除了"辩才天女（Sarasvatî）酥"和"乌纱那斯所创'因陀罗喜见'（Indrapriya）方"外，其他 20 个均没有药方名。具体内容如下：

（I）辩才天女（Sarasvatî）酥

（2.814 和 2.815）各 1 升的甘蔗汁、乳山药、余甘子、酥油、牛奶、蜜和等量的那个，（815）和 5 婆罗的甘草、1 升去皮的绿豆。对于想得子的王仙（Râjarsi）来说，这就是（所需要的）辩才天女（Sarasvatî）酥。

---

① 李零：《东汉魏晋南北朝房中经典流派考》，《中国方术续考》，北京：东方出版社，2000 年，第 368—393 页。

② 刘达临：《世界当代性文化》，上海：三联书店，1999 年，第 429—431 页。

③ 陈明：《殊方异药——出土文书与西域医学》，北京：北京大学出版社，第 126—137 页。

（Ⅱ）

（2.816-2.818）各 1 升的余甘子汁、甘蔗汁，和每份各 1 升的羊奶和牛奶，和各 1 升的乳山药汁和酥油同煮。当此（混合）药物变凉时，加入 1 升的蜜和 25 婆罗的石蜜，和［每份］2 斛的洗净并磨成散的胡椒、长胡椒。这是一个最好的刺激性的、强力的春药。

（Ⅲ）

（2.819）酥油、天门冬，在 10 倍量的牛奶中煮。并混合进糖、长胡椒和小蜜蜂的蜜，制成 1 剂最好的春药。

（Ⅳ）

（2.820）蒺藜的汁、酥油、羊奶和牛奶，与 1 团（2 婆罗）的蜜混合，制成一剂春药，（能使男子）20 次射精。

（Ⅴ）

（2.821 和 2.822）乳山药、黎豆、余甘子、一种骆驼刺属植物和……的散，与牛奶制成浆。然后让其在酥油中泡制，当它变凉后，与蜜混合。食用此糖剂，一个疲软的男性可重振雄风。

（Ⅵ）

（2.823 和 2.824）取……和 5 倍的糖，同样多的蜜和酥油，男根已经衰弱的男子，可服 1 两的剂量。且忌食酸、辣，禁房事。

（Ⅶ）

（2.825-2.827）各 1 婆罗的黎豆和五根药（五大根和五小根）的根，在 1 斗的水中同煮。加入 1.5 倍的牛奶，以及 1 升的石蜜粉，和各 1 分的蜜与酥油。然后加入小麦磨成的面粉，制成每个 1 婆罗重的大药丸。每次服用 1 丸，可连续做 60 次，获得女性欢心。

据说这是最好的春药。

（VIII）

（2.828）谁食用泡在肉汤中的洗净去皮的芝麻籽越多，谁的性能力就越强。

（IX）

（2.829 和 2.830）让小麦磨的面粉和黎豆在牛奶中煮，冷却后加入蜜和酥油。食用此药，并喝小母牛的奶。使用此法，［男性］将获得两个星期内持续不衰的性能力。

（X）

（2.830b-2.832a）将洗好的绿豆在蒺藜的汁液和牛奶中煮，加入蜜和酥油。在晚上服用木橘大小的分量，再喝加糖的牛奶。则 1 天可以连御百女。

（XI）

（2.832b 和 2.833a）取乳山药在牛奶中加酥油和蜜泡制，冷却后，随意尽情享用，即可交欢 60 次。

（XII）

（2.833b 和 2.834a）取乳山药的散，在其汁液中浸泡，再加入蜜和酥油调制成药液。服用能射精 10 次。

（XIII）

（2.834b 和 2.835a）同样的，余甘子的散在其汁液中浸泡，再加入酥油和蜜调制成药液。服用能射精百次。

（XIV）

（2.835b 和 2.836a）阿输乾陀根、蓓蕾和果子，同样地，［在其汁液中浸泡］，白天加牛奶服用，一夜能射精 20 次。

（XV）

（2.836b 和 2.837a）水蓑衣、长胡椒根、酥油和黎豆，配成一个贴脚的膏药，只要脚不沾地，就能增强男性能力。

（XVI）

（2.837b 和 2.838a）将麻雀拔去羽毛，加 10 倍量的木蝴蝶、酥油与其同煮。这个药可作为贴脚的膏药。

（XVII）

（2.838b-2.840a）乳山药的散、绿豆和红米，与猪脂、鸡蛋和麻雀汤混合，再随意加些盐，然后放在酥油中整个烤成一个饼。每次服用 1 两（Pânitala），则可御百女。

（XVIII）

（2.840b 和 2.841a）（取）……加蜜和酥油，在夏季服用后，再喝牛奶，就可以交欢 10 次。

（XIX）

（2.841b 和 2.843a）取下列 8 种药物……，和莲藕的汁。加羊奶调成浆，放在酥油中烤成一个饼。每次服用拇指节的量，可以［射精］50 次。

（XX）

（2.843b 和 2.844a）……，加服 1 剂的米酒，则可以获得性能力。

（XXI）

（2.844b 和 2.845a）吃饱公鸡肉，然后喝牛奶，在性生活中，男根不会疲软，其精不竭。

（XXII）

（2.845b 和 2.846a）食用 60 天成熟的大米，加上酥油和绿豆酱，然后喝牛奶，能在彻夜的性欢乐中保持清醒。

（XXIII）乌纱那斯（Uśanas）所创"因陀罗喜见"（Indrapriya）方

（2.846b 和 2.847a）糖、蜜、牛奶、酥油、三辛药和水，所有这些药物可以配成一剂名为"因陀罗喜见"的药。

在鲍威尔写本的春药方中，养生保健主要追求的是男性射精的次数、交欢的次数、男根的硬度、男人的力道，而且使用对象仅限于男性，完全没有供女性使用的。其药方也大量使用动物药。

但是，在鲍威尔写本中，还有多处提到要节制房事的药方：

（2.715）提及［获取健康和力量］，尊者阿提耶说："食疗有三倍的价值，节制房事有四倍的价值"。

（2.744）一个人饮服甘草加酥和油，然后喝牛奶，并戒房事，他将长命百岁。

（2.763）若持续两个疗程，是中等的疗法。而只服用 7 夜，是最轻微的疗法。同时，还应该避免夫妻间的房事。

这说明，在大力追求增强男人性能力的同时，印度阿育吠陀医学并非提倡纵欲，反而在很多地方强调要节制或禁止房事。这也是房事养生的重要一点。

小　结

　　鲍威尔写本医学文书作为年代古老的梵文医方选集，在基本理论、药物、治疗方法、养生保健等方面具有浓厚的印度阿育吠陀医学特色。探讨鲍威尔写本医学文书与印度阿育吠陀医学的关系，可以使我们在充分认识鲍威尔写本巨大医学价值的同时，也得以为学界提供重要的印度阿育吠陀医学资料，使得对印度阿育吠陀医学的研究得以从原典实证出发，深入细节地了解其理论和医疗特点。

第三章　鲍威尔写本医学文书与印度佛教医学

鲍威尔写本医学文书虽然是医方集，其理论基础主要是阿育吠陀医学，但其中还是包含一些佛教因素和佛教医学特色。以往学者研究佛教医学主要是以佛经为主要材料，而从西域和印度出土和存世的一些医学文书与佛教医学的关系出发，则可以为研究佛教医学提供新的资料和视角。

第一节　印度佛教医学概论

一、佛教医学的定义

佛教医学是一个十分重要的研究课题。李良松曾在《佛教医籍总目提要》中认为"佛教医学是东方医学文明的重要宝藏，是世界上唯一具有思想内涵、理论框架和临床实践的宗教医学体系"。[①]近几年来，对佛

---

①李良松：《佛教医籍总目提要》，厦门：鹭江出版社，1997年。

教医学的研究也逐渐引起学界的重视，代表性的论著有曹仕邦《中国沙门的医药知识及其成就》；[①]李良松主编的《中国佛教医学丛书》；[②]马伯英《中国医学文化史》[③]《中外医学文化交流史——中外医学跨文化传通》；[④]文史知识编辑部编著《佛教与中医文化》、秦关月《释迦的医学》；[⑤]申俊龙《佛教与中国传统医学》；[⑥]陈明《印度梵文医典〈医理精华〉研究》等。[⑦]国外有代表性的是 Kenneth G. Zysk《古代印度的苦行与医疗：佛教教团的医药》(Asceticism and Healing in Ancient India：Medicine in the Buddhist Monastery) 和《宗教的医学：印度医学的历史与演变》(Religious Medicine：the History and evolution of Indian Medicine)；[⑧]在日本比较有代表性的是福田胜美的《佛教医学事典》和大日方大乘的《佛教医学研究》。[⑨]

　　对于什么是佛教医学，学术界有不同的定义。其中比较有代表性的是较早倡导佛教医学研究的李良松。他认为"什么是佛教医学？佛教医

---

　　①曹仕邦：《中国沙门外学的研究——汉末至五代》，台北：东初出版社，1994年。

　　②李良松的《中国佛教医学丛书》主要包括《佛教精神医学》《佛经医论通释》《佛教气功导论》《中国佛药集成》《中国禅定养生学》《中国佛教医方集成》《中国寺院医学》《中国佛教骨伤医学》《中国佛教医学概论》《中国佛教医籍总目提要》《中国佛医人物小传》《中国佛教伦理医学》12本。

　　③马伯英：《中国医学文化史》，上海：上海人民出版社，1994年。

　　④马伯英：《中外医学文化交流史——中外医学跨文化传通》，上海：文汇出版社，1993年。

　　⑤秦关月编著：《释迦的医学》，台北：长春树书坊，1992年。

　　⑥申俊龙：《佛教与中国传统医学》，王尧主编《佛教与中国传统文化》，北京：宗教文化出版社，1997年，第922—956页。

　　⑦陈明：《印度梵文医典〈医理精华〉研究》，北京：中华书局，2002年。

　　⑧ Kenneth G. Zysk, *Religious Medicine：The History and Evolution of Indian Medicine*, New Breunswick and London, 1993.

　　⑨福永胜美：《佛教医学事典》，京都：雄山阁，1990年。大日方大乘：《佛教医学の研究》，东京：风间书房，1964年。

学是以古印度'医方明'为基础、以佛教理论为指导的医药学体系"。紧接着他又定义了中国佛教医学，"什么是中国佛教医学? 中国佛教医学是佛教医学与中国医学相互融合的医药学，即以佛教理论和中国传统医学理论为基础，以寺院传承的方药和诊疗经验为代表，并吸收古印度和西域医药技术的医学体系"。①随后，在《佛教医药学术体系概论》一文中，李良松又将佛教医学和中国佛教医学的定义进一步融合阐述"佛教医学是以古印度'医方明'为基础，以佛理理论为指导，吸收和借鉴中国传统医药学的理论和临床特点，从而形成独具特色的传统医药学体系，由于佛教医学的理论框架和临床诊疗体系是在中国形成的，因此我们所说的佛教医学，实际上就是指中国佛教医学"。②在这篇文章里，他认为"佛教医学的理论框架和临床诊疗体系是在中国形成的"，却与他另一篇文章中"佛教医学的理论诞生于古印度，而佛教医学的临床根植于中国"③的说法产生矛盾。④

　　李良松进一步将中国佛教医学分为三大部分，分别是经藏医学、寺院医学和居士医学。陈明从经藏医学的角度指出这种分类方法存在三大遗漏，即遗漏了没有汉译而含有医学内容的梵文、巴利文佛经; 遗漏了没有入藏但含有医学内容的汉文佛经（汉译的、疑伪经、汉僧的撰述）; 遗漏了大量藏文大藏经中的佛教医学材料。⑤

　　陈明在分析、总结了前人的研究后，对佛教医学的定义进行了重新

---

①李良松:《佛教医药纵横谈》,《亚洲医药》1997 年第 9—10 期, 第 97 页。
②李良松、孙婷:《佛教医药学术体系概论》,"佛教文化与现代社会" 研讨会论文, 1997 年。
③李良松:《佛教医籍总目提要》, 第 21 页。
④详细参考陈明:《印度梵文医典〈医理精华〉研究》, 第 192 页。
⑤陈明:《印度梵文医典〈医理精华〉研究》, 第 193 页。

阐述:"佛教医学是在印度古代生命吠陀体系的基础上,以佛教教义为指导思想,并吸收了中国传统医学(包括藏医学)的理论和临床特点,所形成的一种非独立的医药学体系。它分为印度佛教医学和中国佛教医学(含藏传佛教医学)两部分。"①

陈明对佛教医学的定义是比较科学和全面的。他首先确立了佛教医学的理论基础并不简单地只是印度的"医方明",而是印度的阿育吠陀体系。佛教医学并不是一种独立的医药学体系,而是在继承印度生命吠陀的基础上,将佛学理论融合进印度传统医学中,对其进行改造和扩展。其次,他承认了中国传统医学对佛教医学的影响。再次,他注意到了李良松遗漏的有关藏医学与佛教医学的关系。这是基于对佛教医学与佛教传播历史更深入的了解。最后,陈明将佛教医学划分为印度佛教医学和中国佛教医学。这种划分更有利于研究。

二、印度佛教医学的内容和特点

根据陈明的分类,印度佛教医学包括与医学关联的汉译佛经、梵文巴利文佛经、受印度影响的西域胡语佛经等。其主体是大藏经中汉译的论医佛经和涉医佛经。经李良松《佛教医籍总目提要》和申俊龙《佛教与中国传统医学》统计,这些佛经共 400 多部。但这些论医佛经和涉医佛经并没有一部是纯粹的医典,只不过是与医学相关的内容略多而已。其中有很多是"以医譬喻",重在用医理譬喻佛法,在阐述佛法义理时起到通俗易懂的比喻作用;有很多是只列举病名而没有药名的佛经。这些佛经主要有《千手千眼观世音菩萨治病合药经》《佛说胎胞经》《除一

①陈明:《印度梵文医典〈医理精华〉研究》,第 194 页。

切疾病陀罗尼经》《佛说除恐灾患经》《迦叶仙人说医女人经》《佛说医喻经》等。此外，律藏中也有丰富的佛教医药资料。

关于印度佛教医学的主要内容，不同学者有不同的划分，但总结起来，主要有基础理论、临床治疗、医用咒语和养生保健四大方面。

（一）基础理论

印度佛教医学的基础理论主要由印度传统阿育吠陀医学理论和佛教部分教义组成。其中疾病分类、饮食与时令对疾病的影响、护理等理论方面，主要继承了印度生命吠陀理论体系。有佛教特色的是将佛教"四圣谛""五蕴""十二因缘"等教义融入医理中，试图去解释人类疾病的原因，并指出佛教意义上的解除病苦的途径和方法。其中最具佛教特色的是"四大不调"学说和"外因、内因、业因"的病因理论。

"四大"学说源自印度哲学的五大元素理论，即人是由地火水风空五大元素组成，被运用到医学理论上则取消了"空"这种元素。与阿育吠陀的"三体液"学说不同，佛教医学认为，人体是由四大和合而成，四大调和则身体健康，四大不调则产生疾病。《佛说胞胎经》云："地水火风，一增则生百病。风适多则百病生，热多则生百病，寒多则生百病，食多则增百病。三事合会风寒热聚，四百四病同时俱起。"①《佛说五王经》说道："一大不调，百一病生，四大不调，四百四病，同时俱作。地大不调，举身沉重。水大不调，举身膖肿；火大不调，举身蒸热；风大不调，举身掘强；百节苦痛，犹被杖楚。"②《佛说佛医经》云："人身中本有四病：一者地，二者水，三者火，四者风。风增气起，

---

① 《佛说胞胎经》，《大正藏》第十一册，第 889c 页。
② 《佛说五王经》，《大正藏》第十四册，第 796b 页。

火增热起，水增寒起，土增力盛。本从是四病，起四百四病。"①

除了"四大不调"学说外，另一个具有佛教特色的理论是"外因、内因、业因"的病因理论。外因主要指的是"四大"，内因则是指人的贪欲、瞋恚、愚痴。《大般涅槃经》卷十一云：

> 一切众生，有四毒箭则为病因。何以为四？贪欲、瞋恚、愚痴、骄慢。若有病因则有病生。所谓爱热肺病，上气呕逆，肤体瘤榴，其心闷乱，下痢哕噎，小便淋沥，眼耳疼痛，背满腹胀，癫狂干消，鬼魅所著，如是种种身心诸病。②

以上描述清楚地表明，佛教认为贪瞋痴既是病也是病因。

业因是佛教医学理论中最有佛教特色的部分，也是最有别于阿育吠陀理论之处。《萨婆多毗尼毗婆沙》卷四云：

> ……舍利弗病者，佛弟子中多病无过舍利弗，常患风冷，又病热血，……舍利弗有大功德智慧，何以有如是病耶？又言，舍利弗前世业缘故，以过去世恼乱父母及师僧，是故有病。③

《佛为首迦长者说业报差别经》就提到有 19 种恶业得多病报和 10 种善业得少病报：

---

① 《佛说佛医经》，《大正藏》第十七册，第 737a 页。
② 《大般涅槃经》，《大正藏》第十二册，第 428b 页。
③ 《萨婆多毗尼毗婆沙》，《大正藏》第二十三册，第 528c 页。

复有十业能令众生得多病报：一者好喜打拍一切众生；二者劝他令打；三者赞叹打法；四者见打欢喜；五者恼乱父母，令心忧恼；六者恼乱贤圣；七者见怨病苦，心大欢喜；八者，见怨病愈，心生不乐；九者于怨病所，与非治药；十者，宿食不消，而复更食。以是十业得多病报。

复有十业能令众生得少病报：一者不喜打拍一切众生；二者劝他不打；三者赞不打法；四者见不打者，心生欢喜；五者供养父母及诸病人；六者见贤圣病，瞻视供养；七者见怨病愈，心生欢喜；八者见病苦者，施与良药，亦劝他施；九者于病苦众生，起慈愍心；十者于诸饮食，能自节量。以是十业得少病报。[①]

佛教强调业力果报，认为今生的疾病困苦是与前生的行为有直接的因果关系。对于这种因业报所感的疾病，佛教医学有专门的术语叫"因中实病"。业因与外因、内因一样，是引起疾病的主要原因。

（二）临床治疗

印度佛教医学的临床治疗，是指"使用具体的药物和手术器械进行的治疗方法。若对应生命吠陀体系的'八分医方'，它包括针刺首疾、身患、诸疮、阿揭陀药、长年方、童子病、足身法，而鬼瘴除外"。[②]佛经中记载了很多治疗个案。这里我们试举几例。

《千手千眼观世音菩萨治病合药经》中有记载："若有人等患一边偏风。耳鼻不通手脚不便者。取胡麻油内木香煎。呪三七遍。摩拭身上永

①《佛为首迦长者说业报差别经》，《大正藏》第一册，第892a页。
②陈明：《印度梵文医典〈医理精华〉研究》，第197页。

得除差。又取纯牛苏。呪三七遍。摩身上差好。若有妇人患产难者。取胡麻油。呪三七遍。摩产妇脐中及玉门中。若令口吞易生。若有女人怀妊死腹中者。取阿婆末唎草一大两。以水二升和煮绞去滓。取一升汁。呪三七遍。服即出一无苦痛。若不出胎衣者。亦服此药即出差。"

《龙树五明论》云："凡人得之化作大仙药者。五月五日。取牛黄大如雀子。于姜四两。麻八两。黄芩一两。大黄五两。甘草二两。于七月七日。令童子捣之。以蜜和作丸用之。若人病悉虎病吐病水病肠痛心四肢肿卒风头霍乱心闷方重噎不得喘息。取上件药丸。丸如小豆。两丸与服之。须臾之间而见病鬼奔走而去。兼复吐利发汗。宿食淡阴。积血微癖。产后带下痔不断。大小便利不通皆悉除愈。"[1]

总结上述佛教医学的临床疗法，我们可以看到，其主要特点是强化了咒语的治疗作用。"可以说，咒语的至高地位已成为佛教医学在临床治疗方面的显著特色。大乘佛典特别是金刚乘佛典有许多魔术般效力的曼陀罗和陀罗尼咒语。这些咒语除了治疗佛教所说的魔病、业病和鬼病之外，还可以与药物合用治疗人体的日常疾病"。[2]

（三）医用咒语

医疗中使用咒语，并非始自佛教。甚至在公元前 5—6 世纪阿育吠陀医学体系正式形成之前，占据印度医疗中心的就是咒术。早在印度吠陀时代，雅利安人就已经开始使用与医疗关系密切的咒术性赞歌。例如《梨俱吠陀》中就有许多咒术性赞歌："协力祈祷，罗刹（恶魔）的杀戮者、火神，由此驱逐吧！将作为病患、作为具有不吉之名者，在汝（孕

---

①《龙树五明论》，《大正藏》第二十一册，第 967b 页。
②陈明：《印度梵文医典〈医理精华〉研究》，第 292 页。

妇）的胎儿之中，蟠曲［汝之］胎内者（恶魔）"。①

　　而在《阿阇婆吠陀》中，咒术已经占据中心位置。我们将日本学者
辻直四郎翻译的《阿阇婆赞歌》中的《第一部咒术赞歌》中的"治病
法"的目录引用在此：

　　　　为治愈万病的咒文

　　　　为愈疾、使从解脱中解放的咒文

　　　　为使从病魔中解放的咒文

　　　　对病魔 Kanva 的咒文

　　　　为赶走病魔 Pisaca 的咒文

　　　　为治愈热病的咒文

　　　　为治愈间歇热的咒文

　　　　对广木香草的祈愿

　　　　为治愈黄疸的咒文

　　　　为止血的咒文

　　　　为治愈过度的流出（出血、下痢等）的咒文

　　　　为治愈水肿病的咒文

　　　　为以水治愈疾病的咒文

　　　　为免受鲁大罗之矢的咒文

　　　　为镇咳的咒文

　　　　为治愈白癫的咒文

①《梨俱吠陀》有英译本、德译本、日译本等，却唯独没有中译本。这里因为并不深入研究
《梨俱吠陀》，所以直接转引廖育群译辻直四郎《梨俱吠陀赞歌》，见廖育群：《阿输吠陀——印
度的传统医学》，第 35 页。

对于 Kusetrya 病的咒文

为治愈骨折的咒文

为治愈伤的咒文

为治愈瘰疬的咒文

为消灭虫的咒文

为消灭牛群之虫的咒文

为驱除小儿体内之虫的咒文

为蛇、害虫之毒的咒文

为解毒的咒文

为毒矢的咒文

为增进头发生长的咒文

为增进性欲的咒文

为治愈癫狂的咒文①

我们从中可以看到，在阿育吠陀医学体系确立之前，咒术在印度医疗中所起的核心作用。

在阿育吠陀医学中，咒语依然被用来治疗疾病。鲍威尔写本医学文书第 2 部分第七章中就有"愿火神不离我身，愿风神赐我精气，愿因陀罗赐我力量，愿水神赐我财富"的咒语。可见，使用咒语是印度古代医学一直就有的传统，而并不是陈明认为的"从单纯的药物治疗到越来越多地使用咒语，这正是佛教医学发展的轨迹之一"。②

① 转引自廖育群：《阿输吠陀——印度的传统医学》，第 35—36 页。
② 陈明：《印度梵文医典〈医理精华〉研究》，第 293 页。

佛教医学的医用咒语一般分为单独使用的咒语和与药物合用的咒语。其中，没有任何药方而只是单纯使用咒语驱病的占了绝大多数。这应该是佛教医学医用咒语的一个特点。

（四）养生保健

印度佛教医学的养生保健，除了与阿育吠陀医学体系一样重视饮食、洗浴等保健法之外，最重要的一个特点是强调安般守意、禅定养生。安般守意主要是通过渐、顿和综合的修持方法来进行出息和入息的修炼。佛教专门有《安般守意经》《佛说大安般守意经》等。

禅定养生是通过禅定，调身、调息、调心，使身心统一，达到精神上的安宁。有关禅定，研究佛教的学者有太多的论著，这里就不再细论。

三、印度佛教医学药物分类特色

有关印度佛教医学药物分类，季羡林在《古代印度沙糖的制造和使用》中进行过探讨。他将药物分为 3 类"（1）按药物的性质来分……（2）按服用的时间来分……（3）按用法来分……"。[①]但是这三种分类法并不都是印度佛教医学特有的分类方法。廖育群在《印度古代药物分类法及其可能对中国医学产生的影响》一文中就讨论了《阇罗迦本集》和《妙闻本集》中的药物分类方法，归纳出"依靠药物自然性征的分类方法"和"基于与构成医学理论的药物分类方法"两大方法。根据陈明对佛教律藏的研究，属于印度佛教医学独有的药物分类方法应该是"时药、时分药、七日药、尽寿药"的分类法。[②]

---

① 季羡林：《古代印度沙糖的制造和使用》，《历史研究》1984 年第 1 期，第 30 页。
② 陈明：《印度梵文医典〈医理精华〉研究》，第 235—256 页。

有关这种分类方法，《根本说一切有部毗奈耶药事》卷一提道："尔时，佛告阿难陀：我今为诸比丘开四种药，一时药、二更药、三七日药、四尽寿药。"①《弥沙塞羯磨本》中有附注云："患累之躯，有所资待，无病凭食，有疾须药。通论诸药，总分四种，要不获已，故圣并开，一时药，二非时药，三七日药，四尽形药。"②《根本萨婆多部律摄》卷八云："言诸药者，总有四种，一时药、二更药、三七日药、四尽寿药。然此四种，皆能疗疾，总名为药。病者所须，非无病者，即此四种服食之时，皆应先作疗病心已，然后受用。"③

对于这四种分类各包含哪些药物，佛经有很多记载。这里仅举《十诵律》卷二十六"七法中医药法第六"：

> 佛言：若不自乞，檀越施应受。从今日听僧服四种药。何等四种药？一时药，二时分药，三七日药，四尽形药。
>
> 时药：未漉浆汁，是名时药。五种佉陀尼：根茎叶磨果蒲阇尼似食。
>
> 一根食：芋根蕧根藕根芦卜根芜菁根等。
>
> 二茎食：芦卜茎谷梨茎罗勒茎柯蓝茎等。
>
> 三叶食：芦卜谷梨叶罗勒叶柯蓝叶等。
>
> 四磨食：稻大麦小麦五果食。
>
> 五果食：庵罗果阎浮果波罗萨果镇头佉果那梨者罗果。

---

① 《根本说一切有部毗奈耶药事》，《大正藏》第二十四册，第 1a 页。

② 《弥沙塞羯磨本》，《大正藏》第二十二册，第 221a 页。

③ 《根本萨婆多部律摄》，《大正藏》第二十四册，第 569c 页。

五种蒲阇尼食：一饭二麨三糒四鱼五肉等。

五种似食：糜粟穬麦莠子迦师等。

时分药：净漉浆汁。是名时分药。

七日药：若酥油蜜石蜜。是名七日药。

尽形药者：

五种根药：一舍利。二姜。三附子。四波提毗沙。五菖蒲根。

五种果药：呵梨勒。鞞酰勒。阿摩勒。胡椒。荜茇罗。

五种盐：黑盐紫盐赤盐卤土盐白盐。

五种树胶药：兴渠萨阇罗茶帝夜波罗帝夜盘那。

五种汤：根汤茎汤叶汤华汤果汤。①

　　根据这四种分类的药物组成，我们可以大体了解这四种药物的定义。《摩诃僧祇律》中对这四种药进行了定义："时药者，时得食，非时不得食。……时分药者，此诸浆，初夜受初夜饮，中夜受中夜饮，后夜受后夜饮。食前受至初夜饮，是故名夜分药。……七日药者，此诸药清净无食气，一时顿受得七日服，故名七日药。……尽寿药者，此诸药无食气，顿受病比丘终身服，是名终身药"。②

　　有关佛教医学的这四种药物分类的定义和内涵，陈明有过深入的研究。③时药，实际就是指食物，其服用的时间有严格的规定，即从早晨到中午。但如果经过医生许可，"过午不食"的规定也可以被违反。"时

---

①《十诵律》，《大正藏》第二十三册，第157a页。

②《摩诃僧祇律》，《大正藏》第二十二册，第244b—245a页。

③陈明：《印度梵文医典〈医理精华〉研究》，第248—256页。

药者，谓于时中食噉，不许非时。若比丘等病因，余药不除，医定与食者，应在屏处，非时噉食无犯"。时分药其实就是不含食物成分的、过滤过的各种果浆。它与时药的区别是"不杂时食，如法作净"。它的服用时间是"时分应服，时分药理故，过时分不应服"。不同部派的佛经对饮服的时分规定不一样。七日药，主要是指"酥、油、糖、蜜、石蜜"等。之所以叫"七日药"，是规定服用这些药不能超过七日。"七日应服，七日药力故，过七日不应服"。尽寿药，是指终身可以服用的药。"尽形药者，药力既微，故听久服，方能除患。"

从上述药物分类的定义和内涵，我们可以看出，印度佛教医学的这种药物分类方法，主要依据不是药物的形态和性质，而是根据药物允许服用的时间长短来区分。从时药、时分药、七日药到尽寿药，其允许服用的时间逐渐延长。这种分类法可能与佛教的戒律有关。因为这种分类法考虑的是服用时间，因此与印度其他医学体系药物分类法比较，其分类标准并不严格。同一种药物如果以不同的形态出现，就可以归属不同的类别。例如，《十诵律》中就有规定"甘蔗是时药，清汁是时分药，作石蜜是七日药，烧作灰是尽形药"。[①]

通过印度佛教医学的内容、特点、药物分类特色等，我们可以了解印度佛教医学特有的佛教特色，从而可以更好地认识和解读鲍威尔写本医学文书与佛教医学的关系。

---

① 有关印度佛教医学药物分类特点，可参考陈明:《印度梵文医典〈医理精华〉研究》，第248—256 页。

第二节　鲍威尔写本医学文书与印度佛教医学

鲍威尔写本医学文书虽然属于印度阿育吠陀医学体系的医典，但其具有十分明显的佛教特色，其中也涉及一些佛教医学的药物分类和佛教医方。

一、鲍威尔写本医学文书中的佛教色彩

鲍威尔写本医学文书作为佛教徒抄写的、出土于佛塔中的文书，其佛教色彩不言而喻。对于鲍威尔写本具有佛教特色这一观点，季羡林在《新疆的甘蔗种植和沙糖应用》一文中指出"这一部书有明显的佛教色彩……这其实并不奇怪的。当时佛教正在兴旺时期，流布范围极广。中亚新疆一带的医典受佛教影响，是很自然的。"[1]究其文本内容本身，也有十分明显的佛教色彩。

首先，鲍威尔写本医学文书在叙述结构上采用了佛教经常采用的问答式叙事方式。

鲍威尔写本第 2 部分《精髓集》的开头，就是"向如来致敬！"这种"向谁谁致敬"的开篇方式。同样具有佛教色彩的印度梵文医典《耆婆书》中也有类似的表达。[2]然后，在讲述各种医方时，鲍威尔写本多次采用了一问一答的形式：

---

[1]季羡林：《新疆的甘蔗种植和沙糖应用》，《文物》1998 年第 2 期，第 40 页。
[2]陈明：《殊方异药——出土文书与西域医学》，第 311 页。

（1.40-1.42）啊，妙闻！集中精力听我说。我将简要地阐明大蒜作为一种增强体质的补药时的种种功效。

（2.917-2.929）双马童悠闲地坐着，对梵天说："诃黎勒长在哪里？它有多少种？（2.918）它有多少（初级的）味道？又有多少次级的味道？每一种的名称、颜色和标志各是什么？（2.919）它能治疗什么疾病？其颜色和形状如何？能与何种药物同用，又能治疗什么病？（2.920）这个问题希望您能愉快回答"。听了双马童的问话，梵天答道：（2.921）"你问我的这几点，我将一一向你解释，以便你能完全理解它们。当帝释天饮用甘露的时候，有一滴落到了地上，从此，最好的药——诃黎勒就生长出来。……"

这种一问一答的叙事形式在阿育吠陀医典中并没有，而且在《医理精华》中也没有，但是在同样具有佛教色彩的《耆婆书》中就存在。例如：

（2-3）薄伽梵说："耆婆啊！请听我说。我将告诉你在（南）瞻部州中所有的能解毒的任何药物。我将告诉（你）在一切之上的（最好的药物）。听这个吧：……耆婆！请听吧，这种言行的功德我将叙说（它们）。①

这种一问一答的叙事方式，明显是佛教特色。佛经文本里大多数是这种"弟子问佛陀答"的形式。

---

① 陈明:《殊方异药——出土文书与西域医学》,第311页。

鲍威尔写本医学文书中有两处佛教色彩更明确的地方。一处是在第3部分的"宝贤油"药方：

（3.10-3.14）煮 300 婆罗的婆罗得和……，直到整个减少至最初量的四分之一，（3.11）加入各 1 婆罗的［磨成粉］的浆：……乌头和印度乌头。这个药油（病人）应该根据自身体质服用 1 个月。（3.12）消化之后，可以适量进食。持续使用这种油，他将战胜 18 种皮肤疾病，就像佛陀克服（各种）道德污点一样。（3.13）这个治疗皮肤病的药物是宝贤出于内心的怜悯和体贴提供给一个将死的僧人的。（3.14）鼻子和手指已经腐烂的（病人），使用此药油将（康复），就像月亮摆脱了罗睺的控制重放光明一样。

在这里，文书中明确提到了佛陀，而且指出这个药方是给僧人用的。此外，还有另外一个药方：

（V）一种糖浆

（3.20-3.24a）取半婆罗的铁、三果药、……酸藤子籽、一半量的儿茶和……，等量的酸藤子。（3.21）把这些放置一季，……，一个长者，在断食时，应该服用 2 kalaśa 地加了酥、蜜的这种药，（3.22）当他咳嗽、手指颤抖、牙齿脱落、失忆和年老衰迈时，同时他应该献身于修行佛法。（3.23）如果他食用适当的食物。加入酥油和蜜，他将恢复青春面貌。通过食用……汁和绿豆冲剂，患任何皮肤病的人无论是在四肢或身体的什么部位，他都将从疾病中解脱，……

这里明确提到在服用药物的同时，应该献身修行佛法。

从上述几处，我们可以很清楚地看到，鲍威尔写本医学文书的佛教色彩是其文本的又一大特点。

二、鲍威尔写本医学文书中的佛教药物术语

鲍威尔写本医学文书的理论主要来源于阿育吠陀，虽然其主要是医方集，但涉及的临床实践比较少，出现的几个医用咒语也是婆罗门教的，因此，除了上述叙事方式、几处明显提到佛陀和佛教修行之外，其与佛教医学的关系并不十分明显。但是，正如我们在谈及印度佛教药物分类特色时指出，将药物分为"时药、时分药、七日药、尽寿药"是佛教医学独有的药物分类方法。因此，在医学文本中出现与此分类方法相对应的药物术语则属于佛教医学，而我们在鲍威尔写本医学文书中恰恰找到了专属于佛教医学的药物术语。

（一）五根药

五根药的梵语是 Mahamula-bhaisajya，属于佛教医学药物分类中的尽寿药范畴。很多佛经都提到这五种根药。不同的经典对于五种根药具体是哪五种有不同的规定。《十诵律》中五种根药包括"舍利、姜、赤附子、波提稗沙、菖蒲根"；《根本说一切有部毗奈耶事》"云何根药？谓香附子、菖蒲、黄姜、生姜、白附子。若更有余物，是此体例。堪为药者，随意当用"。①因此，鲍威尔写本医学文书有好几处药方中直接写五根药，主要用来治疗风性疾病：

①《根本说一切有部毗奈耶药事》，《大正藏》第二十四册，第 1a 页。

（2.787）木苹果的果肉、木橘的果肉，以及酢浆草、石榴和酪乳。用这些熬成的米粥，可作为收敛剂，并有助消化。（b）在患风性疾病时，该药粥应该加上五根药的根。

（2.802-2.804）在风性疾病时，用五根药的根熬稀粥，加酥和油，用石榴酸化，[服用]是有益的。

五根药分大五根和小五根。《摩诃僧祇律》中提到"尽寿药者……小五根、大五根、一切盐。"[1]《四分律》"尔时有病比丘，须大五种根药，佛言听服。须小五种根药，佛言听服。"[2]陈明翻译的《医理精华》中详细介绍了大小五根：

> 印度枳、臭黄荆、木蝴蝶、白柚木、凌霄花，这一组叫作"大五根"，助消化、去痰、去风。
> 尖叶兔尾草、大叶山蚂蟥、蓖麻、两种茄子（刺天茄和黄果茄），这一组叫作"小五根"，可以增加脂肪，去风，去胆汁。[3]

大五根主要包括印度枳、臭黄荆、木蝴蝶、白柚木、凌霄花；小五根主要是尖叶兔尾草、大叶山蚂蟥、蓖麻、刺天茄和黄果茄；两组均能去风。

---

①《摩诃僧祇律》，《大正藏》第二十二册，第224a页。
②《四分律》，《大正藏》第二十二册，第867a页。
③陈明：《印度梵文医典〈医理精华〉研究》，第335—336页。

在鲍威尔写本药方中，除了直接使用五根之外，还有几个药方分别提到使用大五根或小五根：

（1.68-1.70）两种五根药（"大五根"和"小五根"，Panchamûla），甘草，……（70）将2婆罗3婆罗的这些药物放在山羊或母牛或绵羊的奶里加水煮，然后，放入少量石盐，这个药剂在微温的时候，可以作为治疗由风性体液引起的眼疾的洗眼剂。

（2.165b-2.169a）小五根药、心叶青龙胆……（2.168）全部药物在温火上煮。这个药剂，以"滋补酥"（Râsâyanika）为名，可以治疗肺结核、（169a）心脏病和溃疡引起的咳嗽和发烧。

（2.796b）用十种药（大五根和小五根）熬的粥，有益于（治疗）打嗝、咳嗽和哮喘。

（2.825-2.827）各1婆罗的蠶豆和五根药（五大根和五小根）的根，在1斗的水中同煮。加入1.5倍的牛奶，（2.826）以及1升的石蜜粉，和各1分的蜜与酥油。然后加入小麦磨成的面粉，制成每个1婆罗重的大药丸。（2.827）每次服用1丸，可连续做60次，获得女性欢心。据说这是最好的春药。

从上述药方我们可以看到，鲍威尔写本对于大五根和小五根有明确的认识和定义，在具体的药方中会根据情况选择其一或同时使用。

（二）五种盐

五种盐是佛教医学药物分类中尽寿药的范畴。佛经中有很多地方提到五种盐。"言尽寿药者，……及五种盐广如余处。"《十诵律》中提到五种盐："五种盐。黑盐白盐紫盐赤盐卤土盐。"①《根本说一切有部毗奈耶药事》"五种盐者，谓乌盐、赤盐、白石盐、种生盐、海盐"。②阿育吠陀医典中，各种盐也是最常用的药物，但是直接以"五种盐"的方式入药，则是佛教医学独有的。我们在鲍威尔写本中就发现了如下两处：

双马童的"大蒜酥药"（LASUNA）

（2.216-2.222）在1斛水中煮100婆罗的大蒜，直到减少至最初量的四分之一。（2.217）用煎好的汁液煮1斗的酥油，在煮的过程中放入下列药材制成的药膏：（2.218）白花丹根、长胡椒、胡椒各1两，1婆罗的生姜、（2.219）五种盐和印度酸模各半婆罗、八角枫和阿魏各1婆罗。……

DHÂNVANTARA 酥

（2.232-2.240）八捧巴豆根、白花丹根、20颗精选的诃子、6婆罗喜马拉雅雪杉（2.233）还有大的和小的大叶黄梁木、千金藤、麒麟角、黄细辛和一种水黄皮属植物皮各1婆罗，（2.234）加入两类五根药各1âdhaka。然后将全部药在1drôna的池水中用温火煮，（2.235）直到减少至最初量的四分之一。再将熬好的药在1âdhaka的酥油中，加入下列药物各1karsha制成的浆：（2.236）长胡椒、长胡椒根、香胡椒、黑胡椒和五种盐。

这两个药方没有像阿育吠陀医典那样提及何种盐，而是直接使用佛

①《十诵律》，《大正藏》第二十三册，第156c页。
②《根本说一切有部毗奈耶药事》，《大正藏》第二十四册，第1b页。

教药物术语"五种盐"入药。

　　大五根、小五根、五种盐都是佛教医学常用的药物分类术语，有强烈的佛教医学特色。鲍威尔写本医学文书中出现上述佛教医学药物术语，从另一个方面说明了鲍威尔写本医学文书的佛教医学特色。

三、鲍威尔写本医学文书中的佛教医方

　　在鲍威尔写本医学文书中，有 3 个医方引人注意。他们在药物选择、药方配制和使用方面并没有特别不同，但是，其药方名具有浓厚的佛教色彩——辩才天女酥、执金刚油和宝贤油。

　　（Ⅰ）辩才天女（Sarasvatî）酥

　　（2.814 和 2.815）各 1 升的甘蔗汁、乳山药、余甘子、酥油、牛奶、蜜和等量的肉汤，（2.815）和 5 婆罗的甘草、1 升去皮的绿豆。对于想得子的王仙来说，这就是（所需要的）辩才天女酥。

　　（Ⅱ）"持金刚"（VAJRAKA）油

　　（3.5-3.9a）取……迦昙花树、蓖麻根、青木香、桐叶千金藤、白花酸藤果子……黄荆，（3.6）松脂、粗糠柴、雪松、雄黄、药西瓜和菩提树［的根皮］。（3.7）用各半两的剂量制成的药油能治疗痔疮，并且是像任何辐射热或柳叶刀或腐蚀剂一样好的干燥剂。（3.8）……任何疼痛、癣菌病、白斑病、湿疹、牛皮癣、"肉胞型"皮肤病、糠疹、（3.9a）妇女病和瘘管。所有这些疾病这个"持金刚"药油都能治疗。

　　（Ⅲ）宝贤（Mânibhadra）油

　　（3.10-3.14）煮 300 婆罗的婆罗得和……，直到整个减少至最

初量的四分之一，（3.11）加入各 1 婆罗的［磨成粉］的浆：……
乌头和印度乌头。这个药油（病人）应该根据自身体质服用 1 个
月。（3.12）消化之后，可以适量进食。持续使用这种油，他将战
胜 18 种皮肤疾病，就像佛陀克服（各种）道德污点一样。（3.13）
这个治疗皮肤病的药物是宝贤出于内心的怜悯和体贴提供给一个将
死的僧人的。（3.14）鼻子和手指已经腐烂的（病人），使用此药油
将（康复），就像月亮摆脱了罗睺（Rahu）的控制重放光明一样。

辩才天女又称大辩才天女或妙音佛母，在大乘佛教中是文殊的妻
子。《大日经义释》七曰："美音天亦名辩才天，是诸天中歌咏美妙者，
犹如毗首羯磨工于伎巧之类，非干闼婆。"①《最胜王经大辩才天女品》
曰："现为阎罗之长姊，常着青色野蚕衣，好丑容仪具有，眼目能令见
者怖。"②又云"若有法师说是金光明最胜王经者，我当益其智慧具足庄
严辩说之辩"。③

持金刚，又云执金刚、金刚手。《大日经疏》一曰："梵云伐折罗陀
罗，伐折罗即是金刚杵，陀罗是执持义，故曰译云执金刚，今谓持金
刚。"④胎藏界三部中金刚部之诸众，标如来之智印，皆手执金刚，故云
执金刚。《大日经》有云："一切持金刚者，皆悉集会。"

宝贤，又名摩尼跋陀罗，在佛教中为夜叉八大将之一。《大日经疏》
五曰："次于北门当置毗沙门天王，于其左右置夜叉八大将：一名摩尼

---

①《大日经义释》,《大正藏》第二十三册，第 386b 页。
②《金光明最胜王经》,《大正藏》第十六册，第 437a 页。
③《金光明最胜王经》,《大正藏》第十六册，第 434b 页。
④《大日经义释》,《续藏经》第二十三册，第 268a 页。

跋陀罗，译曰宝贤。二名布噜那跋陀罗，译曰满贤。三名半枳迦，旧曰散支。四名沙多祁里。五名酰摩嚩多，即是住雪山者。六名毘洒迦。七名阿咤嚩迦。八名半遮罗。"①《慧琳音义》二十六曰："摩尼跋陀，摩尼，此云满，或云如意。跋陀，此云贤。"②宝贤除被称为宝贤大将，有时亦称宝贤菩萨。《大宝积经》有云："宝贤菩萨曰：我能堪任令诸众生自识宿命皆得成就。"《佛说佛名经》中提到："南无宝月光明胜佛、南无宝贤幢胜佛、南无成就义胜佛。"③

鲍威尔写本这些药方用"辩才天女、执金刚、宝贤"等佛教名称、药叉、菩萨等来命名，毫无疑问与佛教医学有着某种联系。这种用佛教给医方命名的方式，可能也是佛教医学对阿育吠陀等传统医学借鉴和利用的一种方式。

小　结

鲍威尔写本医学文书由于主要是医方选集，其中涉及的医学理论和临床实践并不十分丰富，且大部分属于印度阿育吠陀医学体系的范畴。但鲍威尔写本医学文书的出土地点、文本内容的叙事结构、佛教医学专用术语的使用，以佛教命名的医方的出现，均说明鲍威尔写本医学文书具有很大的佛教特色。鲍威尔写本医学文书中的佛教特色可以从侧面反映，印度佛教是如何渗透到阿育吠陀医学中并对其产生影响，直至形成自己的佛教医学。

---

① 《大日经义释》，《续藏经》第二十三册，第 327a 页。
② 《慧琳音义》，《续藏经》第五十六册，第 476b 页。
③ 《佛说佛名经》，《大正藏》第十四册，第 121c 页。

第四章 鲍威尔写本医学文书中的宗教与社会生活

以维系与促进健康、解释和治疗疾病为内容的印度传统医学，认为健康并不仅仅是远离疾病，而是要达到肉体、精神、灵魂的幸福与充实状态。其实质远远超过了"医学"的内涵，而是广泛地关注人类与自然、神灵、社会、文明等之间的关系，将身体、精神和灵魂三位一体地加以考虑。印度传统医学的背后包含了许多宗教、社会、人伦、民俗的问题。印度医学文献中保留的大量关于宗教、社会和民俗等内容应该引起社会史学者的重视。因为"医学既是探讨不同国家、地区和民族之间文化交流的重要指标，还能够反映当时的社会大众的一些普遍心态，解读和研究出土医学文书的语言及其医药方，不仅有助于不断地解明该语言文化在西域的历史面貌，增进对中外医学文化关系史的认识，而且对建构医学社会生活史也是很有助益的"。[①]在探讨了鲍威尔写本医学文书的医学价值后，本章将从印度医学与印度宗教、社会民俗的关系角度出发，尝试揭示鲍威尔写本医学文书所反映的宗教与社会生活等社会史研究价值。

---

①陈明：《殊方异药——出土文书与西域医学》，第1页。

第一节 鲍威尔写本医学文书中的宗教

渥德尔曾指出，"印度民族心理之特别喜爱宗教，并在宗教中获得充分体现甚于其他各国。上至君主，下至农民，不管哪个种族集团的人，都对神学表示出异乎寻常的兴趣和热烈的感情。世界上各种神学所知悉的教条，很少不是印度各色各样的教派之中的某一教派所持有的"，"他们发展出几乎所有社会学类型里可能有过的哲学的学派与宗教的教派"。[①] "宗教对人们生活影响之深远亦匪夷所思。在印度，人以宗教划群，物以宗教定性"。[②]

印度宗教经历了吠陀教（早期婆罗门教）、婆罗门教、佛教、耆那教至婆罗门教复兴形成印度教的历史发展过程。印度文化以宗教为主要特征，以超自然为中心的生活方式是从公元前 1500—1000 年的早期吠陀时代开始的。由于当时印度—雅利安人的宗教仪式和大量敬神颂神的诗歌都记录在吠陀本集中，因此当时的宗教被称为"吠陀教"，也叫"早期婆罗门教"。吠陀教十分重视祭祀的作用，认为通过祭祀，不断向神奉献牺牲、谷物和美酒，就能获得神的恩赐。其祭祀的方式比较简单，主要是点燃一堆火，将谷物和美酒等投入火中进行火祭。吠陀教崇拜自然神和地方保护神，是泛神论特色的多神教。

---

① 马克斯·韦伯著，康乐、简惠美译：《印度的宗教——印度教与佛教》，桂林：广西师范大学出版社，2005 年，第 4 页。

②尚会鹏：《印度文化史》，桂林：广西师范大学出版社，2007 年，第 18 页。

从公元前 10 世纪中叶开始的后期吠陀时代，以编纂大量宗教典籍为标志的吠陀教获得了极大的发展，逐渐形成了以"吠陀天启""祭祀万能"和"婆罗门至上"为特点的"婆罗门教"。诸神的地位开始发生变化，由崇拜自然神因陀罗等转变为开始崇拜湿婆和毗湿奴。祭祀仪式更加繁杂，形成了家庭祭、天启祭等一系列极其繁杂的祭祀仪式，"祭祀成为当时文化最重要的内容"。①由于祭祀仪式十分繁多和重要，掌管祭祀的婆罗门的社会地位显著提高，形成一个重要的婆罗门阶层，并且婆罗门教"将种姓制度同宗教结合起来，将社会阶层的分化神圣化，并赋予婆罗门种姓至高无上的地位"。②

从公元前 6 世纪开始，随着"沙门"思潮的出现，印度宗教进入佛教与耆那教兴起和发展的时代。直到巽伽王朝时期，婆罗门教开始复兴逐渐形成印度教。印度教是在古代婆罗门教一些教义的基础上与各地方信仰和生活习俗相结合产生的宗教，"民众仍继续承认吠陀的权威和婆罗门的地位，但'祭祀万能'的影响已大大减弱。而且，婆罗门教规定的神明、祭祀方式和信徒的生活方式都发生了变化，各地民众把当地信仰和习俗尽量同吠陀联系起来，一种适合各地区生活方式、包罗万象的新型宗教渐渐产生了。这就是印度教"。③

在上一章中，我们已经阐述了鲍威尔写本医学文书的阿育吠陀医学特色。阿育吠陀起源于印度巫术，以婆罗门教的理论为发展基础。④鲍

---

① 尚会鹏：《印度文化史》，第 48 页。

② 尚会鹏：《印度文化史》，第 49 页。

③ 尚会鹏：《印度文化史》，第 100—101 页。

④ Pramod B. Thaker, *Philosophical Foundations in Ancient Indian Medicine: Science, Philosophy, and Ethics in "Caraka-samhita"*, Ph. D. of Boston College, 1995, p. 254.

威尔写本医学文书中的宗教因素除了上章谈到的佛教，整体来说还有印度婆罗门教因素。其中涉及的一些神灵崇拜、宗教观念、宗教仪式反映了阿育吠陀医学与印度婆罗门教之间的互动关系。

一、医方中的神灵崇拜

鲍威尔写本医学文书提及梵天、因陀罗、双马童、毗湿奴等众多神灵。例如在第 1 部分的开头就描绘了一幅神灵世界：

> 唵（om）！这无限财富之神圣顶峰（喜马拉雅山），群居着无数天神（Dêvarshis）和圣者（Siddhas），紧那罗（Kinnaras），那迦（龙）（Nâgas），夜叉（Yakshas）和持明者（Vidyâdharas），愉悦于不断耸入苍穹的云彩，所有的……不断凌驾高出。

而且很多医方也都被说成是来自双马童或者是大梵天。例如第 2 部分第 3 章"甘露油方"提道：

> （2.287-2.312a）这两个讲真理的双马童（Aśvins），是众神的医生，被诸天尊敬，已经告知下面出色的促进健康的油方。（2.288）它能消除所有疾病，适合国王使用，与神仙的食物一样好。

这里的药方就被鲍威尔写本归成双马童创造。在另一个"双马童治疗大出血的药方"中也有此种描述：

> （2.418-2.425）出色的最好的医生双马童为了那些承受大出

血、痔疮和发烧之苦的人大声地（2.419）向因陀罗（Vâsava）讲述接下来的这个药方，此药方曾是大梵天所说。

这种将医学成就归功于神灵的做法，是印度学术著作的惯例。这其中的原因除了与印度古代医学并不是由个人创造而是祖先共同经验的总结有关之外，也可能是由于将医学著作归之于神，才可以将这些医学典籍神圣化以利于完好流传，同时因其神圣化从而成为只有婆罗门阶层才能学习掌握的吠陀知识。

对于阿育吠陀而言，其医学的产生和传承有特定的神灵谱系。《妙闻本集》在"吠陀的起源"中就提道：

梵天始说之，生主（Prajapati）从而学之，双子之神随生主、因陀罗随双子之神学之；我今为人类，将其传授给求教之人。

于此有诗颂："予德罕温塔里实为梵天；除诸神之老死，熟达一般外科学及其他医方者；今更为将其传授给下界，而现身此世也。"①

在这里，阿育吠陀由梵天传给生主、生主传给双马神、再由因陀罗传给人类。《阇罗迦集》也认为，阿育吠陀由梵天开始述说，然后经生主、双马神传至因陀罗，然后由因陀罗传给德罕温塔里和颇罗堕仙人。德罕温塔里最后传给妙闻，而颇罗堕则传给嗽食，由嗽食传给6个弟子。日本矢野道雄曾绘制阿育吠陀的神灵流传图如下：

① 转引自廖育群：《阿输吠陀——印度的传统医学》，第78页。

Brahma（梵天）

↓

Prajapati（生主）

↓

Asuin（双马神）

↓

Indra （因陀罗）

↓

→ Dhavantari（德罕温塔里）……Sushruta（妙闻）

→ Bharadvaja（颇罗堕）

↓

Atreya（嗷食）→ Ksarapani（差罗波尼）

→ Jatukarna（胭脂耳？）

→ Parasara（婆罗舍）

→ Harita（哈利塔）

→ Bheda（布哈拉）

→ Agnivesa（如火）→ Charaka（阇罗迦）[1]

鲍威尔写本在谈及诃黎勒和白花丹的药理时，就再现了这种传承关系。在诃黎勒药理时，鲍威尔写本谈到梵天对双马童的传授：

---

[1] 转引自廖育群:《阿输吠陀——印度传统医学》，第 40 页。

（2.917-2.929）双马童悠闲地坐着，对梵天说："诃黎勒长在哪里？它有多少种？（2.918）它有多少（初级的）味道？又有多少次级的味道？每一种的名称、颜色和标志各是什么？（2.919）它能治疗什么疾病？其颜色和形状如何？能与何种药物同用，又能治疗什么病？（2.920）这个问题希望您能愉快回答"。听了双马童的问话，梵天答道：（2.921）"你问我的这几点，我将一一向你解释，以便你能完全理解它们。当帝释天饮用甘露的时候，有一滴落到了地上，从此，最好的药——诃黎勒就生长出来。（2.923）Vijayâ、Trivrtâ、Rohinî、Pûtanâ、Amrtâ、Jîvantî 和 Abhayâ—— 这是 7 种诃黎勒。（2.924）Vijayâ 的形状像葫芦瓶，Rohinî 是球形；Pûtanâ 有一个大果核，果肉较薄，Amrtâ 的果肉很厚。（2.925）Jîvantî 是金色的，Trivrtâ 是五边形的；Abhayâ 则为黑色。梵天很久以前就跟世间如是说了"。

在谈到白花丹的药理时，鲍威尔写本提到了毗湿奴与德罕温塔里的传承：

（2.968-2.974a）毗湿奴问智者德罕温塔里："任何药物能治疗一切疾病吗"？（2.969）听了毗湿奴的问题后，德罕温塔里回答："可以这么说，跟白花丹比较，就没有其他药物了。（2.970）应该知道它有黑、白、黄 3 种，分别是最好的、最差的和中间的。（2.971）对皮肤病、闭尿症、腹胀、白癜风来说，黑色的［白花丹］是特别有效的。（2.972）对于治疗慢性腹泻、痔疮，并治疗急性腹泻，而且保护生命、促进智力来说，开白花的那种是最有效的。（2.973）黄色的那种能刺激智力发育，是一种好的［烈性］饮料，有助消化，治疗痰性疾病。它们分别是治疗风、胆、痰性疾病的良药。（2.974a）不过实际上，人们得到此药使用均能治疗一切疾病。”

因为阿育吠陀是由上述诸神传授的，所以婆罗门在学习阿育吠陀时也要对这些神灵进行祈祷和火祭。当弟子被认可入门学习阿育吠陀时，就要“在平坦清洁的场所，或向东、东北倾斜的土地上，做四尺长的四方祭坛。泼上牛奶，铺满吉祥草，以境界线好好地确定四个方向，饰以上述之檀香、水瓶、绢布、金工艺品、金、银、宝石、珍珠、珊瑚，以新鲜食品、香料、白花、炒米、芥子、带皮大麦美盛之，以紫铆、榄仁树、优昙钵树、madhuk（？）之木燃火，面向东洁身，按照学习规则，先对梵天、如火氏、德罕温塔里、生主、双马神、因陀罗、诸圣仙、经文作者唱‘娑婆诃’，然后将有祝福之语的曼荼罗、蜂蜜、酥三次燃于火中”。[1]

阿育吠陀认为，婆罗门教诸神在印度医学中的重要作用，除了上述提到的传承讲授之外，还体现在具体的疾病治疗过程中。

《妙闻本集》第1卷第19章就曾经有问道：“患者应经常剪短指甲与头发，着白色、轻浮的衣服，营除魔的祭事，恭敬神、婆罗门、师长。若问其原因何在？”“为Pasu-pati（兽王之义）、Kubera（幽界的恶灵）、Kumara（引起小儿之病的恶鬼）之随从的诸多强壮的洛叉（Paksas），欲行伤害而徘徊、喜好肉与血，故因疡所生气味而接近疡患

①《阇罗迦集》第1卷第8章，转引自廖育群：《阿输吠陀——印度的传统医学》，第58页。

者。它们因未受患者的款待，而时有夺其生命之事故也。"①因此，阿育吠陀就认为，病人通过崇拜和祈祷神灵，就可以去除恶魔所引起的疾病，保持健康。《妙闻本集》第 1 卷第 5 章就有一段十分生动地向婆罗门教神灵祈祷的咒语：

> 梵天及诸神可扑灭攻击汝之龙、毕舍遮、乾闼婆、卑帝利、夜叉、罗刹等。……风神可守护呼吸作用，苏摩可守护运动及循环作用，双神可守护排泄作用。电神可守护发生作用，雷神可守护消化作用，因陀罗可守护力，……伴随火神、风神、因陀罗诸神，梵天所创造的守护神，亦可常为你祝福，可使汝之寿命延长。

在这段咒语中，风神守护人体呼吸，苏摩守护循环，双神守护排泄，雷神守护消化，因陀罗守护力。患者通过向这些神灵祈祷，可以使身体健康、寿命延长。

无独有偶，印度医学所体现的早期婆罗门教泛神崇拜的宗教特点在鲍威尔写本医学文书中也有发现。其第 2 部分第 7 章"毗卢粥"药方中就出现同时向许多神灵祈祷的咒语：

> （2.802–2.804）在风性疾病时，用五根药的根熬稀粥，加酥和油，用石榴酸化，[服用]是有益的。用陈年谷物熬的稀粥可用来治疗痰性疾病。在胆汁性疾病时，应服用白莲花、蓝莲花和糖所熬的粥。（2.803）"愿火神不离我身，愿风神赐我精气，愿因陀罗赐我

---

① 转引自廖育群：《阿输吠陀——印度的传统医学》，第 124 页。

力量，愿水神赐我财富。"（2.804）服用此［稀粥］和造访一位女性之后，让病人做净身仪式，并重复上述咒语，那么其生命将不再衰弱。

这种同时向火神、风神、因陀罗、水神等诸多神灵祈祷的情况，充分体现了早期婆罗门教泛神崇拜的宗教特点。

通过对鲍威尔写本及阿育吠陀医学材料的分析，我们可以看到，印度婆罗门教崇拜神灵的宗教特色在渗透并影响印度古代医学的同时也被印度古代医学所吸收和利用。

二、医事中的宗教仪轨

除了将医方借托出自神灵，并在疾病治疗中祈祷神灵保佑之外，鲍威尔写本医学文书还记载了医疗活动中的许多宗教禁忌和在治疗疾病的过程中经常会用到的一些宗教仪轨。

鲍威尔写本记载了一个"长胡椒渐增（Pippalî-Vardhamâna）长年方"。此药方就规定服药时要先进行一定的宗教仪式：

（2.719）服用 1 剂量的油或酥，加入长生类的药物，［因此］呕吐和排泄，在完全干净之后，可以在吉祥的日子里选择一个合适的时间，使用这一药方。（2.720）当月亮与井宿、鬼宿、牛宿、Śravisthâ、Uttara 和 Hasta 相连时，（2.721）在禁食之后，洗头，穿上干净的衣服，抑制自己的感官欲望，祭祀诸天神和婆罗门，他应该服用 1 颗长胡椒，（722）然后喝牛奶和羊奶，消化后吃牛奶煮的饭。（2.723）这样继续服用（长胡椒），以每天 1 颗的量递增，直到 100 颗，然后再来［每天以 1 颗的量］如此递减。

另一个"甘露方"也同样强调在配药和用药时都要先进行婆罗门教的相关仪式：

（2.287–2.312a）这两个讲真理的双马童（Aśvins），是众神的医生，被诸天尊敬，已经告知下面出色的促进健康的油方。（2.288）它能消除所有疾病，适合国王使用，与神仙的食物一样好。（2.289）在鬼宿（Pushya）仪式时，在祈祷之后，完成净身仪式，用少量的话请求婆罗门保佑之后，拿出生长在有利地方的甘草根。（2.290）用 4 种叶子药的根的新鲜汁液，加入下列药材各 4 婆罗……当它完全煮好时，可以通过这个迹象知道，（2.304）即当接近恰当时间时，油通过太阳光线的照射变黏稠。在祈求完婆罗门的保佑，做完净身仪式和祈祷完后，（2.305）这个"甘露油"（Amrita）被诸天高度评价，它可以用作经肛门或尿道的注射剂、内服药、催嚏剂或涂抹剂给病人使用。

这两个药方均提到了婆罗门教的祭祀仪式，规定药物要在禁食和净身之后才可以服用，并且服药还要选择一定的吉时。

除了配药和用药，采集药物也要考虑"择时"和"择地"。鲍威尔写本第 1 部分谈到大蒜的第 1 个药方时就规定了要选择吉星高照的一天："（1.20–1.27）第 1 个药方：沐浴身体，纯洁、虔诚地敬奉天神、婆罗门和祭火，病人应该在有吉利的星宿标记（吉星高照）的一天，饮用用布过滤的新鲜的大蒜汁"。

第2部分第13章"白花丹药理"除规定了采摘的时间外，还对地点做了要求：

（2.974b-2.975）人们采摘此药应该在迦剌迦底月，或在末迦始罗月，或安沙荼月。（2.976）向天神祈祷，并恳求婆罗门的祝福之后，应该在一块［地方］，那里没有墓地，没有光秃秃的盐碱地，没有蚁丘，没有支提塔……

鲍威尔写本第6章《长年方》有一个"耆呵提（Vrhapati）"药方，也谈到"择地"的要求：

（2.784）将长在未被开垦过的，或未被人群和争吵声［污染过的］土地上的带根、叶和花的阿输乾陀，精磨成散。每天取猫爪子大小的剂量，加牛奶，用作止咳药水，然后喝牛奶。当消化后，可吃加牛奶的食物。（2.785a）连续服用21夜（3个疗程），可身强体胖。耆呵提如是说。

这种对未被开垦、未被人群和争吵声污染的地点要求，除了符合医学要求外，更多的是一种宗教上的考虑。

不仅要选择吉时和吉地，采药和制药也要念咒和进行相应的仪轨。《妙闻本集》第1卷第11章就有配制腐蚀剂时择时、斋戒、沐浴、择地、焚香、念咒、护摩供养等一整套完整的仪轨：

腐蚀剂中有软、中、峻3种，想制造腐蚀剂的人，在秋天的吉日，斋戒沐浴后，选择生长在山脊中的吉祥之地、没有受伤害的、壮年的大 asitamuskaka（schrcbera swietcnioides），熏香坡清，第 2 天砍伐。念下述咒语："汝，具有火力之物呦；汝，具有伟大之力呦；汝之力不可丧失；吉祥之物啊，不要滞留此地；汝助成我业，然后汝到天国！"再用上千的红白两色之花行"护摩"供奉，然后将这种树木劈成大小适当的小块，堆放在背风的场所，投入石灰石，用胡麻茎点火。火灭后，将木灰和石灰砾分别收集起来。[①]

《妙闻本集》第 1 卷第 43 章"论吐剂的制法"中也有一段十分完整的服用药物的宗教仪轨，其中还对医生和患者的朝向都做了具体的规定：

> 放置一夜后，在浸出的液体中加入蜜和盐，通过祈祷使它洁净，医师面向北，让患者面向东，可在唱诵以下咒文后，让患者服用。
> 梵、Daksa、阿湿婆（Asvin）、鲁达罗（Rudra）、因陀罗（Indra）、地、月、日、火、风、诸仙、药用植物界及众鬼神守护汝。如长寿药之于仙人，如不死酒之于诸神，如花蜜之于诸龙，是药对汝为最上之物。[②]

鲍威尔写本医学文书对这些医事活动中的宗教仪轨的记载，为我们

---

① Kaviraj Kunjalal Bhishagratna, *Suśruta Samhitā: Text with English Translation*, Prologued and Edited by Dr. Laxmidhar Dwivedi, Vol. 1.

② Kaviraj Kunjalal Bhishagratna, *Suśruta Samhitā: Text with English Translation*, Prologued and Edited by Dr. Laxmidhar Dwivedi, Vol. 1, p. 534.

了解印度古代婆罗门教的相关仪式提供了生动珍贵的资料，使得我们能够真实具体地再现许多婆罗门教仪轨。

该仪式不仅要求医生在采药、制药过程中要奉行一定的宗教仪式，还要求病人在服药过程中也要考虑很多宗教禁忌。以鲍威尔写本第2部分第6章"黄花稔方"为例：

（2.753—2.758）在鬼宿（Pusya）秋季开始的时候，医生应该取一种黄花稔属植物，清洗它的根，精磨成粉。（2.754）将1两的该散放在牛奶中搅拌，然后让（病人）服用。消化时病人应该喝牛奶，并禁食含淀粉的食物。（2.755）每天增加1婆罗的剂量，共服7夜。然后再每天减少1婆罗的剂量，所以感觉不到什么干扰。（2.756）据说（同时）患者应该避免看到任何女性或首陀罗，或任何野兽。

该药方就禁止病人在服药过程中看到首陀罗或任何野兽等不净之物。

此外，一些药物的选择、使用也有宗教上的禁忌。[①]婆罗门教认为有很多食物和药物是禁止使用的。例如《摩奴法论》第10章第92颂就规定"卖肉、胭脂或盐的婆罗门立即丧失种姓"，[②]又如第5章第50颂规定"谁不像恶魔那样不顾规则的吃肉，谁就在世间得人心，而且不得

[①]有关印度医学中药物选择所反映的宗教观念，可参考陈明：《殊方异药——出土文书与西域医学》，第49—63页。

[②]蒋忠新：《摩奴法论》，北京：中国社会科学出版社，2007年，第215页。

病"。①

鲍威尔写本第 1 部分一开始就提到了大蒜由于起源于恶魔的身体，因此是邪恶，婆罗门不能食用：

（1.10-1.11）从前阿修罗主（Asuras）饮服了［搅乳海而得］来的甘露；薄伽梵（神圣的）毗湿奴（Janârdana，即 Vishnu）砍下了他的头。（1.11）他的咽喉仍与活着的头连在一起；一滴（甘露）滴落到地上，血滴落到地上，［长出了大蒜］，这就是它（大蒜）的最初起源。（1.12）因此，婆罗门不能吃它，因为它的起源和［活的］身体有关；其邪恶的气味也被精通圣知者认为是出于同样的原因。

但鲍威尔写本同样提到解决办法：

（1.34）第 6 个药方：把 1 头母牛 3 天不喂草，然后喂以大蒜杆茎和两倍的青草。任何波罗门服用了这头母牛的牛奶、凝乳、酥油（清黄油）或酪乳（白脱牛奶），将战胜任何疾病，享受幸福。

婆罗门可以通过母牛来食用大蒜，因为母牛在婆罗门教中是最纯洁的圣牛。婆罗门通过母牛的净化就可以享受大蒜带来的疗效。这两个药方中大蒜的禁用和使用，完全是宗教影响决定医疗活动的代表。

鲍威尔写本还指出，医生和病人在医事中遵守一定的宗教仪轨，除

---

①蒋忠新：《摩奴法论》，第 98 页。

了能消除疾病维持健康，还能达到挡住灾难、带来好运等效果。例如房屋会因为放置药物而挡开厄运；一种"心叶黄花稔油"可以被用来"改善坏脸色，消除坏运气，增加人的肌肉力和感觉力，总之它是一种吉利的油"；而一种"小萝卜"油（Mûlaka）则可以"挡开灾难"；上文提到的"甘露油"则可以"赶走灾难，消除厄运，促生吉祥。通过使用这剂油，大仙人下生（Maharshi Chyavana）重获年轻，免除衰老和疾病；神圣的大仙（Maharshi）渴望长寿，通过使用这种油他实现了自己的渴望"。

鲍威尔写本医学文书记载的医疗活动中的宗教因素，反映了印度宗教与印度医学的互动关系。医学观念与宗教神灵崇拜紧密相关，而医事活动也借助宗教仪轨强化效果。宗教除了充当医学的哲学基础，还融入医学的实际活动并发挥作用，而医学也充实和运用了宗教的相应观念和仪轨。二者的这种互动关系在医学文献中得到保留和体现。

第二节　鲍威尔写本医学文书中的社会生活

关注医学文献的社会史料价值，从医疗史的角度切入社会史的研究，正逐渐受到史学界各位学者的关注。余新忠的《关注生命——海峡两岸兴起疾病医疗社会史研究》和陈明的《乌发沐首——西域胡语医学文书中的生活习俗例释》等文都是代表性的研究尝试。[①]鲍威尔写本医

---

①余新忠：《关注生命——海峡兴起疾病医疗社会史研究》，《中国社会经济史研究》2001 年第 3 期，第 94—98 页；陈明：《乌发沐首——西域胡语医学文书中的生活习俗例释》，《殊方异药——出土文书与西域医学》，第 214—234 页。

学文书不仅是医学著作，而且强烈映照出以婆罗门为中心的涉及社会观念、伦理道德、节日民俗等印度古代社会生活的众多方面。

一、重男轻女的生育观念

在鲍威尔写本中，虽然第 2 部分第 15 章"促进妇女怀孕"的一整章节缺失，但还是保留了"牛五净酥""心叶黄花稔油""甘露油""小萝卜油""另一种阿育吠陀油""长胡椒渐增长年方"等多个治疗妇女不孕和促进妇女怀孕的药方：

"牛五净"酥（PANCHAGAVYA）

（2.144–2.147）姜黄和小檗、西洋茜草、绒毛叶、胡黄连、白花丹根、酸藤子、长胡椒、药喇叭、菖蒲、印度菝契、青木香、香附子、小豆蔻，甘草，和穿心草各 1 aksha，把它们和牛五净各 1 升混合。这个酥药剂，煎好后服用，可以使人强壮和健康，使女人脸色好看、聪明智慧和强精壮阳。服用它，说话会变清晰，能牢记圣知，声音和肤色明快，不育的妇女容易怀孕。

心叶黄花稔油（BALÂ）

（2.261–2.276）我将描述用心叶黄花稔配制的、主治神经疾病的油。它是阿提耶（Âtreya）被称许的药方组成，并且对不育妇女来说是出色的能够怀孕的药。用 100 婆罗的心叶黄花稔干根、25 婆罗的心叶青牛胆、10 婆罗的一种万代兰属植物，洗净碾碎，在 100 âdhaka 的雨水中煮，直到减少至 1âdhaka。把熬好的药液和（甜）油、带乳清的凝乳、śukta 和糖甘蔗的汁各 1âdhaka，和半个量（即半 âdhaka）的山羊奶，一齐在温火上煮。加入各 1 婆罗下列磨成粉末的药材制成的浆：……在月经期当妇女洗头后可以提供给她们。一个不育的妇女经常服用它可以使之怀孕。它可以被用来改善坏脸色，消除坏运气，增加人的肌肉力和感觉力。总之它是一种吉利的油。

甘露油（AMRITA）

（2.287–2.312a）这两个讲真理的双马童（Aśvins），是众神的医生，被诸天尊敬，已经告知下面出色的促进健康的油方。它能消除所有疾病，适合国王使用，与神仙的食物一样好。在鬼宿（Pushya）仪式时，在祈祷之后，完成洁身仪式，用少量的话请求婆罗门保佑之后，拿出生长在有利地方的甘草根。用四种叶子药的根的新鲜汁液，加入下列药材各4婆罗……它能消除疾病和传递能量给感觉器官。对那些发热和口渴的人来说，它是出色和有效的涂抹剂。它促进老年人头发生长和年轻人身体发育；它能使女人可爱和美丽；并且能使人多子多孙。通过使用这种神仙的食物般的油，妇女易于怀孕……

小萝卜油（MÛLAKA）

（2.312b–2.318a）嫩小萝卜不要叶子，把它们的1âdhaka的汁液和凝乳、大米醋、牛奶和（甜）油各1âdhaka，在温火上煮。加入一种万带兰属植物、心叶黄花稔、蒺藜、石盐、一种辣木属植物、菖蒲、白花丹根、生姜、长胡椒、一种藤芋属植物、一种打印果属植物和一种乌头属植物的浆。这个"小萝卜"油（Mûlaka）被称许对男人瘫痪、大腿麻痹、坐骨神经痛和惊厥中风有益。不育妇女也可以通过它而怀孕。它也能挡开灾难，消除阴囊肿大、膀胱移位和关节阻塞和松弛。所有这些疾病通过服用这种小萝卜油都会被赶走，就像用灵巧实用的刺棒（赶走）一头狂怒的大象。

（XI）另一种阿输乾陀油（AŚVAGANDHÂ）

（2.351–2.366a）1秤的阿输乾陀根切成碎片，在1drona的水中煮，直到减少至最初量的八分之一。然后，加入1斗（âdhaka）的油和4倍量的牛奶，将全部在罐中再次煮，与此同时加入下列药物各1两制成的浆：……现在请听列举使用该药任何形式可以治疗的疾病。子宫有病，……到了青春期还没怀孕，和分娩延期、不孕症、子宫受损害的女性也可。一个（准备同居）不孕的妇女在月经结束后，洗浴全身，以确保受孕。这是无可置疑的。事实上，该药剂应该提供给月经结束已经洗浴全身的妇女。

"长胡椒渐增"（Pippalî–Vardhamâna）长年方

（2.723）这样继续服用（长胡椒），以每天1颗的量递增，直到100颗，然后再来［每天以1颗的量］如此递减。当递减结束后，应该以7夜（为1个周期），分别吃牛奶煮的米饭，然后吃豆子和肉汤煮的米饭。在第3个周期，他可以享用野味肉和甜果汁，还可饮用冷却的、加了有益物质的开水。他应该经常待在避风的地方，避免各种不宜的东西。他可以适当地在食谱中加余甘子以及一些酸的东西，罗望子的果汁或石榴汁。他也应该有规律地洗澡。用此疗法，一个人可以快速地获得健康、精力充沛。妇女可以怀孕，甚至不孕的妇女也将结果。

除了各种促进妇女怀孕的方法，鲍威尔写本中还有两个专门生儿子的药方引起我们的注意：

另一种小萝卜油（MÛLAKA）

（2.319-2.324）凝乳、大米醋、绿豆醋、甘蔗汁、小萝卜汁、（甜）油、枣醋各1prastha，和下列七种药材各1份（即1婆罗）：一种万带兰属植物、心叶黄花稔、阿输乾陀、甘草、生姜、喜马拉雅雪松、木蝴蝶。在牛粪火上慢慢地煮这剂"甘露"，取下放在一边，根据最能发挥其药效的方式而使用它。他们说根据疾病的性质，此药可以和食物一起服用，或作为催吐剂或灌肠剂。对体液混乱引起的腹部肿大和四肢风湿病，它应该用作涂抹剂。还有坐骨神经痛、风混乱引起的腹部肿瘤、子宫不调、内风驱下。据说它还对疝气和脾脏病有益。它是由Vâdvali合成的补药，以"小萝卜"油（Mûlaka）为名。它可以被提供给那些失去男性生殖力的男人和渴望生儿子的妇女使用。

（Ⅶ）第3种"小萝卜油"（MÛLAKA）

（2.325-2.328）小萝卜汁和奶各1升，当煮成凝乳时，加入1升的（甜）油。加入用水和甘草、一种万带兰属植物、桐叶千金藤、糖蜜和生姜各1婆罗散制成的浆，还有1karsha的盐，把整个药物在温火上慢慢煮。当此油煮好时，在饭前服用2婆罗。食物应该准备成简单的素食样式，并且应该有去壳的大豆和稻米。它也被提供给渴望生儿子的妇女。

而阿育吠陀的三大经典之一的《八心集》中也有专门生儿子的方法。其第2卷"身体论"第1章中就有这样的记载：

（一般情况下）精液与月经血两方面正常、和睦相交时（19），用促进男儿诞生的油剂使润滑、行膀胱洗涤，（生健康之胎儿）。①

《八心集》不仅有专门生儿子的油剂，而且还有生儿子的日期规定：

（可能受胎）时期，是（月经开始后）十二日之间，但其中最初的三日间（即）月经中不宜（27）。第 11 夜及偶数之日（交合）生男，其他之日（交合）生女。②

除了提供怎样生儿子的药方、日期等，《八心集》中还记载了专门祈祷生儿子的宗教仪式：

［祈念男儿诞生］的仪式结束后，男食加入酥和牛乳的粥，按照占星师的教诲［先］从右足开始上床。女向男之右侧，从左足开始登床。女应该摄取以胡麻油与豆类为主的食物，唱［如下咒文］：

你是蛇，是生命。使你到处皆在。Dhate 赐予你护持。Vidhrt 护持你，身受梵天之威望。梵天、祈祷主、毗湿奴、苏摩、苏利耶、双马童、Bhaga、蜜多罗、婆楼那，赐给我勇敢的儿子。

（妊娠）第一个月中，胎儿尚未成形，尤其是第七日后称之为 kalala（初胎）。此期间，（即）尚未成形时，应该行祈祷男儿诞生的仪式。盖因人力是伟大的，可凌驾天命（37.38）。月亮位于鬼宿时，应该以金、银或铁做成形，入火中，以牛乳冷却，饮其（牛

---

①转引自廖育群：《阿输吠陀——印度的传统医学》，第 63 页。
②转引自廖育群：《阿输吠陀——印度的传统医学》，第 63 页。

乳）一捧。白芥子的茎与牛膝、心叶青牛胆、kanakandaka、假杜鹃之中，一种、两种、三种或全部，于水中调成糊状，月在鬼宿之日当饮之。[①]

除此之外，鲍威尔写本中还有两处提到药方不能提供给没有儿子的人：

（2.67）它不能给任何无儿子和门徒的人服用，也不能给国王的敌人和任何其他坏良心有罪的人服用。

（2.10）它不能提供给那些无儿子的人，也不能给无兄弟的人，也不能被教给那些无门徒的人。

上述鲍威尔医学写本所反映的印度医学中的大量有关生儿子的药方、仪式与印度古代社会重男轻女的生育观念紧密相关。《摩奴法论》中就有提道：

"忠贞地，虔诚地供养祖宗的法妻，如果求子，就应该以规定吃中祭团。这样她就生一个长命的、有名的、聪明的、有钱的、多子的、富有喜德的和奉行法的儿子。"[②]

"不孕的妻子应该在第八年被更换；其后代已死的，应该在第十年被更换；只生女儿的，在第十一年。"[③]

---

① 转引自廖育群：《阿输吠陀——印度的传统医学》，第 65 页。
② 蒋忠新：《摩奴法论》，第 64 页。
③ 蒋忠新：《摩奴法论》，第 184 页。

"得儿子者得诸界，得孙子者得不朽，得重孙者得太阳的世界。"①

上述材料十分清楚地证明了印度古代社会存在的重男轻女的生育观念。

印度古代社会这种重男轻女的观念使得印度古代社会医事活动会通过药方、宗教仪式等多种方式、手段来达到生儿子的目的。因此，我们会在印度医典和鲍威尔写本中发现诸多怀孕生儿子的方法。

（一）祖宗祭祀的需要

古印度人民认为人生有法、利、欲和解脱四个重要目的，通过赋予世俗生活以宗教意义而将超世俗与世俗统一起来。而怀孕生子是实现人生四个目的十分重要的一个环节。印度《阇罗迦集》用专门一节论述了生育的重要性：

一个人没有孩子，就像一个树光有枝条而没有结果，并像影子带着令人讨厌的气味。

一个人没有孩子，就像稻草人穿着人的衣服。他就像一盏素描的灯［中看不中用］，就像一个干枯的水池。他就好比一块金属，看起来像金子而没有金子的任何属性。一个没有孩子的人，是立不住的、赤裸的、空洞的、独根的和无业行的。

一个人有很多孩子，他是多形相的、多脸面的、多尺度的、多业行的、多眼目的、多智慧的和多心灵的。这种人是吉祥的、值得

① 蒋忠新：《摩奴法论》，第189页。

赞扬和祝福的、有力量的和多分支的。这样的人在世上受人致敬。

爱、力量、幸福、职业优势、广泛的影响、姻亲众多、名声、有益于世间、给后代以幸福、欢乐——这些都有赖于孩子。①

生育儿子主要与祖宗祭祀有关。婆罗门教和印度教强调"祭祀万能"。在古代印度人的一生中,几乎每个大事都与祭祀有关,其中非常重要的就是祖宗祭祀。

《摩奴法典》里谈到"家庭五祭"——梵祭、祖祭、天神祭、精灵祭、人祭,根据朱伟奇的统计,"在家庭五祭的 220 条规定中,有关祖祭的规定就占据了 164 条之多,而位居首位的梵祭则只有寥寥的一条"。②由此不难看出,祖宗祭祀在古代印度社会的确十分重要。

祖宗祭祀之所以如此重要,是因为古代印度社会认为"新亡的人的灵魂不能直接到达祖先世界。儿子必须在第一年内每逢朔日单独为新亡的父亲举行一次这样的祖祭才能将其亡灵超度到祖先的世界。"③《摩奴法论》第 3 章第 72 颂曰"谁不供养天神、客人、家属、祖先和自己五者,谁就是活死人。"④根据印度种姓传统,在人死后的第 11 天到 31 天之间,儿子要举行葬礼献祭(Sraddha),以后每隔一定时期也要举行,敬献水与丧葬饼,并向婆罗门施舍,供养死者使其能早日得到超度。亨

---

① Caraka, *Caraka-Samhitā (Text and English Translation)*, Edited and Translated by Priya Vrat Sharma ect, p. 321.

②朱伟奇、王宁:《从〈摩奴法论〉看印度古代社会价值体系的悖论》,《郑州大学学报》2006 年第 5 期,第 39 页。

③蒋忠新:《摩奴法论》,第 63 页。

④蒋忠新:《摩奴法论》,第 47 页。

利·萨姆纳·梅因指出，"如果印度人结婚了，是为了要有子女，在他死亡后祭祀他；如果他没有子女，他就有最大的责任从其他家族中收养一个子女，'其目的是在'，根据印度博士的说法，'获得葬饼水和庄严的葬礼'，否则祖先就会被排斥出天界之外。"[①] M·德列特在《社会政治思想和制度》一文中也提到"结婚是一个几乎必须履行的人生阶段。宗教与社会的压力使其实际上不可避免。人们被建议起码生育一个儿子，两个儿子则更好，以便至少有一个儿子可以前往伽耶，在那举行灵验的、使逝去的祖先获得永久福祉的葬礼献祭。如果未能生育合法婚生的儿子，成年男子应以一种被认可的方式为自己和父系祖宗收养一个儿子。"[②]

也就是说，印度古代社会认为，只有儿子实行对祖先的神圣责任，才能成就祖先在天界的权利，使祖先完成解脱的人生目标，获得永生，而女儿则无法胜任祭祀祖宗、解脱祖先的重要责任。

（二）继承制度的需要

后嗣不绝和香火不断不仅是祖宗祭祀的宗教需要，而且是印度世俗生活继承制度的需要。因此，印度法典认为，长子出生时，甚至在没有接受净法之前，男子就已经变为父亲而清偿了对祖先的欠债，所以长子应该取得一切。《摩奴法论》第 9 章第 106 颂就规定"长子只要一出生，男子就成为'有子者'，因而不欠祖先债；因此他有权得一切"。[③]

---

①亨利·萨姆纳·梅因著，沈景一译：《古代法》，北京：商务印书馆，1996 年，第 110 页。
②J·邓肯·M·德列特：《社会政治思想和制度》，见 A. L. 巴沙姆主编，闵光沛等译《印度文化史》，上海：商务印书馆，1997 年，第 190 页。
③蒋忠新：《摩奴法论》，第 186 页。

儿子在承担祭祀祖先责任的同时也有继承家族财产的权利。印度的法典强调儿子具有继承权，而女儿则没有继承权。《摩奴法论》中各种长子优先权和嫡出子优先权等继承制度的规定都是在儿子的范畴下讨论。对于没有儿子的人，法论也规定必须先将女儿虚拟成儿子，才能使女儿继承财产。所以就有这样的规定："无男儿者可以下述方式使自己的姑娘为自己生儿子，自语道：'愿他生的男孩变为我的男孩，并对我执行祖灵祭。'"① "若无儿，则可以指定自己的女儿为儿子，姑娘所生的儿子可以获得外祖父的一切财产，但这样的儿子没有嫡长权"。② 只有儿子才有继承权的继承制度是印度社会形成重男轻女的生育观念的另一个原因。

（三）婚姻制度的影响

印度的种姓制度是禁止不同种姓之间通婚的。尤其是高阶种姓的女子下嫁较低种姓的男子，会贬损女方家族的身份荣誉，然而高阶种姓的男子娶较低种姓的女子为妻却不会有此顾忌，他们的子女也不会受到贬抑。也就是说，高阶种姓女子只能跟自己种姓的男子通婚，而越低阶种姓的女子却可以跟所有的种姓男子通婚。也就是说，婆罗门的女性只能跟自己本种姓的男子结婚，而首陀罗的女性却可以跟四个种姓的男子结婚。

这种制度造成的结果，用韦伯的话说，"结果是，低阶种姓女子拥有一个广大的婚姻市场，并且越低阶者越大，反观最高阶种姓的女子，其婚姻范围却仅局限于自己的种姓内。更甚者，由于低阶种姓女子的竞

---

① 蒋忠新：《摩奴法论》，第 187 页。
② 蒋忠新：《摩奴法论》，第 188 页。

争，即使是在这个有限的婚姻市场里，她们也未必一定能独占。这导致低阶种姓的女子因需求甚殷而抬高出嫁的身价，并因而多少造成一妻多夫制的现象；相反，高阶种姓的女子则难于找到身份相当的夫婿，并且越是难找到，未能及时成婚也就越是失婚女子及其父母的耻辱。女孩的父母亲必须以极为可观的妆奁来买一个女婿，而女婿的招募则成为父母自女儿幼时便最为担忧的事。事情最后发展到，女孩子如果长到青春期还未能找到夫家，那么简直就是一种'罪恶'"。[①]

祖宗祭祀的需要、继承制度的要求、婚姻制度的影响等原因共同造成了印度社会重男轻女的生育观念，而这种生育观念深刻影响到印度的医事活动，促进怀孕、生子药方和仪式的出现。鲍威尔写本中简单的生子药方的背后隐藏的是社会宗教、继承、婚姻等复杂的社会现象。这正是鲍威尔写本医学文书的社会史价值。

二、以婆罗门为中心的社会道德及价值取向

国内研究印度社会道德的学者较少，主要原因是材料的缺乏。极个别的论文也多是利用《摩奴法论》等资料。实际上在印度医学文献中的一些材料，十分强烈地反映着印度社会以婆罗门为中心的社会道德和价值取向。在鲍威尔写本医学文书中，就有两条涉及印度社会道德及价值取向的材料引起我们的注意。在谈到药方使用时，鲍威尔写本第 1 部分在提到一个药丸方剂时指出：

（1.67）它不能给任何无儿子和门徒的人服用，也不能给国王

---

①马克斯·韦伯著，康乐、简惠美译：《印度的宗教——印度教与佛教》，第 54 页。

的敌人和任何其他坏良心有罪的人服用。

第 2 部分《精髓集》的导言中也提道：

（1.10）它不能提供给那些无儿子的人，也不能给无兄弟的人，
也不能被教给那些无门徒的人。

医学文献中出现这种明显反映印度道德和价值取向的材料，与印度
文化中道德具有以婆罗门为中心的"以证悟解脱为目的"的宗教性和重
要性有直接关系。

在印度，其一切政治法律、医学文学、生活习俗和道德伦理都包含
在宗教的范畴之内。婆罗门教或印度教对印度社会道德和价值观的形成
产生了巨大的影响，其教义和禁忌不断强化成人们的道德观念和价值取
向。

婆罗门教或印度教认为，人生有利、欲、法、解脱 4 个目的。这 4
个目的分别与人的四重性——肉体、意识、理智、灵魂相对应。"利"
的目的——物质财富，这是人体健康发展必不可少的；"欲"的目
的——欲望的满足，特别是夫妻生活性爱的满足，这使人的心理能够保
持健全和正常的状态；"法"的目的——道德标准，这使人的个性在理
智上得到发展和提高；人生的最后目的——"解脱"，精神上的彻底解
放，这使人在精神上达到至善至高的境界。①道德或法，是为了促使人

---

① I. C. 沙尔玛著，巫白慧译：《印度伦理学》，《哲学译丛》1980 年第 3 期，第 21 页。

性在理智上得到发展和提高，实现人生的目的，因此，法被认为高于利和欲。

婆罗门教或印度教将法或道德总结为真理、公正、仁慈、博爱、同仁感、勇气、智慧、节制和忍耐，并将其作为人生最高的目的。婆罗门教或印度教认为，真理、公正、仁慈、博爱、同仁感、勇气、智慧、节制和忍耐的道德标准有助于人们全面地、充分地利用和享受世俗的价值——财富和爱欲；同时，这种道德标准还能引导人们走向精神上的真正醒觉和解脱。道德标准架起了利、欲的物质现实和解脱的精神现实之间的桥梁，将人的肉体、意识和灵魂统一成一个整体。由此可见，印度文化里道德十分重要。

印度社会将真理、公正、仁慈、博爱、同仁感、勇气、智慧、节制和忍耐的道德标准通过宗教教义和禁忌等强化为人们的行为规范和准则，使之影响着人们生活、习俗、教育、医事等日常生活的方方面面。以上述鲍威尔写本医学文书为例，在印度医疗活动中，无论是规定什么样的人可以学习医学、还是规定可以治疗什么样的人或不能治疗什么样的人，都强烈地反映着印度以婆罗门为中心的社会道德和价值取向。通过分析印度医事活动中的道德要求，我们可以管窥印度整个社会的道德准则和价值取向。

与中国儒家讲究"有教无类"不同，印度阿育吠陀规定，无论是传授医学的老师还是允许入门的学生，都必须达到一定的道德标准。例如《阇罗迦集》第8章第19节对老师就有规定：

　　……一定要选择老师。即——声名广播，临床经验丰富，有才能，认真，干净，手巧，医疗器具齐备，感觉功能与举止正常，知道事物的本质，懂得事物的因果，其"知"未受污染，没有私欲，不自满，不喜发脾气，能吃苦，对待弟子如同爱子，是好先生，具有传授知识的能力——这样的老师。具备这种德行的老师，就像应时节的云雨将农作物所需的"德"带给土地一样，将作为医生的德行迅速地教给弟子。[①]

《阇罗迦集》不仅对老师的德行有要求，对允许入门学习阿育吠陀的弟子也有一系列要求。首先是关于弟子种姓和门第的规定：

婆罗门可收三种姓的弟子，刹帝利可收刹帝利和吠舍两种姓的弟子，吠舍只能收吠舍为弟子。或者曰：虽为首陀罗，如果生在良家、属资质优良的子弟，唱咒文、行仪式，则可使其入门。[②]

符合种姓和门第要求的青年，其自身还要达到一定的道德标准：

出生在婆罗门、刹帝利、吠舍种姓之家的青年，并且要无恶习、有勇气、纯洁、行为规距、守纪律；具有技能、体力、脑力、意志力、记忆力、理解力、悟性；舌、唇、齿薄，口、眼、鼻正直；心、语、动作缓慢；又可以忍耐痛苦，医师应将符合这些条件

---

① Caraka, *Caraka-Samhitā（Text and English Translation）*, Edited and Translated by Priya Vrat Sharma ect.

② Kaviraj Kunjalal Bhishagratna, *Suśruta Samhitā: Text with English Translation*, Prologued and Edited by Dr. Laxmidhar Dwivedi, vol. 1.

的青年收于门下。有相反特质的，不可以接收。①

　　具有智慧的老师应该首先考核弟子。即：沉着稳重，品质高贵，行为不卑，……意志坚强，有智慧，具判断力与记忆力，性情亲切，出生在了解阿育吠陀的门第，或以阿育吠陀为职业，献身真理，……谦虚，不骄傲，……不贪心，不怠惰，期盼一切众生幸福，遵从老师的一切教诲，对老师怀有爱心——具有这样德行的人，是可以被传授的人。②

然后，在学习的过程中，弟子还要坚持一定的道德要求：

　　应该这样三次将弟子引导至火的周围，以火为证人，训导如下：舍弃爱欲、忿怒、贪欲、愚痴、骄慢、自满、嫉妒、粗言、诽谤、虚言、懒惰等可耻的行为；……应该成为真挚、履行誓言、梵行、有礼敬言者；……③

　　因为阿育吠陀的彼岸是不能轻易到达的，所以应该认真不怠地时刻努力、奋进。……然后还应没有嫉妒心地从别人身上学习正确的行为。原因在于即使被没有智慧的人视为敌人的人，但是在有智慧者看来，世界上的所有人都是老师。因为即使是敌人的话，只要

---

① Kaviraj Kunjalal Bhishagratna, *Suśruta Samhitā: Text with English Translation*, Prologued and Edited by Dr. Laxmidhar Dwivedi, vol. 1.

② Caraka, *Caraka-Samhitā (Text and English Translation)*, Edited and Translated by Priya Vrat Sharma ect.

③ Kaviraj Kunjalal Bhishagratna, *Suśruta Samhitā: Text with English Translation*, Prologued and Edited by Dr. Laxmidhar Dwivedi, vol. 1.

是指向幸福、能带来名誉、带来长寿，有养分、有益于世人，就应该听，应该遵从。[①]

有勇气、无恶习、有意志力、有智慧、谦虚、沉稳、不怕吃苦等，这些虽然是对阿育吠陀医师和弟子的道德要求，却从侧面反映了印度古代社会的道德标准。爱欲、忿怒、贪欲、愚痴、骄慢、自满、嫉妒、粗言、诽谤、虚言、懒惰等被认为是必须要舍弃的可耻行为。印度古代社会区分好坏的标准则是"只要导向幸福、带来名誉、带来长寿，称为营养、有益于世"。这与印度婆罗门教规定的人生的四大目的完全一致。

从上述材料我们可以看到，印度社会对于道德十分看重。这种重视在《摩奴法论》中同样比比皆是。例如在印度的财产继承中同样规定了继承人要有一定的品德。"长兄道德卓越者，可取得全部遗产，其他弟兄们应该生活在他的监护之下，一如生活在父亲的监护下"，[②]这里就规定了长兄必须道德卓越才能获得遗产。

除了对医师和弟子有道德要求外，印度阿育吠陀中对于施治对象的规定也强烈地反映了其社会道德取向。例如，《阇罗迦集》就有这样的规定：

在任何时候都不要治疗王所厌恶或厌恶王，被要人所厌恶或厌恶要人者。同样，不得治疗所有极度畸形的病人、患应避忌之病的

---

① Caraka, *Caraka-Samhitā* (*Text and English Translation*), Edited and Translated by Priya Vrat Sharma ect.

②蒋忠新：《摩奴法论》，第186页。

人、行为不端阿谀奉承的人、遭诽谤而不反驳之人、无监护人的妇女。①

《妙闻本集》第 1 卷第 2 章《学生入门章》也有类似的规定：

> 对婆罗门、师长、贫穷者、朋友、出家人、食客、善人、鳏寡孤独及来投靠者，应该视如亲戚、施医给药，如此则为有德之士。对狩猎者、捕禽者、非人及罪人不予治疗。如此学显一世，可得友、誉、德、富、爱。②

由此可见，行为不端和阿谀奉承的人、遭诽谤而不反驳的人、无监护人的妇女都是被印度社会所排斥的人，而且狩猎者、捕禽者、非人及罪人也被认为是不应该被治疗的人。此外，鲍威尔写本医学文书中提到，一个人如果没有儿子、兄弟和门徒，也被认为是不好的，而坏良心有罪的人更是被印度社会所排斥。

总之，印度医学中所反映的道德规范和价值取向，是印度整个社会以婆罗门为中心的道德的渗透和映照。我们从社会道德和价值取向的角度深入挖掘鲍威尔写本医学文书中的某些医事行为规定背后的社会意义，会对印度古代的社会生活有更深刻的认识。

---

① Caraka，*Caraka-Samhitā（Text and English Translation）*, Edited and Translated by Priya Vrat Sharma ect.

② Kaviraj Kunjalal Bhishagratna, *Suśruta Samhitā: Text with English Translation*, Prologued and Edited by Dr. Laxmidhar Dwivedi, vol. 1, P. 61.

三、医事活动与节日习俗

宗教和社会伦理道德等会影响医事活动，同样，医事活动也会影响宗教和社会习俗。比如，在阿育吠陀医学中的七种病因里，如果是因为超自然力而产生的疾病，就要通过一定的宗教仪式才能消除。这种治疗疾病的宗教仪式在人们生活中不断出现并强化，就会成为人们的生活习俗。比如，《妙闻本集》中就有这样的例子：

> 作为"时"，即便是在顺调的季节，亦有因吉遮之诅、罗刹之怒，以及罪业而使人民烦恼之事。……或又因宿曜之运行，及家、妻、卧、坐、乘、驮、宝、珠、什物显不吉之症候，而为上述之病所侵。在这种情况下，应离开疾病的流行地，行袚襀、赎罪的仪式，唱咒文，举行护摩的仪式，供奉牺牲，合掌礼拜，行苦行、内制、慈善、布施、献堂，归依神、婆罗门、师长如是可除殃祸。[1]

又如，陈明在《殊方异药——出土文书与西域医学》一书中，就专门从西域胡语医学文书中的乌发方出发，讨论了古代西域社会流行乌发沐首的生活习俗。[2]

此外，阿育吠陀认为，因为某些药物对身体十分重要，所以健康的人可以在固定的某个季节食用，从而形成某些生活习俗。例如大蒜，《医理精华》中就提到"除了酸味，还有五种味道存在于大蒜中。大蒜

---

① 转引自廖育群：《阿输吠陀——印度的传统医学》，第90页。
② 陈明：《殊方异药——出土文书与西域医学》，第214—234页。

祛风和痰。它与（别的）药相混合，去三种体液。一个健康的人希望自己更加身强力壮，就应该在春季第 2 个月吃大蒜"。① 这种在春季第 2 个月吃大蒜的习俗在鲍威尔写本中有详细的记载：

（1.10-1.11）从前阿修罗主（As、urendra）饮服了［搅乳海而得］来的甘露；神圣的毗湿奴砍下了他的头。他的咽喉仍与活着的头连在一起；一滴（甘露）滴落到地上，血滴落到地上，［长出了大蒜］这就是它（大蒜）法的最初起源。

（1.12）因此，婆罗门不能吃它，因为它的起源和［活的］身体有关；其邪恶的气味也被精通圣知者认为是出于同样的原因。

（1.13）由于缺乏咸味，人们叫它 Raśûna；它的 Laśuna 的名称尽人皆知。有何必要说出它在不同地区的语言中的诸多名称呢？只需要因为其药用的重要性而听取它的味道、特征和药力。

（1.14）在品尝和消化时，大蒜据说是辛辣的，但在消化时它也被说成是甜的；它是轻的，正如它的气味所示，它难于消化；至于它的药力，它是热性的，并且它作为一种春药（壮阳剂）而闻名。

（1.15）因为它的酸性，热性和油性，它被最一流的仙人们认为它能祛风；并且因为它的甜性和苦性，正如它的味道所表现出的，它也被认为能驱胆（能驱除被搅乱的二合的体液）。又因为它的热性、辛辣性和刺激性，它被有学问的人说成是可以祛痰。它因而被"生主"指出能驱除三种（被搅乱）的体液，治疗一切疾病。

① 陈明：《印度梵文医典〈医理精华〉研究》，第 519 页。

（1.16）当它已经进入骨内时，它能祛风，同样调整胆汁性体液到它（即它的缺点）不再持续时；它同样能极大地促进消化，并被当作是恢复精力与活力的出色方法。

（1.17）至今下面的大蒜节日被那些渴望舒服地享用各种美酒、肉、酥（清黄油）、大小麦的人在寒季（冬季两个月）和春季的两个月——制呾罗月和吠舍佉月内庆祝。

（1.18）当女人为征服男人，解开漂亮的腰带，脱下胸部的项链，而［感到冬季］那令人痛苦的寒冷；当在某人家做客时与月光接触的享乐不被渴望时；以及当阿魏备受珍重和身体用藏红花粉（Kumkuma，郁金香）涂抹时，它（大蒜）［的节日］应该举行。

（1.19）然后，一串串带球茎的大蒜花环应该被悬挂在房顶、门口和窗户上，大蒜将会被放在地上举行祭祀仪式。全家人戴上用大蒜做成的项圈。这就是'庆祝这个节日'的方式，人们称之为无与伦比的（Svalpôvamâ）。

关于鲍威尔写本这段对大蒜起源、名字、性质和大蒜节日的仪式的记载，季羡林曾经在《新疆的甘蔗种植和沙糖应用》一文中指出，鲍威尔写本"全书很多地方都讲到大蒜，在一开始用了很长的篇幅专门讲蒜，把大蒜的药用价值吹得神乎其神"。[①]姑且不论鲍威尔写本对大蒜的药用价值是否"吹得神乎其神"，中国文献中有关大蒜的神奇妙用也有很多记载。例如《南史·褚澄传》载：

---

①季羡林：《新疆的甘蔗种植和沙糖应用》，《文物》1998 年第 2 期，第 40 页。

　　澄善医术。建元中，为吴郡太守，百姓李道念以公事到郡，澄见谓曰：'汝有重疾。'答曰：'旧有冷疾，至今五年，众医不差。'澄为诊脉，谓曰：'汝病非冷非热，当是食白瀹鸡子过多。'令取苏一升煮食之，始一服，乃吐出一物，如升，涎裹之动，开看是鸡雏，羽翅爪距具足，能行走。澄曰：'此未尽。'更服行余药，又吐得如向者鸡十三头，而病都差，当时称妙。豫章王感病，高帝召澄为疗，立愈。[①]

　　这里本文并不打算讨论大蒜的药用价值究竟如何，而是想指出，鲍威尔写本这段有关大蒜的记载不仅仅是简单的医学材料，更是非常珍贵的民俗史料。

　　任何节日民俗都有一定的由来，表达了人们辟邪或祈求的美好追求。鲍威尔写本这段材料首先讲了大蒜的起源，其认为大蒜来自饮服了搅乳海而被毗湿奴砍掉头的阿修罗主的血液。有关大蒜的起源故事，在印度很多医典中都有记载。史诗《摩诃婆罗多》中有众神搅乳海的故事。随后，因为大蒜具有酸、热、油等不同的性能，所以大蒜能够驱除三体液失调，治疗一切疾病。因为大蒜具有如此大的药用价值和功效，有利于人们的健康，所以人们通过食用大蒜来驱除疾病，获得健康。这应该就是大蒜节日习俗的起源。通过大蒜节日习俗的起源，我们可以看到医事活动是如何影响人们的观念从而影响人们的行为，进而逐渐形成一种节日民俗。

---

①［唐］李延寿：《南史》，北京：中华书局，1975年，第756页。

任何节日民俗都要与天时、物候的周期转换相适应，在每年固定的时令举行。大蒜节日既然能称为一种节日习俗，自然也有其时间规定。鲍威尔写本在说明了大蒜节日的起源后，又进一步详细规定了大蒜节日的举行时间，即要在寒季（冬季两个月）和春季的两个月——制呾罗月（Caitra，即 Madhu）和吠舍佉月（Vaiśākha，即 Mâdhava）内庆祝。关于这两个月的特点，为了让人们对于大蒜节日的时间有更形象的感知，鲍威尔写本还进行了详细的说明。具体来说，就是女人脱衣服和在月光下赏月感到寒冷时，以及阿魏开始被使用和身体开始涂抹藏红花的时候。古代只有有知识的上层社会人士懂得历法，普通百姓更多的是靠各种生活经验和岁时生活习俗来区分时令。鲍威尔写本对大蒜节日具体时间的解释应该就是出于此种考虑。

在介绍了大蒜节日的起源和时间后，鲍威尔写本又进一步介绍了大蒜节日的仪式。其中包括在房顶、门口、窗户悬挂大蒜，将大蒜放在地上进行祭祀仪式，脖子上佩戴大蒜。在门口挂大蒜驱病的习俗在印度笈多时代的塞种人和贵霜人中就有流行。无独有偶，中国历史文献中也有门口挂大蒜的习俗记载。清雍正《广东通志》（郝志）就记载说："正月十九日挂蒜于门以辟恶，广州谓为天穿日。作傅麨祷神，曰补天穿。"在广东惠州、江浙一带，这一习俗代代相沿流传至今。

小　结

鲍威尔写本医学文书与《耆婆书》《梵文医典》等印度古代医籍相比，非常大的一个区别是，鲍威尔写本中保留了很多有关印度社会神灵崇拜、宗教仪轨等宗教内容，以及社会生活、道德伦理、节日习俗等社会史的信息。学界加强对医学社会史的研究，将以鲍威尔写本医学文书为代表的印度和西域医学文书放在社会生活史的大背景下进行考察，才能更深入地了解印度和西域文化中关于疾病、医疗的一些社会观念和民俗仪轨的产生根源，增强对印度和西域社会史的认识。这也是鲍威尔写本医学文书的社会史研究价值所在。

第五章　鲍威尔写本骰子占卜辞与印度古代社会

　　关于骰子占卜，学术界关注较少，其主要原因是资料很少。目前学术界公认的最早的骰子占卜文书是敦煌藏经洞出土的吐蕃时期藏文写卷 ch.9.II.19 号。事实上，鲍威尔写本骰子占卜辞的年代为 4 世纪左右，是目前已知年代最早的骰子占卜辞，其内容保存相当完整，涉及政治、战争、商贸、出行、会议、友情、婚姻、恋爱、健康、宗教仪式等印度古代社会生活的方方面面，论及不同社会阶层，且比敦煌藏文骰子占卜辞更加丰富和生活化，研究价值很高。本章将探讨鲍威尔写本骰子占卜辞所揭示的骰子占卜的工具和方法，并试图从社会史的角度来对占卜辞的内容进行研究。

第一节　骰子占卜的历史与发展

一、中国的骰子占卜

　　骰，本读"投"，字亦作"投"，《广韵》谓骰"音度侯切"，"骰，骰子，博陆采具"。《正字通·骨部》谓"骰取投掷义，俗读色"。骰从字面看，就是一种骨制的投子。《古文苑·〈班固奕旨〉》云："夫博悬于投，不专在行。"章樵注"投，今作骰，博具也，以骨为之。"《现代汉语大字典》解释为"骰子是博具，也可用以占卜、行酒令和游戏。多以骨制成，为小正方块，六面分刻一、二、三、四、五、六点，一四点涂红色，余涂黑色。掷之视所见点数或颜色为胜负。古又称投子、色子"。

投子（又称采）主要是在六博等游戏中使用。六博为中国最早的赌博形式，使用投子（采）作为投掷工具，依所投掷的彩数进行游戏。中国在魏晋之前并没有"骰子"。六博游戏中使用的投子主要是与正方体带点骰子不一样的"箸""究""琼""茕"等。

"箸"又称究，由细长的半边竹管制成，用金属粉、铜丝或其他物质填在中空部分，外涂漆，其断面为新月形"凹"。每局六博用六根或两根箸，投掷时每箸有两面。《西京杂记》卷四就有记载："法用六箸，或谓之究，以竹为之，长六分。或用二箸。"[1]湖北江陵凤凰山 8 号西汉墓、湖北云梦睡虎地 11 号和 13 号秦墓，都曾各自出土 6 只这种箸。[2]琼是一种用木制、玉制或骨制，中部为五面体，两头大概为长方形的投子。《后汉书·梁冀传》引鲍宏《博经》称"琼有五采，刻为一画者谓之塞，刻为两画者谓之白，刻为三画者谓之黑，一边不刻者五塞之间，

---

[1]［汉］刘歆撰，［晋］葛洪辑，向新阳等校注：《西京杂记》，上海：上海古籍出版社，1991 年，第 275 页。

[2]长江流域第二期文物考古工作人员训练班：《湖北江陵凤凰山西汉墓发掘简报》，《文物》1974 年第 6 期，第 51 页；《云梦睡虎地秦墓》编写组：《云梦睡虎地秦墓》，北京：文物出版社，1981 年，第 156 页。

谓之五塞"。①凳的形状为球形十八面体，通常其中两面刻文字，表示输赢，其余面刻数字一至十六。山东临淄汉初齐王墓就曾出土两件凳，铜制错银，空心，一面错"妻男"，对面错"骄"。②长沙马王堆 3 号西汉墓也出土过 1 个木制凳，直径 4.5 厘米，一面印刻"骄"，对着的另一面印刻"妻畏"，其余各面刻数字一至十六。③江陵凤凰山十号西汉墓出土相同的 1 枚凳，只是"妻畏"刻写成"妻黑"。④

除了六博，在一种樗蒲博戏中，也使用一种投，叫作"五木"。宋人程大昌《演繁露》卷六《投五木琼橄玖骰》记载了这种"五木"投子的形状和用法："五子之形，两头尖锐，中间平光，状似今之杏仁。惟其尖锐，故可转跃，惟其平广，故可镂采也。凡一子悉为两面，其一面涂黑，黑之上画牛犊以为之章，犊者，牛也；一面涂白，白之上即 画雉，雉者，野鸡也"。⑤樗蒲博戏主要是按照五子黑白两面的组合行棋。

正方形骨制的投子"骰子"在中国的出现时间，大约是在魏晋时期。目前为止，有记载的最早的骰子是常任侠在《从游戏玩具上看中印古代文化的关系》一文中提到的出自浙江余姚晋墓中的一颗方寸大的瓷骰子。他在文中提到"从东晋遗存的古磁中，曾见一颗方寸大的骰子，与古代埃及、罗马和印度的古迹中所发掘的骰子，以及现代中国和印度

①［宋］范晔著，［唐］李贤等注：《后汉书》，北京：中华书局，1965 年，第 171 页。

②山东临淄市博物馆：《西汉齐王墓随葬器物坑》，《考古学报》1985 年第 2 期，第 242 页。

③湖南省博物馆、中国科学院考古研究所：《长沙马王堆二、三号汉墓发掘简报》，《文物》1974 年第 7 期，第 45 页。

④长江流域第二期文物考古工作人员训练班：《湖北江陵凤凰山西汉墓发掘简报》，《文物》1974 年第 6 期，第 50 页。

⑤［宋］程大昌：《演繁露》，北京：中华书局，1991 年，第 198 页。

的骰子完全相同。这骰子出自浙江余姚的晋墓中（余姚晋墓所出古磁骰子原为艺专教授李超士所藏，1943 年在重庆售予卫聚贤，1949 年后不知所在）"。①

文献中通常认为，骰子为三国时曹植制造。《声谱》有云"陈思王制骰子二，至唐末有叶子之戏，遂加骰子至六"；《潜确类书》也有"陈思王造双陆，用二子，以骨为之"的记载。②而常任侠则提出"中国的骰子，与西方文化也有关系，特别是同印度的关系很深"，③认为骰子是魏晋时候从印度的舶来品。罗新本在《成都出土"四点施朱"骰子考论》一文中认为骰子是与双陆一起传入的。④双陆是印度的一种博戏。《谱双·史始》有云"考之竺贝，双陆出天竺，名为婆罗塞戏，然则外国有此戏久矣，其流入中国则曹植始之也"。宋代洪遵《谱双·序》"双陆最近古，号雅戏，以传记考之，获四名：曰握槊，曰长行，曰婆罗塞，曰双陆，盖始于天竺，流于曹魏，盛于梁陈魏齐隋唐之间"。双陆中所用的投就是正方形的骰子。唐刘禹锡《观博》一文中有明确的记载："握槊之博齿（即骰子），其制用骨，觚棱四均。"不管骰子是否和双陆一起传入中国，总之在魏晋时，中国已经出现骰子。

从唐代开始，骰子已经取代其他投子，成为主要的采具。温庭筠《南歌子词二首》其二有云"井底点灯深烛伊，共郎长行莫围棋，玲珑

---

①常任侠:《从游戏玩具上看中印古代文化的关系》,《常任侠文集》卷三,合肥:安徽教育出版社,2002 年,第 285 页。(原载于常任侠:《中印艺术因缘》,上海:上海出版社,1955 年,第 72 页。)

②[明]陈仁锡:《潜确类书》,北京:北京出版社,2001 年,第 218 页。

③常任侠:《从游戏玩具上看中印古代文化的关系》,第 52 页。

④罗新本、许蓉生:《成都出土"四点施朱"骰子考论》,《四川文物》1993 年第 5 期,第 17 页。

骰子安红豆，入骨相思知不知"。①《投五木琼榄玖骰》谓："唐世则镂骨为窍，朱墨杂涂，数以为采。亦有出意为巧者，取相思红子纳置窍中，使其色明显而易见。"②

　　骰子在唐玄宗以前，与印度、西方及现代的骰子一样，都是只有"幺点"涂红，其余为黑。到唐玄宗时，骰子由"幺"点一面涂红色变成"幺点""四点"两面涂红。据史书记载，唐玄宗与杨贵妃玩博戏时，将要败北，惟有投四点方能取胜。结果在唐玄宗的呼唤下，骰子果然投出四点。唐玄宗由于高兴便命令高力士将四点涂红，从此"四点涂朱"的骰子开始流传。《潘氏纪闻谭》就有谓"自投子以饰四朱者，因明皇与贵妃彩战，将北，惟重四可转败为胜，上掷而连呼叱之，宛转良久，而成重四，上大悦，令高力士赐四绯也"。③清赵翼《陔余丛考》卷三十三引《言鲭》"唐时投琼，维'幺'一点加红，余五子皆黑色。明皇与贵妃彩战，将北，惟'四'可解，有一子旋转未定，连叱之，果成'四'。上悦，顾高力士令赐绯，遂相沿至今云"。④唐代张读《宣室志》"东都陶化里有空宅，太和中，张秀才借居肆业，夜深见道士与僧徒各十五人从堂中出，形容长短皆相似，排作六行"。"良久，别有二物展转于地，每一物各有二十一眼，内四眼剡剡如火色，相驰逐，而目光眩转，砉然有声"。⑤这里"内四眼剡剡如火色"指的就是"四点涂朱"的

---

①［唐］温庭筠：《南歌子词二首》,《全唐诗》第五册，北京：中华书局，1960年，第68页。

②［宋］程大昌：《演繁露》，第198页。

③［明］陈仁锡：《潜确类书》，北京：北京出版社，2001年，第241页。

④［清］赵翼：《陔余丛考》，北京：中华书局，2006年，第157页。

⑤［唐］李冗、张读撰，张永钦、侯志明点校：《独异志　宣室志》，北京：中华书局，1983年，第78页。

骰子。无独有偶，1986 年，成都指挥街古代遗址唐宋层中就出土一枚骨制的"四点施朱"的骰子，证实了文献的相关记载。[①]

二、其他地区的骰子占卜

骰子不仅在我国存在，其在埃及、印度等地都有记载和发现。美索不达米亚曾出土一枚公元前 2750 年的陶质骰子，埃及古墓曾发现 4000 年以上的骰子，古庞贝遗址中甚至发现赌博中用于作伪的灌铅骰子。古印度吠陀时代的颂神诗集《梨俱吠陀》和梵文史诗《摩诃婆罗多》，明确记载了骰子及骰子赌博。古印度摩揭陀王国首都王舍城遗址上出土了一枚公元前 6、7 世纪的红陶烧制骰子。新疆若羌地区出土的吐蕃文物中也有骰子。

骰子现在被人所熟知，主要是作为赌博和游戏的工具。在有些地区还十分流行一种打骰子的娱乐活动。这种打骰子活动是以一对骰子、骰盘、筹码、64 个小贝壳、1 个骰拏组成，分 2、3、4、6 人局之分，通过掷骰子的点数来增加和减少自己和对方的筹码，直到杀尽对方筹码自己胜出为止。

但是，骰子在作为娱乐活动之前，最初是在宗教占卜活动中扮演重要角色。占卜是指占卜者用自然的、机械的或人为的工具和方法，向神询问过去或将来人事和其他事物的结果，并根据在占卜工具上所显示出来的兆文、信号等判断吉凶祸福，认为上述信号就是鬼神的意思。人们将这些占卜得来的信息作为自己行为的指南。占卜有五行占、风水占、鸟占、羊肩胛骨占、梦占、水占、佛教类占卜等各种各样的形式。骰子

---

① 罗二虎、徐鹏章：《成都指挥街唐宋遗址发掘报告》，《南方民族考古》1990 年，第 285 页。

占卜是以骰子作为占卜工具进行的一种占卜方法。

骰子占卜究竟起源于何时，我们已经无法考证。但是在各种古老文明的记载中，都有骰子占卜的身影。《旧约·利未书》第 16 章就有记载："于是上帝对摩西说：'这片土地'将要由掷骰子的方式来划分，……人们的份额将由骰子数决定。"汪德尔在《西藏佛教》中写道："骰子占卜在印度吠陀时代即有存在，这种骰子占卜法在佛教传入吐蕃前，即已传入东北藏，因为使其具有苯波之特征。"而苯教经典《猫九眼》记载苯教祖师辛饶米沃且和恭孜两人相遇的情景时，就谈到当时人们用华丽的垫子和精制的骰子打卦。

至于中国、埃及和印度的骰子占卜究竟是彼此传入影响，还是各自起源，由于关于骰子占卜的资料有限，我们目前还不能做更深入的研究。但可以肯定的是，印度在吠陀时代就已经出现骰子占卜。佛教产生后，虽然佛陀起初反对各种占卜，但是随着大乘佛教的发展和婆罗门教的复兴，佛教也逐渐吸收一些占卜法，其中就包括骰子占卜。4—6 世纪的鲍威尔写本骰子占卜辞在新疆库车的发现，说明随着佛教的传播，骰子占卜也已经传到了中国新疆。

至于西藏，应该在苯波时期就已经有骰子占卜的存在。吐蕃时期，随着佛教的传入，苯波教色彩的骰子占卜开始受到印度佛教的影响，并且在这一时期，出现骰子占卜的文献。敦煌藏经洞出土的吐蕃时期藏文写卷 ch.9.II.19 号（I.O.740 号）骰子占卜辞就证明了这一点。

总之，虽然相关的历史资料比较少，但是骰子占卜作为一种占卜方式，在历史上确实存在过。随着出土文物和相关资料的发现，我们相信有关骰子占卜的历史研究会有更多进展。

第二节 骰子占卜方法考

一、骰子占卜工具

从现存的骰子占卜辞，我们可以看到，古代的骰子占卜所使用的卜具，并不是现在看到的六面正方体骰子，而是四面骰子，其四个面分别表示 1、2、3、4。王尧、陈践在《三探吐蕃卜辞》一文中，根据每个卜辞前面呈现的〇，〇〇，〇〇〇，〇〇〇〇推断，骰子占卜所使用的卜具是一种四面骰子，中间穿一中轴，通过转动中轴使骰子降落呈现所需点数。[①]霍恩勒根据鲍威尔写本中的卜辞也认为，占卜所用的骰子是一种四面体，认为这种骰子可能是六面体拉长的形式，四面长方两头圆。[②]

关于这种四面体的骰子，考古学家曾在出土的古埃及坟墓的壁上，发现绘有用羊的后足跟制成的骰子。这种骨头有 4 个面，并不对称，每次投掷会落在 4 个面之 1 面上。而且骰子的古希腊文为 Tesserae，拉丁文写作 Tessera，其原意就是"四"，这说明骰子原本就是一个四方体的物体。周锡银、望朔在《藏族的骰子卜》一文中提到作者曾在甘孜县一个拖坝的寺庙看到一幅壁画，上面画着三个藏族男子在掷骰子，所掷的骰子为四面，上下的锥面不太凸，但是并没有保留图像资料。

---

①王尧、陈践：《三探吐蕃卜辞——伦敦印度事务部图书馆所藏藏文占卜文书译释》，《青海社会科学》1987 年，第 3 期，第 77 页。

② A. F. Rudolf Hoernle, *The Bower Manuscript*, vol. 1, p. xei.

巧合的是，19 世纪末 20 世纪初，外国探险家在新疆考察时，在出土鲍威尔写本骰子占卜辞的新疆库车同样发现了四面骰子。伯希和就曾在库车的寺院遗址中发现了这种骰子。《伯希和西域探险记》有记载：

> 6 月 4 日，星期五。在大院后面的一个小房子中，找到了一颗呈立方形的珠子，上面的每一侧都分别标有 1、2、3、4。它无疑是一种赌具。该物是种象牙制品。[①]

斯坦因在《沙埋和阗废墟》也有发现四面骰子的记载：

> 很多羊膝关节骨被染成红色和黄色，说明骰子这种简单的娱乐在当地很受欢迎。此外，还发现了一枚现今印度仍流行的特殊的长方形象牙骰子，四面刻着圆形的窝。[②]

虽然我们并没有看到四面骰子的实物，但是可以肯定的是，在 4—6 世纪的新疆和 6—9 世纪的西藏，骰子占卜的确是使用一种四面骰子的卜具。

二、骰子占卜操作方法

关于骰子占卜时用几枚骰子成卦，学术界一直有不同的意见。王尧等推测认为是用 1 枚骰子，3 次成卦。托马斯在《东北藏古代民间文

[①]伯希和著，耿昇译：《伯希和西域探险记》，昆明：云南人民出版社，2001 年，第 245 页。

[②]奥里尔·斯坦因著，殷晴译：《沙埋和阗废墟记》，乌鲁木齐：新疆美术摄影出版社，1994 年，第 251 页。

学》一书中认为是使用3个骰子1次成卦。但不管哪种观点，都只是一种推测，没有确凿的资料证明。但是从鲍威尔写本骰子占卜辞中，我们可以肯定，这种占卜使用的是1枚骰子，投掷3次，成一卦。鲍威尔写本第5部分，在每一卦的后面，详细记录了每卦形成的过程，即骰子掷落的过程：

（4.1-4.4）441：两次4和1，——如果骰子这样降落，无疑将失去朋友，麻烦和巨大的痛苦将属于你；……

（4.5-4.8a）144：当第一次出现1然后接着两次4，那么你所有的生意和财富都将取得进展：……

（4.8b-4.11）414：先是一个4，然后1在中间，再一个4在最后。（9）……你正考虑之事确有利于你的进步：……

从上述记载中，我们可以看到，每个卦象都是1枚骰子掷3次成卦。印度古代的文书详细地描述和证明了这个过程："抛掷占卜的骰子的方式如下。当需要骰子（pâsô，单数）给一个预言时，必须把它抛掷3次；并且第一次抛的必须计作百。例如，当点数1落下，计作100；如果点数2落下，它们代表200；如果点数3落下；它们代表300；如果点数4落下，他们计作400。然后，把骰子抛第2次，然后，点数1落下计作数字1；类似地如果点数2落下，他们是数字2；如果点数3落下，那就是3；如果点数4落下，那就是4。同样的，第3次抛掷也如此理解。最后，第1次抛掷的百数和第2次、第3次抛掷的数字放在一起。不管（组合）的数字结果，根据它，预言已经被宣告。例如，如果首先点数1落下，接下来2落下，然后，在第三次抛掷时，3落下，然后（组合）的数字是 123，一百二十三。类似的，如果最开始抛掷时 2 落下，然后是 1 落下，然后 3 落下，结果是数字 213，二百一十三。这就是正确的进行方式"。①

此外，人们在进行骰子占卜前，还要进行一定的祭祀仪轨，祈祷神灵的护佑和明示。不同地区所祈祷的神灵也不一样。藏文典籍《央金米贝多杰全集》第 3 卷《吉祥天女所依骰子占卜宝镜》作为少有的关于骰子占卜的文献，书中明确记载要先祭祀一位名为"索玛吉姆"的占卜女神，不然这种骰子占卜术就会失灵。藏文佛经《文殊占筮法》则规定了在投掷骰子占卜之前，要观想文殊菩萨，诚挚祈祷，念诵经文，然后再念诵文殊菩萨心咒，心中默念所占之事并继续观想祈祷文殊菩萨，然后扔出骰子。而在印度古代社会，骰子占卜所祈祷的神灵则是毗湿奴和其他婆罗门教（印度教）神灵。

鲍威尔写本两个部分的骰子占卜辞分别记载了不同的祈祷仪轨。我们以第 4 部分为例：

　　向难提留陀罗史跋罗致意！向阿阇梨致意！向 Îšvara 神致意！向摩尼跋陀罗致意！向所有的药叉致意！向所有的提婆致意！向湿婆致意！向战神致意！向生主梵天致意！向楼陀罗致意！向毗沙门天致意！向风神致意！致意！

　　让骰子为了预言而降落！希利！希利！是摩登伽种的女人 Kumbhakârî 的能力让它们降落！

　　根据所有悉达多的真理，根据所有学派的真理，根据他们的真

---

① A. F. Rudolf Hoernle, *The Bower Manuscript*, vol. 1, p. xeii.

理和真实的意愿，让湿婆断言出失去了什么保留了什么，和平和动乱，得到和失去，胜利和战败，萨婆诃！以神圣的那罗延天，有保护力的天神和圣者作为神谕的真理的依据，作为占卜过程的真理的依据。让骰子公开地降落！萨婆诃！让真相被看到！神奇的处方、医用草药和预后症状……的功效绝非假话。歌颂天神毗湿奴！

在这个仪轨中，占卜者首先是向很多神灵致意，然后祈祷一位名叫 Kumbhakârî 的女神，认为是她的能力使骰子降落，最后又提出将佛陀的真理、所有学派的真理和那罗延天等神谕作为占卜过程中的真理依据。第 5 部分则与第 4 部分有所不同：

（5.1–5.4）我颂扬毗湿奴，这个世界之主，依赖他，这个占卜的真相得以彰显。神圣的……被虔诚的人们所理解的那些东西被昭示于众。在手掌和额头的（征兆），好或坏的运气，生或死，所有推测可能发生在人们身上的事情在占卜的过程中被风神昭示。这个咒语由圣者创作，适合被那些居住在须弥山上的使用：因此使用这个咒语可以使风神和其他神喜悦。咒语如下：

"啊，汝纯净、无暇、纯洁的天女（Dêvî）！啊！天女！什么是真，什么是假，所有的一切汝务必告知我们。尽管人之肉眼可能失误，神性之眼将会成功；尽管人之肉耳可能失误，神性之耳将会成功；尽管人之嗅觉可能失误，神之嗅觉将会成功；尽管人之舌头将会失误，神之舌头将会成功。啊！汝给他戴上花环，汝给他戴上花环！萨婆诃"！

在第 5 部分中，占卜者除了向毗湿奴等天神祈祷外，还要念诵咒语取悦风神和其他诸神。

最后，占卜者根据骰子占卜辞对骰子抛掷结果进行预测。由于骰子占卜使用一枚四面骰子，有 1、2、3、4 四个数字，要抛掷 3 次才能得到结果，因此总共会出现 64（4×4×4=64）种结果。鲍威尔写本第 4 部分保留了 60 个骰子占卜辞，除了缺失的 4 个结果，分别是 121、211、234 和 124，其余总体保存得相当完整。

三、鲍威尔写本骰子占卜辞与吐蕃骰子占卜辞比较

目前已知的骰子占卜辞主要有斯坦因第二次中亚考察所获敦煌藏经洞藏文文献，现藏伦敦印度事务部图书馆（the India Office Library），在比利时藏学家瓦雷·普散（Louis de la Vallée Poussin, 1869–1937）所编《印度事务部图书馆藏敦煌藏文写本目录》中编号为 I.O.731—735 号、I.O.740 号写卷。它们被学术界公认为是目前已知年代最早的骰子占卜辞。但实际上，鲍威尔写本骰子占卜辞年代要更早，而且保留得更完整。

I.O.731—735 号写卷最早是由英国学者 F. W. 托马斯（F. W. Thomas, 1867—1956 年）在《东北藏古代民间文学》（Ancient Folk Literature from North-Eastern）一书中，从文学的角度首先对其进行了整理翻译和研究。1971 年，法国藏学泰斗石泰安教授（R. A. Stein, 1911–）在《论敦煌藏文写本中苯教殡葬仪礼的故事》一文中也对这组写卷进行了讨论。1983 年，国内学者谢后芳发表《古代藏族卜辞》，认为这组写卷的内容是与占卜有关的占卜辞。[①]1987 年，王尧、陈践在

---

① 谢后芳:《古代藏族卜辞》,《西藏研究》1982 年第 3 期, 第 147 页。

《三探吐蕃卜辞——伦敦印度事务部图书馆所藏藏文占卜文书译释》一文中将这组写卷的 34 组多占卜辞进行了汉译和研究。①

I.O.740 写卷，斯坦因原编号为 ch.9.II.19 号，总共有 62 组占卜辞。格桑央京在《敦煌写卷 ch.9.II.19 号初探》一文中首次对其进行了汉译和研究，认为其是一组比较完整的骰子占卜辞。

为了便于将吐蕃藏文骰子占卜辞和鲍威尔写本骰子占卜辞进行比较，这里首先分别将 I.O.731—735 号和 I.O.740 号写卷，以及鲍威尔写本骰子占卜辞的译文部分引用如下：

I.O.731—735 号写卷骰子占卜辞部分译文：

1.4-2-1

啊！南方中部地方，

猕猴自在戏耍，

不慎进食毒物，

身心均感不宁，

早晚定将死亡。

此乃辛……之卦：为口舌之前兆。从男方去厉鬼、恶鬼、邪魔。……不成。（诸鬼）潜入家事与社稷大事，再无比此为害（更大）……。……泄露。属民离去，损害社稷问家人与寿数，有魔来（害）。问敌，与之相遇，办事不成。问人出行，不（归）。……（有求）不应。不宜经商。问何事皆凶。

① 王尧、陈践:《三探吐蕃卜辞——伦敦印度事务部图书馆所藏藏文占卜文书译释》,《青海社会科学》1987 年第 3 期, 第 77—84 页。

2.4-2-4

啊！里边岔口……

岔口深处下方，

水獭柔而不刚。

在龙谷之……上，

女神……

……

悦耳语声回响，

心欢而不声张。

出现最胜卦：称心如意，大吉。问家人与寿数，吉。问来敌与办事，无敌，事成。诉讼，胜。问出行人，立即归。问何事皆大吉。[①]

I.O.740 号写卷骰子占卜辞部分译文：

（1）4-4-4 多数人敦肃，……居处险峻，能敌厉鬼、妖精等。此里津卦若卜中两次，两（代人）之间社稷不灭。与友相会。吉兆。

（2）4-4-3 雪山不坍塌。碧湖不干涸。生命神发愿，能长寿。财源如夏日野草旺盛，不寻能根。娶媳妇能获贤妻。找任何物皆获。吉兆。

……

---

① 谢后芳：《古代藏族卜辞》，《西藏研究》1982 年第 3 期，第 147 页。

（13）4-2-2 邪魔、厉鬼作祟，做事均无成。不请精湛苯波作法不成。凶兆。

（14）4-1-1 赤贫者来到跟前之卦。……独食、欺骗、卧倒之卦。此卦若连中三次，最后为亡失之卦。极凶之兆。[①]

鲍威尔写本骰子占卜辞部分译文：

（4.1）444 致意！毗湿奴非常满意你是优秀之人。你所有的敌人都被杀死了。所有你期望的，都将得到。

（4.2）第 1 个 Navikkî：333：你的经历感受既不会悲痛也不会疲劳；你也不会有任何或高或低的恐惧。

……

（4.11）第 1 个 Vahula：324：长寿是件很棒的事情；你将不会获得最好的这个，但你将得到金钱和谷物、工具还有享乐上的富有。

（4.12）第 2 个 Vahula：432：我看到你到达你决心要去之地；你将带着你的货物安全地从那里返回。

（4.13）第 3 个 Vahula：243：我看到你生意多种多样，你有很多儿子；去期待你自己的幸福；你将获得属于它的所有一切。

将鲍威尔写本骰子占卜辞与吐蕃藏文骰子占卜辞进行比较，我们会

①王尧、陈践：《三探吐蕃卜辞——伦敦印度事务部图书馆所藏藏文占卜文书译释》，《青海社会科学》1987 年第 3 期，第 78 页。

得到以下结论。

从年代上看，藏文骰子占卜辞是斯坦因从敦煌藏经洞中发现，被学者们普遍认为是吐蕃时期的文献。而鲍威尔写本骰子占卜辞是从新疆库车库木吐喇佛塔中发现，年代为 4—6 世纪，内容应该是来自西北印度。

从文体上看，在吐蕃藏文 I.O.731—735 号写卷中，占卜辞的文体采用了短偈和长行相结合的方式，即每个卜辞由两部分组成，先是诗歌体的卜辞描写，然后是散文体的占卜解说。卜辞的第 1 部分多是以诗歌的形式描绘大自然的自然风光，内容包括日月星辰、花鸟草兽，十分丰富，与民歌"说说唱唱"的体例十分相似。卜辞的第 2 部分则是对卦象进行解释，先说明是什么卦，比如"最胜卦""福泽少女卦"等，然后对人们询问的社会生活的方方面面进行预卜，主要分大吉、吉、中等、不宜、凶、大凶等情况。I.O.740 号写卷和鲍威尔写本骰子占卜辞的文体相类似，都是采用诗颂的形式，每个卜辞前都有一个卜辞名称，然后为卜辞内容。卜辞多直接解释占卜的结果。

首先，从卜辞内容所反映的宗教色彩看，吐蕃骰子占卜辞和鲍威尔写本骰子占卜辞都有明显的宗教色彩，都强调神的护佑可以带来吉兆，而对神灵不敬则招来祸端。但在吐蕃的占卜辞中，原始崇拜比较浓厚，山神、家神、祖先神等原始神灵被人们小心翼翼供奉，而一些恶鬼邪魔也成为产生凶兆的原因。而在鲍威尔写本占卜辞中，原始崇拜的色彩比较淡，被崇拜的神灵主要是毗湿奴天神和其他印度教诸神，而恶鬼邪魔则较为少见。其次，在吐蕃骰子占卜辞中，苯波教的色彩比较浓厚，卜辞中常会提到苯波。I.O.740 号第 4 个卜辞就提到"占卜病人，需苯波为人禳病"。①这似乎从侧面印证了藏族在苯波时代就已经有骰子占卜的存在。在鲍威尔写本骰子占卜辞中，婆罗门教（印度教）中的毗湿奴、提婆、摩醯首罗等神灵多次出现，这反映了鲍威尔写本骰子占卜辞来自西北印度的地区特点。

从卜辞内容反映的自然环境看，吐蕃的骰子占卜辞中关于自然环境和生活环境的描写十分丰富。I.O.740 的卜辞中就提到雪山、高原、黄河州、无水草的潮湿泥地等诸多不同的自然环境，这说明了自然环境对于古代人民的生活影响比较大，人们生活的吉凶祸福很多是与所在的环境有关。而鲍威尔写本骰子占卜辞来自印度，因此人们在占卜日常吉凶时并不会过多考虑自然环境的影响。

从卜辞内容所涉及的社会生活来看，吐蕃的骰子占卜辞和鲍威尔写本的占卜辞都有关于婚姻、财富、远行、经商、健康的占卜。但是吐蕃卜辞中的占卜生活内容更加详细和具体，而鲍威尔写本的占卜辞内容则比较笼统；吐蕃的卜辞中涉及畜牧、牲畜、农牧等原始农牧生活的内容较多，而鲍威尔写本中涉及的经商、战争、远行贸易等内容更多一些；吐蕃的卜辞中较少涉及道德、品行等内容，而鲍威尔写本认为占卜人的品行和道德会对吉凶产生影响。吐蕃卜辞中经常会有是否遇敌、是否胜敌之类的询问。

此外，还有一点显著的不同是，在鲍威尔写本卜辞中，不同吉凶的占卜结果会在身体上出现对应的征兆。比如第 5 部分的 114 卜辞内容：

（5.55-5.58a）114：当投掷出两次 1 和一次 4，你家庭将会快

---

① 格桑央京：《敦煌写卷 ch. 9. II. 19 号初探》，《中国藏学》2005 年第 2 期，第 10 页。

乐增加，并且你的成功将会来到：（5.56）得到土地，得到财富和建立姻亲的机会。你心里谋划的事情，你会很容易达成。（5.57）所有的……在不久之内会实现。并且这对你会是一个标志：在你左大腿有一处溃烂，（5.58a）并且在右大腿有一个小痣：这是毫无疑问的。

而这种身体上的征兆在吐蕃的骰子占卜中并没有出现。

将吐蕃骰子占卜辞与鲍威尔写本骰子占卜辞进行比较，我们可以看到，在不同社会、文化条件下，人们对于未知的恐惧是一样的，对于婚姻、财富、健康、长寿等有着同样的追求。但是，自然环境、年代、社会形态和经济发展水平的不同，也同样通过骰子占卜辞体现出来。

第三节　鲍威尔写本骰子占卜辞中的社会生活

鲍威尔写本骰子占卜辞的内容保存比较完整，涉及政治、战争、商贸、出行、会议、友情、婚姻、恋爱、健康、宗教仪式等古代社会生活的方方面面，论及不同社会阶层，且比敦煌藏文骰子占卜辞更加丰富和生活化，其中的社会史料价值很高。

首先，我们将鲍威尔写本骰子占卜辞中占卜询问的对象，按照出现的次数总结排列如下：

（1）是否战胜敌人

（2）远行贸易与生意是否顺利

（3）与朋友及姻亲关系如何

（4）健康财富权利爱欲愿望是否满足

（5）会议是否顺利举行

（6）能否成为国王

（7）是否生儿子

（8）是否能得到处女

从上述内容可知，古代印度和西域人民占卜询问的都是与自己追求和幸福息息相关的重要事情。从事骰子占卜的人有国王、商人和民众。通过这些内容丰富的占卜辞，我们可以管窥印度古代社会生活的一些方面。

一、骰子占卜辞中的敌人与仇杀

在鲍威尔写本骰子占卜辞中，首先引人注意的是与敌人作战是否胜利的询问。60 个占卜结果有多处是关于敌人的询问：

（4.1）444 致意！毗湿奴非常满意你是优秀之人。你的所有敌人都被杀死了。所有你期望的，都将得到。

（4.6）第 2 个 Sâpata：434：我看到一个巨大的努力来反对那些和你有冲突的人，但是我发现这种努力会因为你的询问无果而终。

（4.19）第 1 个 Bhadrâ：421：你的不利已经消失；你所有之罪过都被宽恕；你将战胜你所有之敌；你即将获利。

（4.26）第 4 个 Śaktî：314：作为一个排除了一切障碍的国王，你将被提供优良的军队，战胜你的敌人，并且永久地控制整个地球于你一人统治之下。

（4.32）第 4 个 Dundubhî：231：我看到你与敌人有一场很严重

的争吵；但是你将不会受到任何伤害，并且汝将战胜你的敌手。

（4.47）第 1 个 Sajâ：322：你将战胜所有敌人，你有一个强大的敌手；你将获得第一；但之后你将遭受悲痛。

那么，鲍威尔写本骰子占卜辞对于敌人和仇杀大量关注的原因，现在还没有更多的资料来回答。但是，有一点可以肯定，印度古代社会一直有多分裂、少统一的特点。在公元前 4 世纪孔雀王朝成为印度历史上第一个统一王朝之前，印度一直处于列国并举、战国纷争的时代，争霸与兼并持续。《摩奴法论》就认为在战斗中死去的人是要受到尊敬，属于要用净法进行丧葬的人："还有在骚乱或者战争中被杀的、被闪电或者国王所杀的和为了救母牛或者婆罗门被杀的人，还有国王所愿意的人"。[1]

印度古代社会认为国王和刹帝利的职责之一就是要在战斗中取胜。《摩奴法论》中有多处描述战斗是谋取幸福的最好办法，要不避战斗，要把紧邻者当敌人等。例如第七章第 87—89 条就提道：

87. 正在保护百姓的国王面对强者的、弱者的或者旗鼓相当者的挑战时，应该记住刹帝利的法而不躲避战斗。

88. 不躲避战斗、保护百姓和伺候婆罗门是国王们谋得幸福的最好办法。

89. 在战斗中欲置敌于死地的、宁死不回头的国王们必上天

---

[1] 蒋忠新：《摩奴法论》，第 101 页。

堂。①

第 7 章第 158 条还提到如何确立敌人："他应该把紧邻者当作敌人，还有敌人的帮凶；他应该把敌人的紧邻者当作盟友，把两者之外的当作中立者"。②

鲍威尔写本骰子占卜辞对于能否战胜敌人的关心，原因可能与印度古代社会的文化有关。关于此问题，我们还需要搜集更多的资料做进一步的研究。

二、骰子占卜辞中的经商与远行贸易

鲍威尔写本骰子占卜辞还有一个最重要的主题就是远行贸易与生意，总共有近 10 条占卜结果是与生意、远行贸易有关：

（4.10）（第 3 个 Mâlî：）：433：这被你视作美妙之物；但是还有比那更好之物：一个安全到达国外地区的旅行并且安全地返回朋友那儿。

（4.12）第 2 个 Vahula：432：我看到你到达你决心要去之地；你将带着你的货物安全地从那里返回。

（4.13）第 3 个 Vahula：243：我看到你生意多种多样，你有很多儿子；去期待你自己的幸福；你将获得属于它的所有一切。

（4.46）第 3 个 Karna：411：你策划将要进行一场出行，但是

---

① 蒋忠新：《摩奴法论》，第 126 页。
② 蒋忠新：《摩奴法论》，第 133 页。

你将遭遇不幸；你将带着你未完成的生意无功而返：这是无可置疑的。

（4.48）第 2 个 Sajâ：232：你不懂生意，你将会后悔；但因为你对天神的称赞，你将有所收益。

（4.56）第 1 个 Pâñchî：221：我看到你现在的处境不安全和有麻烦；不要在意！你应该从事一些生意，你将从不幸中被解救出来。

（4.5-4.8a）144：当第一次出现 1 然后接着两次 4，那么你所有的生意和财富都将取得进展……

（4.22b-4.26a）443：你将生意兴隆：你将与儿子们和兄弟们有一个聚会：（23）这是毫无疑问的。你也将获得财富，从所有的疾病中复原，并且在生意上称心满意……

占卜辞中出现如此多的有关生意和远行贸易的询问，说明印度古代人民对于生意和贸易的关心，也说明生意与贸易在民众生活中十分重要。

古代印度的商业和贸易一直十分发达。韦伯在《印度的宗教——印度教与佛教》一书中就曾指出，"印度是一个贸易之国，不管是国际贸易（特别是与西方）还是国内贸易都极为发达，从古巴比伦时代起，印度即已有贸易和高利贷。印度的西北地区一直在希腊文化的影响下，而南部也早有犹太人定居。袄教徒从波斯移民至印度西北地区，专心从事批发贸易"。①

---

①马克斯·韦伯著，康乐、简惠美译：《印度的宗教——印度教与佛教》，第 3 页。

　　季羡林在《商人与佛教》一文中，主要使用佛经中的资料论证了印度古代商人与佛教的密切关系，并研究了商人在古代印度的起源及特点，以及商人在印度古代社会中的地位。[①]这是国内学者对于印度商人和商业重要的开创性研究。湛如在《净法与佛塔》一书中利用佛经律藏资料讨论了"商人与佛塔"的关系，从佛塔的供养角度研究了印度古代商人的一个活动片段。[②]

　　印度商业和贸易活动在古印度河文明时期就已经出现。根据季羡林的研究，在印度河文化时期，印度河流域已经有频繁的贸易，城市中已经有商业活动，有商人存在。当时的商人不仅进行内部贸易，而且也进行远距离的贸易。印度哈拉帕文明曾出土过四进位和十进位的度量衡，而在巴比伦是六进位和十进位，这说明两者之间显然有交易关系，古印度人民在哈拉帕文明时期就已经同美索不达米亚有贸易往来。巴利文佛经《佛本生故事》中的《Bāveru-Jātaka》，就记录了商人去巴比伦做生意的故事。吠陀时代已经出现货币，城镇兴起，商业和手工业行会组织也出现。[③]《梨俱吠陀》中已经出现"商人和贸易"这样的字。吠陀种姓中的有能力财力的成员开始变成富有的商人，吠舍逐渐发展成为商人阶层代表。在《罗摩衍那》中，商人已经有十分重要的地位，许多与商业有关的名词和术语出现，例如 panya（商品）、panyaphala（利润）、vikraya（贩卖）、mûlya（价格）等，并且许多诗颂都提到商人。

---

　　①季羡林：《商人与佛教》，《第十六届国际历史科学大会中国学者论文集》，北京：中华书局，1985 年，第 107—206 页。

　　②湛如：《净法与佛塔》，北京：中华书局，2006 年，第 265—283 页。

　　③季羡林：《商人与佛教》，《第十六届国际历史科学大会中国学者论文集》，北京：中华书局，1985 年，第 163 页。

4—5 世纪后，佛教与商人产生了十分密切的关系。佛教徒依赖于商人的经济供养和支持，与商人结伴沿商路四处传法，互相帮助，利害与共。商人远行贸易也依靠佛教的护佑祈福。可以说，"像印度商人与佛教这样的关系，在世界宗教史上是绝无仅有的"。[1]在佛经中，佛教对于商人的尊重和偏爱比比皆是，而商人的经济支持和远行贸易也促进了佛教的传播和发展。与佛教同时兴起的耆那教也有类似的情况。耆那教反对从事农业生产，因此教徒大多成为商人。孔雀王朝时期，商业也十分重要。阿育王本人就从事贸易活动，其岳父也是商人。笈多时期，商业成为首陀罗正规职业之一。义净曾在《南海寄归内法传》中记道："西国时俗，皆以商人为贵，不重农夫，由其耕垦，多伤物命；又养蚕屠杀，深是苦因。"[2]玄奘在《大唐西域记》中写道："三曰吠舍，商贾也，贸迁有无，逐利远近。"[3]远行贸易是印度商人获取利益的重要方式。《摩奴法论》第八章就提到"因为各行各业的人们只要坚守本业，即使远离家乡也会为人们所喜爱"。[4]由于历史上频繁的国内外贸易，印度几千年以来形成了许多商路。除了与巴比伦、美索不达米亚、阿富汗等有贸易往来外，印度与中国也有频繁的贸易。法显、玄奘、义净等西行求法之路就是中印之间的商路。

从这些古代印度的商路我们可以看到，商人贸易足迹之广，路程之远，道路之艰辛。

---

①季羡林:《佛教与商人》，第 205 页。

②义净著，王邦维校注:《南海寄归内法传校注》，北京：中华书局，1988 年，第 287 页。

③玄奘、辩机著，季羡林等校注:《大唐西域记校注》，北京：中华书局，1985 年，第 317 页。

④蒋忠新:《摩奴法论》，第 143 页。

因此，与我国古代敦煌地区商人和军队在远行之前总要抄写愿文和建造石窟祈祷护佑一样，印度古代商人在远行贸易之前进行骰子占卜，则是十分必然。鲍威尔写本骰子占卜辞中对于生意和远行贸易的询问，正是印度古代社会商业发展、远行贸易频繁的表现。以往对于印度古代社会商业贸易和商人的研究，资料主要来自汉文和巴利文大佛经等资料，鲍威尔写本骰子占卜辞的出土，为研究古代印度社会商业贸易提供了社会史方面的宝贵材料。

三、骰子占卜辞中的幸福观

鲍威尔写本骰子占卜辞中的幸福观，主要包含两个方面：一是什么是幸福，二是如何获得幸福。骰子占卜是人们为健康、财富、婚姻、贸易、平安等有关自己的吉凶祸福担心，通过借助神灵和未知的力量来预言将要发生的事情，从而避免灾厄，获得幸福。通过占卜辞对于吉凶的认定，我们可以看到古代印度社会认为哪些事情是幸福的，哪些事情是不幸的。

鲍威尔写本骰子占卜辞认为吉兆幸福主要是没有恐惧、愿望实现、疾病解脱、身体健康、快乐满足、长寿健康，远行贸易平安、生意顺利、战胜敌人、爱欲满足、家庭团结、广聚朋友和姻亲、获得姻亲财富等。

与敦煌吐蕃古藏文等骰子占卜辞不同之处在于，鲍威尔写本的占卜辞不仅揭示了哪些事情是人们认为的吉兆幸福，而且揭示了如何获得幸福。以下列占卜辞为例，我们会清楚地看到，在古代印度社会，人们认为幸福是由于毗湿奴、提婆、摩醯首罗等天神的护佑和赐予，因此只要坚持礼拜、称赞他们，对他们行祈祷礼等，天神就会赐予幸福。这与前文所述的古代印度社会盛行祭祀一脉相承。

（4.31）132：我看到你目前享受身体的健康；你因礼拜天神而得到这份安宁。

（4.33）持续地用花环敬拜毗湿奴，并总是能成为所有创造物的朋友。（4.34a）那样你就会长寿和富有。

（4.48）232：你不懂生意，你将会后悔；但因为你对天神的称赞，你将有所收益。

（4.49）223：你身体一个最严重的危险已经过去了；你的安全完全是由于天神一个人的喜爱。

（5.6）你的亲属提婆、摩醯首罗，伟大的提婆，将会赞成你：赞扬他、崇拜他，并坚持节日前夜对他的祈祷礼，（5.7）你的收获将非常巨大。

虽然幸福是来自天神的护佑和赐予，但如果个人品行不良，道德败坏，行为不端，那么也不会得到幸福。前文所述的印度古代社会非常重视伦理道德品行的特点在这里得到了进一步的证明：

（4.10）但是你不尊敬你父母，也不尊敬你朋友和亲属，既不敬拜长者也不敬拜摩醯首罗和你的亲属提婆。（4.11）因此你心想的那些好处一个也不会到来。但是如果湿婆被安抚好，他将给你安宁和满足你内心所欲。

（4.17b-4.19）343：你与无赖、小偷和恶人商量事情；（4.18）你图谋不轨：因此你不会拥有成功。有如此品行你将一无所获：考虑一些其他之道吧。

（4.35）那么你心中正觊觎垂涎你的儿媳和女人：并且企图破坏其他人的生意。（4.36）将会有……，一些你之罪过；并且你会因为你之不光彩而承受巨大的痛苦。

（4.38-4.41a）422：当第一次是4后两次是2，它表明你很长一段时间内会一直有麻烦；你不能以贫为乐；（4.39）你在不停地考虑如何夺取其他人的财产。但是讲真话……，并总是德行优良：（4.40）那么你很多物品会增长，这是毫无疑问的。

如上述占卜辞中所示，占卜者如果不尊敬父母、朋友、亲属和长者就不能得到幸福；如果与无赖、小偷、恶人有往来也不会成功；如果有个人有罪过和不光彩之事则会因此承受痛苦，失去幸福；但如果占卜者总是德行优良的话，那么即使有麻烦，也会最终获得财富和幸福。

占卜者要获得幸福，除了天神的保护和赐佑，个人良好的道德，还需要持之以恒的耐心，没有耐心则得不到幸福："（4.9）334：你将之视为宝贵之物，即能促生善意的幸福；持之耐心你将收获美好的幸福；失之耐心你将失去它"。

鲍威尔写本骰子占卜辞表明，古代印度社会对幸福的认知与古今中外各种文明基本上是一样的，都是健康、财富、长寿、家庭团结、愿望实现等。但是，印度古代社会认为，幸福来自毗湿奴、提婆、摩醯首罗等天神的护佑和赐予，礼拜、称赞、祈祷天神会得到幸福。但如果个人道德品行不端，则会失去幸福，与之相对，如果个人德行优良，也能获得幸福。古代印度社会的这种幸福观与印度婆罗门教（印度教）认为的人生目的是"利、欲、法、解脱"有密切的关系。有关这个问题在第4

章中已经详细论述，此不赘言。

小　结

鲍威尔写本骰子占卜辞作为目前已知年代最古老的骰子占卜辞，对于骰子占卜研究和印度古代社会研究都具有十分重要的价值。鲍威尔写本骰子占卜辞为学界一直存有疑问的西域古代社会骰子占卜是使用1枚四面体骰子掷3次成卦的观点提供了确切证据，并表明在占卜之前要进行一定的宗教仪式。鲍威尔写本骰子占卜辞内容保存完整，且比敦煌藏文骰子占卜辞更加丰富和生活化，反映了政治、战争、商贸远行、会议、友情、婚姻、恋爱、健康、幸福观等印度古代社会生活的方方面面，具有十分重要的社会史研究价值。

第六章　鲍威尔写本《孔雀王咒经》与密教发展

《孔雀明王经》现存文本是由一个较小的核心文本发展而来，而鲍威尔写本的发现为该问题的研究提供了难得的实证。将鲍威尔写本中保留的此经形成初期最早的文本与《孔雀明王经》现存各文本内容进行比较研究，我们可以管窥佛教密教从一开始简单实用的陀罗尼咒发展到将陀罗尼咒与佛教故事相结合形成杂密经典，再到相关坛场、画像、仪轨等体系逐渐完备的纯密的历史过程。同时，鲍威尔写本此经文本的发现，为龟兹4至7世纪杂密流行提供了确凿无疑的证据。

第一节 《孔雀明王经》的文本形成及密教化

佛教经典的文本不仅是佛教义理、思想的载体，还包含着佛教发展历史的信息和线索，应引起佛教史研究者的更多关注。将鲍威尔写本中《孔雀明王经》的文本，与现存《孔雀明王经》各文本内容进行比较研究，我们会发现，《孔雀明王经》现存文本是由一个较小的核心文本发展而来。这个核心文本最初是由佛教两个本生故事"比丘被蛇咬故事"

和"孔雀王故事"结合而成。4世纪的鲍威尔写本中保留了这个最早的文本。随后,《孔雀明王经》从较小的核心文本逐渐扩展成为内容丰富繁杂、仪轨详备的《佛母大金曜孔雀明王经》。这一扩展过程生动地再现了佛教密教的形成发展及其在中国的传播。

一、《孔雀明王经》现存文本及研究

《孔雀明王经》为北方佛教所称"五护秘经"之一。因其"有大神力,求者皆验。五天之地、南海十洲及北方土货罗等二十余国,无问道俗、大乘小乘,皆共尊敬,读诵求请,咸蒙福利,交报不虚。"①所以民众笃信至今,是密教重要经典,有梵文、汉文、藏文、西夏文、日文、尼泊尔文等诸多版本存世。

《孔雀明王经》之梵本原文,先由俄国学者谢尔盖·奥登堡刊载于俄国帝立考古学会东方部记录中,②附于尼古拉·彼得罗夫斯基所辑《梵文疏勒文钞本残卷》一文之后。因为该残卷经奥登堡断定为《大孔雀经》,故附以梵本《大孔雀经》。此外,经奥登堡研究,鲍威尔写本中数页亦为《大孔雀王咒经》的一部分。③随后,塞西尔·本达尔也在与英籍德裔印度学家霍恩勒的通信中表达此观点。1907年,渡边海旭博士撰文指鲍威尔写本第6和第7部分系《孔雀王咒经》之一部分。④后

---

①《佛说大孔雀咒王经》,《大正藏》第十九册,第459b页。

② Zapiski Vostocnago otdyeleniya imp. *Ruask Arkheol.Obstchestva*, t. XI, 1897–1898, Petersburg 1899, p. 218.

③ Zapiski Vostocnago otdyeleniya imp. *Ruask Arkheol.Obstchestva*, t. XI, 1897–1898, Petersburg 1899, p. 297.

④ K. Watanabe, 'A Chinese Text Corresponding to Part of the Bower Manuscript', *Journal of the Royal Asiatic Society*, for April, 1907, pp. 261–266.

经霍恩勒的研究，认为鲍威尔写本的年代为 4 世纪左右，且其中保存的《孔雀明王经》文本年代更早。[①] 因此，我们可将鲍威尔写本中保存的《孔雀明王经》推定为该经目前已知最古的梵语文本。

《孔雀明王经》传入我国的时间较早，现存有 6 部汉译本：

（1）东晋帛尸梨密多罗译《佛说大金色孔雀王咒经》1 卷，高丽藏佚译者名，元藏、明藏题帛尸梨密多罗译；释藏中尚存两本，实则为一，只是其中一本译文较长而已；高丽藏中两本皆名《佛说大金色孔雀王咒经》，元藏明藏一名《佛说大孔雀王咒经》，一名《佛说大孔雀王杂神咒经》；

（2）失译者名《大金色孔雀王咒经》1 卷（今附秦录）；

（3）后秦龟兹鸠摩罗什译《孔雀王咒经》1 卷，文末译有孔雀王咒场；

（4）南朝梁僧伽婆罗于 516 年译《孔雀王咒经》2 卷，为此经的首次全文翻译；

（5）唐义净于 705 年译《佛说大孔雀咒王经》3 卷，附有《坛场画像法式》；

（6）唐不空译《佛母大金曜孔雀明王经》3 卷，附有《佛说大孔雀明王画像坛场仪轨》1 卷。

我们比较以上 6 个本子就会发现，前 3 者显示了该经更原始的形式，而后 3 者明显有较大扩充。

藏文译本可知者有二，其一为北京版，崇祝寺天清番经局本，[②]存

---

① A. F. Rudolf Hoernle, 'On the Date of the Bower Manuscript', *Journal of the Asiatic Society of Bengal*, Part I, Vol. LX, for 1891, No. 2, pp. 79–96.

②王静如：《佛母大孔雀明王经夏梵藏汉合璧校释》，《西夏研究》第 1 辑，北平：国立中央研究院历史语言研究所出版，1932 年，第 181 页。

《甘珠尔藏》中，乃直译梵文原名。[1]其二为纳塘版，二种字句相差甚少。西夏文本藏中国国家图书馆。[2]黑水城出土的西夏文佛典中，也有《孔雀明王经》写本。除上述诸本外，还有日本法藏馆藏 11 世纪梵文贝叶本；巴黎国立图书馆 1749 年的梵文抄本；巴黎亚洲学会藏抄本，此本不详其年代，应为近代本；英国所藏《五护》抄本，剑桥有 9 本，分属 11 世纪至 17 世纪；伦敦大英博物馆有 3 本，一本为 11 世纪本，二本为 16 世纪本；伦敦亚洲学会有 2 本，其一为 1767 年本，其二年代更为古老。[3]此外，敦煌遗书中已知有 3 件，分别为《敦煌遗书总目索引》散 120 号（现藏中国国家图书馆，为义净译本）、散 726 号（现藏于日本大谷大学，为鸠摩罗什译本）和法藏 P2368（不空译本）。

《孔雀明王经》咒语晦涩，佛名药叉、龙王、大仙、众生主等名号繁复，而且本子众多，此为其显著特点，学术界的研究也主要集中于诸本内容校释。《孔雀明王经》的研究，应首推唐代不空所撰《唐梵相对孔雀经》，惜现已失传。20 世纪 30 年代，王静如曾撰文从经名翻译、经中所称诸王名的数目和译名、经文的组织和翻译用诸词等 4 个方面对梵汉藏夏本进行校释，考订出西夏本《佛母大孔雀明王经》是译自藏文本。[4]随后，该氏又对西夏本经中众神名号如龙王、大仙、众生主等详加译释，并校以梵、藏、汉诸本，不仅进一步佐证西夏本译自藏本之

---

①西尔文·列维著，冯承钧译：《大孔雀经药叉名录与地考》，上海：商务印书馆，1931 年，第 6 页。

②周叔迦：《北平图书馆藏西夏文佛经小说》，《周叔迦佛学论著集》下册，北京：中华书局，1991 年，第 736 页。

③西尔文·列维著，冯承钧译：《大孔雀经药叉名录舆地考》，第 7 页。

④王静如：《佛母大孔雀明王经夏梵藏汉合璧校释》，《西夏研究》第一辑，北平：国立中央研究院历史语言研究所出版，1930 年，第 181—249 页。

论，且"得各本名号异同之大凡，订众译之失"。①

19 世纪末 20 世纪初，随着西域、敦煌等地考古考察活动的展开，大量古代写本得以重新问世，《孔雀明王经》梵文写本即其一。奥登堡、渡边海旭、霍恩勒等学者都注目于此。诸学者在对梵文古本翻译转写的基础上，通过与汉文《孔雀明王经》的比对，以确定写本内容。随后，列维（Sylvain Lévi）对该经梵文本中关于"诸法药叉名录"进行深入研究，指出："梵文撰述之中，地名之丰富，无逾此经也"。因此撰《大孔雀经药叉名录舆地考》一书，以梵本为基础，校以藏汉诸本，对经中涉及的药叉名录和地名逐一进行了详细的考证，充分揭示了《孔雀明王经》在保留印度历史地理方面的巨大价值。②

日本对《孔雀明王经》的研究有据可查的是僧人灵云，其曾于 1868 年对勘不空本、义净本而撰《佛母大孔雀明王经异同》。此本已为日本释藏（应指明治本）所录。由于日本十分注重对《孔雀明王经》的注疏研究，因此目前我们可看到的就有《孔雀经音义》3 卷、《孔雀经开题》《孔雀经并仁王经法》《孔雀明王小供养法》《孔雀明王法》《孔雀经转读作法》《孔雀明王经读诵作法》《孔雀经结愿作法》《孔雀经御读发愿》《孔雀经御修法日记》《孔雀经法日记》等 10 余种。③但上述学者专家对《孔雀明王经》的研究主要集中于其语言翻译、校释、注疏、龙王大仙等诸神名号、药叉名录及地舆考等方面，对《孔雀明王经》文本内容本身却极少关注。

---

① 王静如：《佛母大孔雀明王经龙王大仙众生主名号夏梵藏汉合璧校释》，北平：国立中央研究院编《庆祝蔡元培先生六十五岁论文集》下册，1935 年，第 737—776 页。

② 西尔文·列维著，冯承钧译：《大孔雀经药叉名录舆地考》，第 4 页。

③ 参见日本《佛书解说大辞典》第二册，第 326—328 页。

近期，又有王惠民关注《孔雀明王经》在敦煌、大足等地的流传，侧重于从敦煌和大足的孔雀明王像看《孔雀明王经》在这些地区的流行，以及反映出的五代、宋时期中国密教的发展。该文虽然也提到《孔雀明王经》的产生，但只是认为"与孔雀形貌美丽华贵、古代印度咒法盛行有关，也许还与孔雀明王本生故事有些联系"，①并没有从《孔雀明王经》的文本来源、形成角度进行研究。

实际上，因为鲍威尔写本中保留有年代极为古老的《孔雀明王经》文本，且此经有从东晋到唐即由 4 世纪到 8 世纪的先后 6 个不同汉译文本存在，因此，我们通过对《孔雀明王经》不同时代的文本内容进行比对，可以看出现存《孔雀明王经》的文本是由一个最早的非常小的核心不断扩展来的，尤有进者，我们能从现存的不同文本中看到这个扩展的过程，并且此文本扩展过程为我们提供了认识佛教从最初采用咒术密法到逐渐发展成为理论体系完善、仪轨完备的有组织的密教，从杂密发展到纯密的密教发展史的一个具体直观的切入点。

二、《孔雀明王经》的文本起源及形成

《孔雀明王经》主要讲述的是比丘莎底出家未久，为蛇所咬，阿难陀见他痛苦，疾往佛所，佛告阿难陀，孔雀明王大陀罗尼有大威力，能灭诸毒。佛说此咒之后，乃历数诸种神道不能恼害持此咒者。所说诸神，名称之众，可称佛教神团的一次大集合。佛还告阿难陀说，昔有金曜孔雀王居于雪山，诵咒自护，因一时忘诵大孔雀王咒，遂与众多孔雀

---

① 王惠民：《论〈孔雀明王经〉及其在敦煌、大足的流传》，《敦煌研究》1996 年第 4 期，第 43 页。

婇女游戏山林，被怨家捕获，被缚之时，复诵此咒，遂得解脱。

对比《孔雀明王经》的不同文本，从年代古老的鲍威尔写本的《孔雀王咒经》本到唐不空本，内容逐步丰富，不断扩展，其由最初的较小核心而逐步扩展的痕迹依稀可辨。核心文本由两个故事元素组成：其一，比丘被蛇咬的故事，即被蛇咬的比丘通过使用大孔雀王咒得救；其二，孔雀王故事，解释了此咒是如何在佛本生即孔雀王时最初使用。"前一个是鲍威尔写本第六部分的内容，后一个正好是鲍威尔写本第七部分的内容"。①

我们先看比丘被蛇咬的故事。巴利文藏经律藏《小品》(第五《小事犍度》之《诵品一及诵品二》之六《对蛇之护咒》部分，有其较早的简短故事形式：

六（一）尔时，有比丘被蛇咬死。诸比丘以此事白世尊，(世尊曰：)"诸比丘！彼比丘未以慈心编满四类蛇王族。诸比丘！若彼比丘以慈心遍满四类蛇王族者，诸比丘！彼比丘不致被蛇咬死。何等是四类蛇王族耶？毗楼罗阿叉蛇王族、伊罗漫蛇王族、舍婆子蛇王族、瞿昙冥蛇王族也。诸比丘！彼比丘必未以慈心遍满此四类蛇王族也。诸比丘！彼比丘若以慈心遍满此四类蛇王族者，彼比丘不致被蛇咬死也。诸比丘！以慈心遍满四类蛇王族者，为自守、自护而许诵自护咒。诸比丘！行此者，应如是为：

"慈爱毗楼罗，慈爱伊罗漫，慈爱舍婆子，慈爱瞿昙冥，慈爱无足者，慈爱二足者，慈爱四足者，慈爱多足者，无足者勿害我，

---

① A. F. Rudolf Hoernle, *The Bower Manuscript*, Vol. 2, p. 241.

二足者勿害我，四足者勿害我，多足者勿害我，一切有情生类，一切之生类者，一切皆遇善美，少分恶勿前来。"

佛无量，法无量，僧无量，匍行者（爬虫类）：蛇蝎、百足、蜘蛛、蜥蜴、鼠有量也。我自护，我诵护咒，生者还去！我归命世尊，归命七等正觉者。诸比丘！许将血取出。[1]

同样的故事在巴利藏经藏《增支部》二《四集》之第二《适切业品》第六十七里也有所见：

六十七，一。一时，世尊住舍卫（城）祇陀林中给孤独园。时舍卫（城）一比丘被蛇咬死。于是，甚多比丘诣至世尊之处。至已，闻讯世尊坐于一面。坐在一面之诸比丘，白世尊言：

二。"大德！此舍卫（城）有一比丘被蛇咬死。"

"诸比丘！此比丘未以慈心，令四蛇王族舒偏。诸比丘！若此比丘以慈心，令四蛇王族舒偏，诸比丘！此比丘被蛇咬，则不致于死。以何为四蛇王族耶？

即：毗楼博叉蛇王族、伊罗钵多蛇王族、尸婆弗多蛇王族、黑瞿昙蛇王族是。诸比丘！此比丘未以慈心，令四蛇王族舒偏，若此……，则不致于死。诸比丘！我为防已、为护已、为救已，以慈心容许此四蛇王族舒偏。"

三。我慈于毗楼博叉 我慈于伊罗博多

---

①元亨寺译南传大藏经编译委员会：《汉译南传大藏经》，高雄：元亨寺妙林出版社，1998 年，第 3 册，第 251 页。

　　　　我慈于尸婆弗多　我亦慈于黑瞿昙

　　　　我并慈于无足者　我更慈于二足者

　　　　我慈于彼四足者　亦复慈于多足者

　　　　无足者不致害我　二足者亦勿害我

　　　　四足者亦勿害我　多足者亦勿害我

　　　　一切有情皆为生　一切存活无均遗

　　　　一切有幸得遇善　任谁亦将不临恶

　　佛乃无量，法是无量，僧亦无量。匍行、蛇蝎、百足、蜘蛛、蜥蜴、鼠等乃有量，我令作护，我令作救，有情还去，我归命世尊，我归命七正自觉者。[1]

　　将这个故事的早期形式与鲍威尔写本《孔雀王咒经》里的比丘被蛇咬故事相比较，我们会发现，在早期形式中，这个比丘还没有名字；他也被说成是被蛇毒死了；佛给出这个咒是为了将来使用；这个咒也还没有叫《大孔雀王咒》。

　　随后，我们又在巴利藏《小部经典》八《本生经》三之第二篇之第六章《那塔木达鲁哈品》之二零三《犍度本生谭》中发现这个故事的稍晚的发展形式：

　　序分。此本生谭是佛在祇园时，对某比丘所作之谈话。彼比丘于浴室入口处劈割薪木，由腐木中出来一蛇，啮其足指，彼当场毒发而死。此事传遍精舍内外皆知。比丘等于法堂中议论，纷如花

---

①元亨寺译南传大藏经编译委员会：《汉译南传大藏经》，第二十册，第 121 页。

放。"诸位法友！如此比丘，于浴室入口劈割薪木，为蛇所啮，当场死亡。"适佛来此处问曰："汝等比丘！今有何事，集于此处？"比丘等云："如是如是"佛云："汝等比丘！若彼比丘对四大龙王之一族，多修慈行，即不被蛇啮。昔者诸仙人于佛未出世时，对龙王之一族，多修慈行，得免于为龙王一族所惹起之危险。"于是佛为说过去之因缘。

主分。昔日波罗奈国梵与王治国时，菩萨生于迦尸国之婆罗门族，年长弃爱欲出家为仙人，修得神通与等至。彼于雪山地方恒伽河屈曲之处，作为隐栖之所，耽乐禅定，住于仙人之群围绕之处。时恒伽河峰，有种种爬虫动物居住，与诸仙人众多危险，诸多仙人之生命，为其所取。仙人等以此事告之于菩萨，菩萨集合全部仙人曰："若汝等对四大龙王多修慈行，则蛇等将不啮汝等。因此，今后应对四大龙王应修如是等慈行。"于是菩萨唱如下之偈：

（一）今对龙王我修慈，毗楼博叉伊罗钵，尸婆弗多罗诸龙，四大龙王黑瞿昙。

如此告示四大龙王之族："设若汝等对此等之物多修慈行，则汝等将不为蛇所啮，不为蛇所恼。"于是菩萨唱第二之偈：

（二）对无足者我修慈，对二足者我修慈，对四足者我修慈，对多足者我修慈。

如此依同一形式，修持慈行后，今再依请愿以告示之，为唱以下之偈：

（三）汝无足者勿害我，汝二足者勿害我，汝四足者勿害我，汝多足者勿害我。

菩萨更对一般修行者告示，唱以下之偈：

（四）一切有情一切生，一切存在皆与共，一切之物见幸福，任何之物勿来恶。

如是，"对一切有情修一般的慈行"，更须忆持三宝之德："佛无限、法无限、僧无限。"

如是菩萨又云："须忆持三宝之德。"菩萨示三宝无限之德后，更说明有情之有限："爬虫之类，为有限之物，无论蛇蝎、百足、蜘蛛、蜥蜴、鼠类皆是如此。"

如是菩萨教示："此等之物，怒心有限，因此，此等爬虫之类为有限之物。""修无限之三宝，此为我等有限者日夜应诵自卫之策。""如此，须忆持三宝之德。"于是菩萨更加示应为之道，唱以下之偈：

（五）我为防卫我自卫，诸般生物离远行，此我归依佛世尊，七人觉者我归命。

如是菩萨对仙人之群宣示："忆持七佛，向之归依，诸仙应把握此一防卫之道。"

尔来，仙人之群，守菩萨之忠告，多修慈行，忆持诸佛之德，如此彼等忆持诸佛之德，爬虫之类离之远去。菩萨更勤修梵住，得再生于梵天界中。

结分。佛述此法语后，即作本生今昔之结语："尔时之仙人群即是今之佛之侍众，仙人群之师实即是我。"①

至此，比丘被蛇咬的故事已发展成为一个佛本生的主题，但在稍晚

①元亨寺译南传大藏经编译委员会：《汉译南传大藏经》，第三十三册，第56页。

的形式里，比丘和咒语仍然没有特指的名字。但是，当这个故事被《孔雀王咒经》采纳，出现在该经最古老的文本即鲍威尔写本第六部分时，比丘和咒语的名字首次出现，"在这里它已经被扩展很多，成为陀罗尼经的形式，和防御各种不幸的全面保护性的咒"。[①]

第2个孔雀王的故事，是基于另一个佛本生的故事，即巴利藏《小部经典》八《本生经》三之第二篇之第一章《刚强品》之一五九《孔雀本生谭》：

主分。昔日波罗奈国梵与王治国时，菩萨宿某孔雀之胎卵中，其壳如迦尼迦花蕾之色，破卵而出，作黄金色，美丽可爱，两翼之间，具有美丽赤色之线。彼护己命越三山峰，至第四檀特金山中之平原，定为居所。黎明之时，彼立山顶，观日初昇，为保护自己探取食物之所，唱念梵咒：

（一）我此有眼唯一王，金色升照世界者，我礼金色照世界，依汝守护渡一日。

菩萨以此偈礼拜太阳，又唱第二只偈礼拜过去入于涅槃诸佛及其佛德：

（二）通一切诸梵志，归命汝等请护我，我拜诸佛拜菩提，拜解脱与得脱者。

如此日间出往各处，黄昏立于山顶观日之西沈，思念佛德，为保护所栖之家，再唱梵咒如此日：

（一）我此有眼唯一王，金色照没世界，我礼金色照世界，依

---

① A. F. Rudolf Hoernle, *The Bower Manuscript*, Vol. 2, p. 428a.

汝守护过一夜。

（二）通一切法诸梵志，归命汝等请护我，我拜诸佛拜菩提，拜解脱与得解脱者。

彼孔雀如此坚固守身于栖所。

而后，波罗奈城附近猎夫村住一猎夫，徘徊于雪山地方见此檀特山顶之菩萨，告知其子。其后某日波罗奈王妃开玛梦见金色孔雀为其说法，告王曰："大王！予曾闻金色孔雀说法。"王问："在于何处？"答曰："猎夫知之。"王集猎夫，一一询问。彼猎夫之子云："唯然，大王！有檀特金山，彼处栖一金色孔雀。"王曰："汝可将其生擒捉来。"

猎夫至孔雀探饵之处张网，然孔雀所踏之处，网不能收，猎夫终不得获。徘徊七年之间，猎夫死于其处，开玛王妃亦于失望不过之中死去。王因其妃之死愤慨，王刻一金板纳入箱中，上书："雪山地方有檀特金山，其处栖一金色孔雀，食其肉者，不老不死。"国王死后，他王即位，王读金板，见有不老不死之语，即遣猎夫往捕。彼亦至其处，不能捕得菩萨，仍死于其处。

如斯六代之王相继去世，至第七代王即位，亦遣一猎夫前往。彼至其处，不予菩萨足所踏处张网，彼知菩萨以咒文护身往探饵之场。彼下山至附近捕一雌孔雀，加以训练，拍手即跳，弹指即鸣，如此习练熟惯，伴至其处。于孔雀尚未护身探饵之前，晨起打橛张网，使雌者鸣声。孔雀闻雌性特有之鸣声，引动爱欲，咒文不能护身，踏入网中，为猎捕归，献于波罗奈王。……（下略）[1]

---

[1]元亨寺译南传大藏经编译委员会：《汉译南传大藏经》，第三十三册，第146页。

我们将鲍威尔写本和其他译本《孔雀明王经》中的孔雀王故事和上述《孔雀本生谭》的故事比较就会发现，二者明显一致，但有一个地方却迥然有别，即在鲍威尔写本中，《孔雀本生谭》里的咒（对日出和日落的唱颂）被汰除后替代以"大孔雀王咒"。易言之，"大孔雀王咒"是把《孔雀本生谭》里的咒中对佛祈祷的部分加入比丘被蛇咬的故事里的咒制成的。

至此，《孔雀明王经》的文本来源和形成过程已逐步展现，应是佛教比丘故事和金色孔雀王故事的合成，而且现有材料表明，大概鲍威尔写本中第六和第七部分的《孔雀王咒经》文本体现和保存了早期的合成部分。

《孔雀明王经》文本产生的具体过程应该是把《犍度本生谭》比丘故事里的简短的咒有意提取出来，扩展加入一个长的龙族名单和很多巫术行话，然后把它加入从《孔雀本生谭》中取出的咒中，保留对佛的祈祷，汰除对日出和日落的唱颂。最后这个重新组成的咒被称作"大孔雀王咒"。是后，组合后的新咒全部被融入比丘故事里，而且这个比丘故事在经过了修改和扩张后（加入了比丘名字和比丘被救活的情节）被放在了《孔雀明王经》经首，而结合的另一部分的孔雀王故事则被放在了经的第二部分。如是以观，《孔雀明王经》最初的核心文本就通过对佛教原有的故事形式（比丘被蛇咬的故事和孔雀王的故事）和咒语（被蛇咬故事里的咒和《孔雀本生谭》里的咒）进行修改、扩展继而糅合，从而产生新的经文（《孔雀明王经》）和新的咒语——大孔雀王咒。

三、《孔雀明王经》文本密教化

上文的论述表明，《孔雀明王经》最初是由佛教两个本生故事即比丘故事和孔雀王故事结合形成的。鲍威尔写本第 6 和第 7 部分的《孔雀王咒经》保留了最初结合所形成的最早的核心文本。考察《孔雀明王经》从鲍威尔写本时最初的较小的核心文本扩展成为不空本时内容丰富繁杂、仪轨详备的《佛母大金曜孔雀明王经》，其发展充分体现了佛教经典从早期咒语到杂密再到纯密的发展完善过程，这里仅撷取其中的两个问题略做探讨。

首先谈经文形成过程：从最初简单的咒语发展到有结界咒场，再到《坛场画像法式》出现，最后有完备的《佛说大孔雀明王画像坛场仪轨》。

不同文本内容的差异虽然存在译者本身省略或节译等因素，但主导因素应是《孔雀明王经》的内容随着时代和密教的发展而得到不断地扩充。据霍恩勒考证，鲍威尔写本年代大体是 4 世纪，而其保留的《孔雀王咒经》的文本年代似乎更早。考其内容此时只是一些咒语。帛尸梨密多罗的《佛说大金色孔雀王咒经》、失译者名《大金色孔雀王咒经》及僧伽婆罗的《孔雀王咒经》，年代都在 5—6 世纪，这个时期还属于密教的早期阶段，即我们所说的"杂密"，因此我们没有在这些文本中发现有关结界、仪轨、坛法等相关内容。

在相传是鸠摩罗什译《孔雀王咒经》里，经首出现结界金刚宅，经末出现《孔雀王咒场》的相关内容。①而到了义净所译经中，《大孔雀咒王经》已经成为一部发展中的密宗经典了。其不仅含有关于制造坛场和绘制佛像的方法，而且就在这部经中，陀罗尼首次被神化并被称为明

①虽然学术界目前对这部经是否是鸠摩罗什译还存有争议，但无论是否是鸠摩罗什译，该经所据文本一定是晚于 512 年的僧迦婆罗本。

王。众所周知，陀罗尼明王化是密教形成的重要标志。义净所处的时代正是印度密教形成的时期，义净本人又曾亲赴印度那烂陀寺求法，并对密教产生了兴趣，故其所翻译的《孔雀咒王经》已经有密宗经典的样式。

由于不空学识渊博且为密宗大师，对密教仪轨坛场密法等十分精通，因此不空本《孔雀明王经》必是在校正义净本的同时以一种或数种梵本为根据。其经的内容不仅更为详尽，而且译有更加完备的《佛说大孔雀明王画像坛场仪轨》，使得《孔雀明王经》由最初只是小乘巴利藏中存在的本生故事和咒语相结合形成的佛教陀罗尼经，最终发展成为内容翔实、坛场画像仪轨完备的重要密教经典。

其次，经名的演变：从《佛说大金色孔雀王咒经》《大金色孔雀王咒经》《孔雀王咒经》到《佛说孔雀咒王经》和《佛母大金曜孔雀明王经》，体现了《孔雀明王经》从最初的咒经到杂密经典再到纯密教经典的演变过程。因此学术界在研究《孔雀明王经》时，应该将其不同文本分阶段对待，不能简单地将其说成是"杂密经典"。

《孔雀明王经》现存文本的来源是由一个较小的核心文本发展而来，而写成于4世纪的鲍威尔写本为该问题的研究提供了难得的实证。随后，《孔雀明王经》渐得扩展，在不空那里变成了内容丰富繁杂、仪轨详备的《佛母大金曜孔雀明王经》。我们考察《孔雀明王经》这一部经的文本产生及发展，可以管窥佛教密教从一开始简单实用的陀罗尼咒到将陀罗尼咒与佛教故事相结合形成杂密经典再到相关坛场、画像、仪轨等体系逐渐完备的纯密的历史过程。所以，本文研究《孔雀明王经》的文本形成和发展问题，也是用细节生动再现了佛教密教的形成发展过程及其传播。

第二节　鲍威尔写本《孔雀王咒经》与龟兹密教

龟兹密教是学术界关注的一个重要问题。从 20 世纪初问题的提出，经过近百年的时间，学术界对龟兹曾有密教流行，以及早期有杂密思想的存在和影响的结论几乎达成一致。但在论据和论证中却始终存在比较大的问题，直到季羡林的《龟兹之密宗》将中原文献与西域佛教考古结合起来，从西域出土文献资料出发，提出极具权威的证据。但是季羡林的论文也只是说明 7 至 9 世纪龟兹有密教流传，属于纯密阶段。学术界关于 3 至 7 世纪龟兹早期密教（杂密）流传情况仍然没有确定的证据。鲍威尔写本《孔雀王咒经》的发现，为龟兹早期杂密流行提供了新证据。

一、龟兹密教问题的提出

从 20 世纪初日本学者羽溪了谛在《西域之佛教》之第五章《龟兹国之佛教》中提出龟兹流行密教以来，龟兹密教问题一直是学术界关注的一个重要问题，并被认为"是研究龟兹佛教历史不可或缺的课题。如果龟兹佛教流行密教的问题得到论证解决，是龟兹乃至西域佛教研究的一个重大突破"。[1]从 20 世纪初到现在，学术界对龟兹有密教流行，以及早期有杂密思想的存在和影响的认识几乎达成一致。

---

①霍旭初：《对龟兹流行密教几个论说的辩析》，《考证与辩析——西域佛教文化论稿》，乌鲁木齐：新疆美术出版社，2002 年，第 188 页。

此观点最早是羽溪了谛在《西域之佛教》中提出，现将其观点较集中的一段话引用如下：

> 上文述尸梨蜜多罗条时，吾人曾谓龟兹之密教似亦甚发达，今观罗什所译，有《摩诃般若波罗蜜大明咒经》《孔雀王咒经》《善信摩诃神咒经》三部，皆秘密部经典，则当时龟兹之密教似尚流行也。其后，密教是否继续通行，虽属疑问，然至唐时仍有密教经典二部由龟兹传入者，此即住居龟兹国城西门外莲华寺之勿提提羼（莲华精进）所译之《十力经》（据《宋高僧传》卷三），与龟兹沙门若那传授于崇福寺僧普能之《佛顶尊胜陀罗尼别法》（据《续藏》第一辑第三套第四册），由此观之，唐时龟兹及其他西域诸国之佛教，似颇受印度勃兴之密教之影响，故咒法似颇盛行。[①]

总结其论据，主要是以下几点：

（1）东晋时，帛尸梨密多罗在中原翻译了《大灌顶经》《大孔雀王神咒经》《孔雀王杂神咒经》等密教经典和他本人擅长咒术；

（2）姚秦时，龟兹出生的鸠摩罗什在长安翻译了《摩诃般若蜜多大明咒经》《孔雀王咒经》《善信摩诃神咒经》；

（3）唐代龟兹莲华寺僧人勿提提犀鱼翻译了《十力经》；

（4）唐代龟兹沙门若那在长安崇福寺传授《佛顶尊胜陀罗尼别法》。

此论一出，随后有不少学者附和引用，沿用此说，甚至论据也悉数

---

①羽溪了谛著，贺昌群译：《西域佛教史》，北京：商务印书馆，1999年，第186页。

照搬。^①据本文统计，随后的相关论文在论述时只增加以下新论据：

（1）《贞元新定释教录》卷一四，唐阿质达霰于西安译出《大威力乌枢瑟摩明王经》；

（2）法月三藏至龟兹，直月使令持梵本大乘《月灯三摩经》7000偈，历记达 1 万偈、瑜伽真言 5000 偈等，后于长安译出方术医方《梵夹药草经》，直月随师译语；^②

（3）帛远译《无量破魔陀罗尼经》《枝特陀罗尼经》；^③

（4）十六国以神异著名的和尚佛图澄"善诵神咒"，本姓帛，可能是龟兹人。^④

以上论述依据都是汉文佛教文献中的传记和佛经目录中的材料。

近年来又有学者从龟兹壁画里寻找密教的材料。代表者是朱英荣的《龟兹石窟研究》中的《密教与克孜尔千佛洞密教画》。其论据主要是以下三点：

（1）第 17 号窟东甬道坐壁的摩诃毗卢遮那佛像；

（2）第 178 号窟前室东壁的摩利支天像；

（3）第 178 号窟前室西壁的那罗延天像。

李瑞哲在其《龟兹石窟与龟兹佛教研究》一文中，又增举克孜尔石窟第 189 窟和第 198 窟的大自在天像也属密教图像。^⑤

---

① 魏长洪《西域佛教史》，东初《龟兹国之佛教》，周菁保《龟兹佛教文明》，李进新《佛教与龟兹》，均载张新伦、裴孝曾主编：《龟兹文化研究》卷二，乌鲁木齐：新疆人民出版社，2006 年。

② 东初：《龟兹国之佛教》，载张新伦、裴孝曾主编：《龟兹文化研究》卷二，乌鲁木齐：新疆人民出版社，2006 年，第 17 页。

③ 东初：《龟兹国之佛教》，第 17 页。

④ 魏长洪：《西域佛教史》，乌鲁木齐：新疆美术摄影出版社，1998 年，第 35 页。

⑤ 李瑞哲：《龟兹石窟与龟兹佛教研究》，兰州：兰州大学博士后研究工作报告，2009 年，第 168 页。

这里需要提出的是，许多学者研究龟兹库木吐喇石窟中有很多密教形象。[1]但这些都属于 7 世纪唐王朝对西域进行管辖后从中原西传至龟兹的佛教，不属于龟兹本地密教流传问题，因此本文不再涉及。

二、龟兹密教研究中的论据问题

霍旭初先生在 1998 年 9 月召开的"唐代西域文明——安西大都护府国际学术讨论会"上，首次谈及《龟兹流行密教考辨》，又于 2000 年发表《对龟兹流行密教几个论说的辩析》，从汉文佛教文献和龟兹石窟壁画两个方面，用资料论据和论证方法集中对上述有关龟兹密教研究的论据论证进行了考证辨析，认为上述论据和论证都"是有偏颇的，是不能令人信服的"。[2]其主要理由是：

（1）帛尸梨密多罗在中原只翻译了《大孔雀王神咒经》，他也不一定就是龟兹人；

（2）经现代佛学者勘校，鸠摩罗什并没有翻译那些经本；[3]

（3）勿提提犀鱼翻译的《十力经》与小乘《增一阿含》卷四二《结禁品》为同本，是小乘戒律类，不属于密教经典；[4]

（4）唐代龟兹僧若那在长安授于崇福寺普能《佛顶尊胜陀罗尼别

---

[1] 刘松柏：《库车古代佛教的观世音菩萨》，《敦煌研究》1993 年第 3 期，第 35—45 页；李瑞哲《龟兹石窟与龟兹佛教研究》，兰州：兰州大学博士后研究工作报告，2009 年。

[2] 霍旭初：《对龟兹流行密教几个论说的辩析》，《考证与辨析——西域佛教文化论稿》，2002 年，第 189 页。

[3] 汤用彤：《汉魏两晋南北朝佛教史》，北京：中华书局，1997 年，第 208 页；任继愈主编：《中国佛教史》第 2 卷，北京：中国社会科学出版社，1985 年，第 702 页。

[4] 霍旭初还另撰文章对《十力经》的内容和成书年代等进行了专门考证。参考霍旭初：《唐代龟兹僧勿提提犀鱼汉译〈十力经〉及相关问题》，《敦煌研究》2001 年第 3 期，第 153—160 页。

法》，并不说明龟兹本地有密教传播；

（5）克孜尔第 17 窟所谓毗卢舍那佛没有定论，克孜尔 178 窟的摩利支天实际是鸠摩罗天。他们是原始佛教时期就形成的护法神，不能因为这些天神被后来的密教突出尊奉，就把所有出现这些天神的艺术造像都归属于密教。这种"从克孜尔石窟壁画里考订的几个所谓的密教壁画，都是用抽出个别形象的方法，加以主观的臆断，因而是不可信的"。①

通过上述辨析，霍旭初总结出目前龟兹密教研究的资料论据和论证方法存在的几个问题：

（1）学者们在研究龟兹佛教时，主要是依靠汉文文献资料，并且没有认真研究历代各种佛教目录的形成历史和存在问题，也没有对这些汉文佛教文献进行精审勘误研究，只是简单地抄录前人著述，不探其究竟，以讹传讹。龟兹流行密教资料依据的误差，因此而生。

（2）利用龟兹石窟壁画进行研究，无疑是正确的途径。但学者们为了说明问题，孤立地看一个形象或一个局部，将其抽出来加以臆断，而不是从龟兹佛教历史背景、石窟整体关系等全面考虑，因此容易断章取义和望文生义，其结论也是不可取的。

（3）关于龟兹僧人到中原翻译佛经，是否就意味着这些僧人的出生地也流行着这种经典或相关思想，学界也不能一概而论。如果将某个龟兹僧人在中原翻译了某种密教佛经，就简单地得出僧人的出生地龟兹有密教流行，这必然会得出偏颇的结论。因此上述论据也就无法让人

---

①霍旭初:《对龟兹流行密教几个论说的辨析》,《考证与辨析——西域佛教文化论稿》, 2002 年, 第 202 页。

信服。

霍旭初文中承认"不是认为龟兹本地佛教没有密教和密教的影响。密教虽然是佛教的最后阶段,形成于7世纪。但早期的'杂部密教'思想孕育的时代较早,且这些思想不是突然出现的,在大乘佛教甚至部派佛教时期就有萌芽。当大乘佛教传入龟兹时,也可能某些带有'杂部密教'成分的想象影响过龟兹"。[①]

至此为止,龟兹密教研究似乎进入尴尬境地。现在的情况是:大家基本都认同龟兹有密教流行,但该采用什么论据和方法进行论证,成为摆在学者面前的一大难题。霍旭初在文中也提到了他认为应该采取的思路:"研究西域或龟兹佛教,必须将中原文献和西域佛教考古结合起来。19世纪末20世纪初,国外不少探险队都来过新疆,掠取了大量的佛教文物。国外一些学者做过科学的学术研究,取得了很大的成果,这些应该成为研究龟兹佛教的重要参考"。[②]吕澄先生也指出:"早年,日本人羽溪了谛著有《西域之佛教》,……他的研究方法,是采用'逆转'法,即从中国内地的资料去研究西域,而不是从西域本身的资料进行研究,未免有所不足。"[③]

2007年,季羡林先生《龟兹之密宗》一文发表,打破了龟兹密教研究现有的僵局。他利用近百年前法国探险家伯希和在龟兹发现的编号为M777-1,2,3的残卷和编号为FM34,l和498,2的两个残片,通

---

①霍旭初:《对龟兹流行密教几个论说的辩析》,《考证与辨析——西域佛教文化论稿》,2002年,第206页。

②霍旭初:《对龟兹流行密教几个论说的辩析》,《考证与辨析——西域佛教文化论稿》,2002年,第205页。

③吕澄:《中国佛学源流略讲》,北京,中华书局,1979年,第11页。

过对这些用梵文和吐火罗文 B 写成的密教残卷进行详尽研究，从而确定龟兹有密教流行。

季羡林《龟兹之密教》，即是"将中原文献和西域佛教考古结合起来""从西域本身的资料进行研究"，对龟兹古代存在密教这个问题提出了"极具有权威性的，是无法反驳的"[①]证据，为解决龟兹有密教流传却难以论证的难题提供了考证。

但根据季羡林研究，这批文书的年代"据 Lévi 的意见，大概在 7 世纪至 9 世纪之间。此时正是印度密宗金刚乘形成的时候，也是从印度派出密宗和尚道中亚一带一直到中国宣传密宗的时候。8 世纪到中国来的金刚智和不空就是著名的例子"。[②]换言之，季羡林的论文也只是说明 7 至 9 世纪时龟兹有密教流传，属于纯密阶段。至于 3 至 7 世纪的龟兹早期密教（杂密）流传情况又是如何呢？可以说目前学术界仍然没有明确的证据。鲍威尔写本《孔雀王咒经》的发现，为龟兹早期杂密流行提供了确定无疑的新证据。

三、鲍威尔写本《孔雀王咒经》与龟兹密教

鲍威尔写本《孔雀王咒经》分属第 6 和第 7 两部分，写在两种不同的桦树皮上。虽然这两个部分的尺寸、书写材质的质量、标页方式等都不一样，但其内容的确属于同一文本。[③]霍恩勒于 1897 年首次将这两个部分的梵语婆罗谜文文本解读成功，发表在同年的《孟加拉亚细亚学会

---

① 季羡林:《龟兹之密宗》,《延边大学学报（社会科学版）》2007 年第 1 期,第 6 页。
② 季羡林:《龟兹之密宗》,第 9 页。
③ 出现这种情况的原因,需要从两个部分的抄手、文字和年代等诸多原因进行分析。因与本文主题关系不大,故在此暂不展开讨论。

会刊》。随后，俄国探险家谢尔盖·奥登堡（Sergei Oldenburg）于 1897 年 8 月在《俄罗斯帝国考古学会会刊》中将霍恩勒释读的内容与梵文佛经进行比对，第一次提出这两个部分的文本是《孔雀王咒经》中的一部分，并且将该部经的梵文全文刊布在文后。[1] 紧接着，1897 年 12 月，英国学者本达尔在给霍恩勒的明信片中也提到相同的观点。[2] 1907 年 4 月，渡边海旭博士在《皇家亚细亚学会会刊》发表了《与鲍威尔写本一部分相对等的汉文典籍》一文，[3] 将其与汉文大藏经进行比对，进一步确定鲍威尔写本第六和第七部分保存下来的文本就是《孔雀王咒经》中的一部分，其在汉文大藏经中保留有六个汉译本，[4] 并提出鲍威尔写本第六和第七部分仅保留了该经中很少的一部分，其余大部分已遗失。1911 年 5 月，霍恩勒研究指出，虽然鲍威尔写本只保留了《孔雀王咒经》中很少的一部分，[5] 但是除去一些重复和变化的部分，鲍威尔写本的第 6 和第 7 部分恰好保留了《孔雀王咒经》两个核心的故事内涵，其中第 6 部分是关于莎底比丘被蛇咬通过念此咒得解脱的故事，第 7 部分是孔雀王本生时首次使用此咒的故事。[6]

鲍威尔写本《孔雀王咒经》保存的 9 面文本总共有 2385 多个音节。其中相当大一部分是咒语和繁复的佛名药叉龙王大仙众生主地舆等名

---

①《俄罗斯帝国考古学会会刊》，第十一卷，1897 年，第 297 页以下。

② A. F. Rudolf Hoernle, *The Bower Manuscrip*, Vol. 2, p. 240.

③ K. Watanabe, 'A Chinese Text Corresponding to Part of the Bower Manuscript', *Journal of the Royal Asiatic Society*, April, 1907, pp. 261–266.

④它们分别是帛尸梨密多罗译本、失佚译本、鸠摩罗什译本、僧迦婆罗译本、义净译本和不空译本。

⑤如他所说"整部经的梵语全文印出来有 43 页长，但鲍威尔写本只占了其中 6 页"。

⑥ A. F. Rudolf Hoernle, *The Bower Manuscript*, Vol.2, p. 241.

号。因为本文篇幅和讨论重点的需要，这里并不打算将鲍威尔写本《孔雀王咒经》所有的文本进行汉文翻译，而只是选取两个部分中除去大量咒语和各种名号后，有内容识别性的两面，以霍恩勒的释读文本为基础，参考梵语原文，对其进行翻译，并分别附上僧迦婆罗和义净、不空译本对应的部分。

鲍威尔写本第 6 部分第 1 张正面译文（本文作者译，下同）：

> 如是我闻：曾经佛住在室罗伐城逝多林给孤独园。在那时在室罗伐室给孤独园住着一位叫莎底（Svâti）的托钵僧，他年少新出家，最近才受圆具足戒，被允许学习毘那耶。当他为众人洗热水澡劈烧火用的木头时，他右脚的大拇指被一条大黑蛇咬了一口，它是从朽掉的木头的圆孔的另一边钻出来。他气绝倒在地上，口吐白沫，翻滚眼珠，撕扯身体。具寿阿难陀看到莎底比丘无意识地躺在地上，完全气绝，口吐白沫翻滚眼珠，询问佛：……

僧迦婆罗本对应译文：

> 如是我闻。一时佛住舍卫园祇树给孤独园。时有比丘名曰娑底。年少新出家。受具足未久。始学毗尼为众破樵以营澡浴。樵孔黑蛇啮其右脚拇指。毒攻其身躄地吐沫转眼腾视。阿难见其痛苦。往至佛所具白佛言。[①]

---

① 《孔雀王咒经》，《大正藏》第十九册，第 446c 页。

义净本对应译文：

如是我闻。一时薄伽梵。在室罗伐城逝多林给孤独园。与大比丘众千二百五十人俱。于此住处有一比丘名曰莎底。年少出家未久。新受圆具学毗奈耶教。为众破樵营澡浴事。有大黑蛇从朽木孔。忽然而出螫彼比丘右足拇指。毒气遍身闷绝于地。口中煦沫两目翻上。尔时具寿阿难陀。见彼比丘形状如是极受苦痛。即便疾疾往诣佛所。[①]

不空本对应译文：

如是我闻。一时薄伽梵。在室罗伐城逝多林给孤独园。时有一比丘名曰莎底。出家未久新受近圆。学毗那耶教为众破薪营澡浴事。有大黑蛇从朽木孔出。螫彼比丘右足拇指。毒气遍身闷绝于地。口中吐沫两目翻上。尔时具寿阿难陀见彼比丘。为毒所中极受苦痛。疾往佛所礼双足已。[②]

通过与汉文文本比对，我们可以确定鲍威尔写本第 6 部分确是《孔雀王咒经》莎底被蛇咬的内容。

下面是鲍威尔写本第 7 部分第 2 张正面译文：

阿难陀，这个大孔雀王咒经，应该被一个人想起，无论他去村

---

① 《佛说大孔雀咒王经》,《大正藏》第十九册, 第 459c 页。
② 《佛母大孔雀明王经》,《大正藏》第十九册, 第 416a 页。

落还是去丛林；无论他是在正路上还是在歧路上；无论他是在王侯之中还是在强盗之中，或是在火中，或是在水中，或是在敌手中，或是在会众中，或是在争辩中；无论他是被蛇咬，或饮用了任何毒药或在各种危险同时存在时；他也必须想起它在由于风或胆汁或痰的失调或这三种体液一起失调时所引起的四百零四种疾病时，或者如果他得了任何其他种类的疾病时，或者当所有不幸一起发生时。因为什么这样做？阿难陀，因为一个人原本应该罚死罪，以杖鞭打得解脱；原本应该罚杖打，以手打得解脱；原本应该罚手打，以被骂恐吓得解脱；原本应该罚被骂恐吓，以被谴责得解脱；原本应该被罚谴责，以威慑性的姿势得解脱。无论是什么，他都会得到解脱；他会从所有疾病中得到解脱。阿难陀，这个咒语的字都应该被想起。

僧迦婆罗本对应译文：

　　阿难此大孔雀王心。以大孔雀王咒。若入国界至阿兰若。正路邪路诣王宫殿。劫贼斗诤水火怨恶。及处大众蛇啮饮毒。于一切怖畏应当忆念此咒。若风痰寒热和合。于四百四病若为一一病所触亦应忆念。若非意苦至亦应忆念。何以故阿难若人应遭囚系。但以罚而得解脱。若应鞭罚以杖捶解脱。若应杖捶搏耳解脱。若应搏耳嗔骂解脱。若应嗔骂诫勖解脱。若应诫勖不涉言解脱。如是解脱离一切病。[1]

---

① 《孔雀王咒经》，《大正藏》第十九册，第448b页。

义净本译文:

阿难陀此大孔雀咒王心咒。若复有人欲入聚落应存念诵。或至阿兰若寂静之处。或在正道或行非道。或入王宫劫贼斗诤水火怨家。及对大众。或蛇蝎等螫为毒所中。诸有怖畏风热痰阴。或三集病或四百四病。若一一病生即应念诵。若苦恼至咸可忆持。何以故阿难陀。若复有人应合死罪以罚物得脱。应合被罚轻杖得脱。应合轻杖骂而得脱。应合被骂诃责得脱。应合诃责战悚得脱。应合战悚自然得脱。一切忧恼悉皆消灭。①

不空本译文:

阿难陀。此佛母大孔雀明王心陀罗尼。若复有人。欲入聚落应当忆念。于旷野中。亦应忆念在道路中亦常忆念或在非道路中亦应忆念入王宫时忆念。逢劫贼时忆念。闻诤时忆念。水火难时忆念。怨敌会时忆念。大众中时忆念。或蛇蝎等螫时忆念。为毒所中时忆念。及诸怖畏时忆念。风黄痰阴时忆念。或三集病时忆念。或四百四病一一病生时忆念。若苦恼至时皆当忆念。何以故若复有人。应合死罪以罚物得脱。应合被罚以轻杖得脱。应合轻杖被骂得脱。应合被骂诃责得脱。应合诃责战悚得脱。应合战悚自然解脱。一切忧恼悉皆消散。②

①《佛说大孔雀咒王经》,《大正藏》第十九册,第461c页。
②《佛母大孔雀明王经》,《大正藏》第十九册,第419c页。

通过与汉文文本的比对可知，鲍威尔写本第 7 部分确属《孔雀王咒经》的一部分。

《孔雀王咒经》主要讲述的是比丘莎底出家未久，为蛇所咬，阿难陀见他痛苦，疾往佛所，佛告阿难陀，有大孔雀明王大陀罗尼（dhārani）（此言咒）有大威力，能灭诸毒。佛说此咒之后，历数诸种神道不能恼害持此咒者。所说诸神，名称之众，可称佛教神团的一次大集合，尤其以民众所信神团为多。经中，佛还告阿难陀说，昔有金曜孔雀王（Suvarnāvabhāsa mayūra-rājñah），居于雪山，诵咒自护。因一时忘诵大孔雀王咒，遂与众多孔雀婇女游戏山林，被怨家捕获。被缚之时，复诵此咒，遂得解脱。该经的主要作用是疗病、解毒、求雨、消灾去祸等。《孔雀王咒经》作为"五护秘经"之一，①是比较有代表性的一部杂密经典。

鲍威尔写本第 6 和 7 部分《孔雀王咒经》的年代，根据霍恩勒从文字、语言及与写本其他几部分的关系等方面进行研究，确定其属于 4 世纪。②此后，桑德尔在《鲍威尔写本的来源与时代新考》一文中认为其年代应该是 6 世纪左右。无论哪种观点，鲍威尔写本的年代无疑是属于 4 至 6 世纪龟兹杂密流行的时候。鲍威尔写本第 6 部分第 4 张正面第 6 行的文字"敬畏佛所宣称的这个咒，它们可以护佑 Yaśômitra 的幸福。它们可以将他从一切恐惧、一切困难、一切诱惑和一切发热、一切

①其他四部是《大随求陀罗尼》《守护大千国土陀罗尼经》《大寒林陀罗尼经》《大护明大陀罗尼经》。

② A. F. Rudolf Hoernle, *The Bower Manuscript*, Vol. 1, p. xlvii.

疾病和一切疾病的发作和一切毒中解脱"①说明此《孔雀王咒经》的写本是一个叫 Yaśômitra 的人自己或请人为他抄写的。写本从库车佛塔的密室中被发现，说明这个佛塔可能是用来纪念那个叫 Yaśômitra 的人和收藏为此人而抄的经。这充分说明，在 4—6 世纪，龟兹地区已经有杂密经典《孔雀王咒经》的流行。新疆库车佛塔出土 4—6 世纪鲍威尔写本《孔雀王咒经》为 7 世纪之前龟兹早期密教（杂密）流行提供了确凿无疑的证据。

小　结

鲍威尔写本《孔雀王咒经》的文本弥补了佛教经典研究的不足，解决了龟兹密教一直悬而未决的问题。它是《孔雀明王经》形成初期最早的文本，为研究《孔雀明王经》文本的起源、形成及扩展提供了关键实证，使得从佛经文本角度研究佛教发展历史成为可能。同时，其从新疆库车佛塔出土的事实为学术界长期以来悬而未决的龟兹早期杂密流行问题提供了确凿无疑的证据。鲍威尔写本所具有的重要资料价值由此可见一斑。

---

① A. F. Rudolf Hoernle, *The Bower Manuscript*, Vol. 2, p. 230.

结　语

　　本文在翻译鲍威尔写本的基础上，从中亚考古学、印度医学、佛教医学、印度社会史、佛教密教发展等角度，对鲍威尔写本的发现、文本的巨大历史意义和价值进行整理和研究。本文通过探讨鲍威尔写本医学文书与印度阿育吠陀医学、佛教医学的关系，揭示其珍贵的医学文献价值；通过解读鲍威尔写本医方中的社会、民俗等资料，尝试从医疗史的角度切入社会史的研究，揭示鲍威尔写本医学文献难得的社会史料价值；通过与现存吐蕃骰子占卜辞的比较研究，揭示鲍威尔写本骰子占卜辞在研究骰子占卜和印度古代社会生活方面的重要性。同时，本文从密教发展的角度揭示了鲍威尔写本咒经在佛经文本和佛教历史研究中填补空白的巨大资料价值。

　　综上所论，通过对鲍威尔写本的翻译和研究，本文得到以下基本结论：

　　（一）鲍威尔写本医学文书在研究印度古代医学方面意义重大。鲍威尔写本医学文书是现存年代极为古老的印度阿育吠陀梵文医典。其理论基础和医方均属印度阿育吠陀医学体系。鲍威尔写本的出现，使我们能直接从阿育吠陀原典出发，深入地了解印度阿育吠陀在疾病、时令、饮食、医护等基本理论，药物采集保管、分类等药物理论、根本性五业等治疗方法和饮食、季节、长年和房事等养生保健方面的具体内容和特色。

（二）鲍威尔医学写本为研究佛教医学提供新的资料和角度。鲍威尔写本医学文书虽然属于阿育吠陀医学体系，但却在叙事结构、佛教医学专用术语、佛教命名医方等方面具有强烈的佛教医学色彩。鲍威尔写本医学文书与佛教、佛教医学的关系，可以从一个侧面反映印度佛教是如何渗透到阿育吠陀医学中，对其产生影响和进行改变利用并形成自己的佛教医学，也可以使学者改变以往研究佛教医学主要以佛经为主要材料的局面，得以从西域和印度出土、存世的一些医学文书与佛教医学的关系出发，为研究佛教医学提供新的资料和角度。

（三）鲍威尔写本医学文书不仅仅是医学文献，而且具有珍贵的社会史价值。以鲍威尔写本为代表的印度医学文献中保留着大量宗教、社会、民俗等材料，映照出以婆罗门为中心的涉及宗教仪轨、社会观念、伦理道德、节日民俗等印度古代社会生活的众多方面，体现并保留着印度医学与印度宗教、印度社会的互动关系。印度宗教与社会史的研究，应该重视从医疗史的角度切入，关注医学文献的社会史料价值。

（四）骰子占卜作为世界文明历史上曾经共同存在过的一种重要占卜方式，其在古印度、历史发展、流传影响等反映的是中印文化、宗教交流的问题，理应引起学术界的关注。尤其是其占卜辞所反映的古代民众政治、贸易、婚姻、财富等社会生活更应得到重视。鲍威尔写本作为来源于印度、出土于中国新疆、目前已知年代非常早、保存相当完整的骰子占卜辞，为我们研究骰子占卜的工具和具体操作方法、骰子占卜之间的历史互动关系、不同文化的占卜辞所反映的不同社会生活、观念等提供了宝贵资料。

（五）本文认识到，佛教经典的文本不仅是佛教义理、思想的载体，还包含着佛教发展历史的信息和线索，应引起佛教史研究者的更多关注。鲍威尔写本经咒文本的存在，为《孔雀明王经》不同时代的诸多文本内容比对考察，以及研究《孔雀明王经》文本的起源、形成及扩展提供了难得的关键实证，使得从佛经文本的起源扩展角度研究佛教发展历史的全新尝试成为现实。

（六）学界研究西域或龟兹佛教，必须将中原文献和西域佛教考古结合起来，不仅仅从中国内地的资料去研究西域，而且要从西域本身出土的资料进行研究。鲍威尔写本《孔雀王咒经》的发现，为学术界长期以来悬而未决的龟兹早期杂密流行问题提供了确凿无疑的证据，这也充分说明，在于阗、库车、吐鲁番等佛塔出土的大量佛教文献，具有史籍和出土汉语文书没有的资料价值，其珍贵性理应得到重视。

对新疆佛塔出土佛教文献进行全面整理研究是一项长期的工作，也是一个大课题。以这项课题研究为契机，学术界未来应在以下几方面有更多突破。

（一）对鲍威尔写本的每一个医学专业术语词汇进行细致考证，理清该词汇的各种不同译语。陈明已经将《医理精华》《耆婆书》等印度古代梵语医典进行翻译，如果能将所有学者的研究成果汇总成一部印度古代医学梵汉词典，将为印度医学、中医文化交流、语言学等提供巨大的研究便利和珍贵的材料。

（二）要加强对印度、阿富汗医学、文学等原典的翻译和研究。西域与印度、阿富汗等地文化交流密切，受其影响深远。以鲍威尔写本为例，要全面把握其内容和价值，就必须对其知识来源——印度阿育吠陀医学、佛教医学和印度古代社会、宗教等做深入地了解。但目前学术界对印度及中印文化交流史的研究，多集中于佛教，利用的材料也主要是佛教文献和汉文史籍，导致研究存在很多空白和不足。印度《妙闻本集》《阇罗迦集》等原典的英译本、德译本、日译本早已面世，却至今没有独立的汉译本，这成为我国学术界之一大憾事，亦是我辈努力之方向。

（三）西域流失海外的新疆佛塔出土佛教文献与其出土地点及建筑之间的关系问题有待深入研究。与鲍威尔写本同时代发现于新疆库车佛塔并流失海外的马继业写本、格德弗雷写本、韦伯写本、奥登堡写本等文书数量庞大。它们最初是作为佛塔存放物被放入佛塔内的，这些写本为什么要放入佛塔？是出于什么样的目的？又有什么样的选择？学界研究这些写本与佛塔建筑的关系，可以探讨西域佛塔建筑在西域宗教和社会中的功能等重要问题，同时也可以从佛塔功能的角度重新认识和解读这些写本。

本文首次对鲍威尔写本进行了完整的汉译和综合研究，希望能为本课题的研究添砖加瓦。但同时，本文也不可避免地存在很多不足和缺陷，今后将继续努力，不断完善本研究。

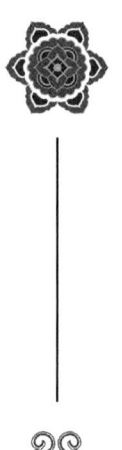

下 篇
鲍威尔写本文本翻译

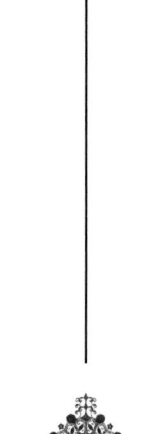

【按语】本文提供的鲍威尔写本中译本，以霍恩勒《鲍威尔写本》英译本为基础，同时参考霍恩勒的释读转写本。其中第 1—3 部分中的部分药物名称比定，参考了陈明《殊方异药——出土文书与西域医学》一著的附录《〈鲍威尔写本〉（卷一——卷三）翻译》。①

---

① 陈明：《殊方异药——出土文书与西域医学》，北京：北京大学出版社，2005 年，第 242—310 页。

第一部分

第1张：背面

（诗颂1）—唵（om）！这无限财富之神圣顶峰（喜马拉雅山），群居着无数天神（Dêvarshis）和圣者（Siddhas），紧那罗（Kinnaras），那迦（龙）（Nâgas），夜叉（Yakshas）和持明者（Vidyâdharas），愉悦于不断耸入苍穹的云彩，所有的……不断凌驾高出。

（2）那里，摩尼宝的千种光辉闪动幻影照射十方，黑暗恐惧月亮、星星、太阳和火焰的存在，甚至在雨季的夜里也不敢靠近。

（3）被众多门徒相随的牟尼仙们不断地崇拜它，他们携带着木头、俱舍草（Kuša-glass）、水果、清水和鲜花；在他们的小树林里，树木的树枝为了追求鲜花而被天女们吹过。

（4）那里，众星之灵（即月亮），一直居于湿婆的宝髻冠的一角，月爱珠甚至在白天流淌出丰沛、清凉的净水，就像喜马拉雅山的预言。

（5）在那美丽的树林里，长满了茂密的结满花果的树木，回荡着各种鸟鸣声，山岩地表正被云彩洒落的雨水冲洗着，药草像祭火一样在夜间生长。

（6）那里，狮子有着比月光更加明亮的浓密鬃毛，肩上涂抹着发情的象群的分泌物，它们不能容忍密云中的雷声，用山洞般的大嘴发出嘲笑的咆哮。

（7）在那座有着整个大地的精华，所有的生物将世界的财富作为礼物奉献的山上，——在它的山顶上，一年四季都有让人愉快的结满花果的树木，那里住着消除了无名的［下述］诸仙人（Munis）：

（8）阿提耶（Âtrêya）、青苗（Hârita）、肋生（Parâśara）、毗庐（Bhela）、迦楼迦（Garga），舍婆耶（Śâmbavya），妙闻（Suśruta），安住（Vasishtha），迦楼罗（Karâla）和迦波耶（Kâpya）。他们相伴经行数百次，调查了所有药用植物的味道、性能、形态、药力和名称。

（9）妙闻观察到一种有着像蓝宝石一样深蓝色叶子的植物，根茎宛如素馨，水晶，白莲，月光，贝壳或云母一样净白，引起了他的注意力，妙闻向牟尼迦西王（Kâśirāja）询问它可能是什么。然后这个令人敬仰的人（Bhagavān）答复他如下：

（10—11）从前阿修罗主（Asurendra）自己喝下了［搅乳海而得］来的甘露；神圣的毗湿奴（Janârdana，即 Vishnu）砍下了他的头。（11）他的咽喉仍与活着的头连在一起；血滴落到地上，［长出了大蒜］，这就是它（大蒜）的最初起源。

第2张：正面

（12）因此，婆罗门不能吃它，因为它的起源和［活的］身体有关；

其邪恶的气味也被精通圣知者认为是出于同样的原因。

（13）由于缺乏咸味，人们叫它 Raśûna；它的 Laśuna 的名称尽人皆知。有何必要说出它在不同地区的语言中的诸多名称呢？只需要因为其药用的重要性而听取它的味道、性能和药力。

（14）在品尝和消化时，大蒜据说是辛辣的，但在消化时它也被说成是甜的；它是轻的，正如它的气味所示，它难于消化；至于它的性能药力，它是热性的，并且它作为一种春药（壮阳剂）而闻名。

（15）因为它的酸性、热性和油性，它被最一流的仙人们认为它能祛风；并且因为它的甜性和苦性，正如它的味道所表现出的，它也被认为能驱胆（能驱除被搅乱的二合的体液）。又因为它的热性、辛辣性和刺激性，它被有学问的人说成是可以祛痰。它因而被"生主"指出能驱除三种（失调的）体液，治疗一切疾病。

（16）当它已经进入骨内时，它能祛风，同样调整胆汁性体液到它（即它的缺点）不再持续时，（它能调痰）；它同样能极大地促进消化，并被当作是恢复精力与活力的出色方法。

（17）至今下面的大蒜节日被那些渴望舒服地享用各种美酒、肉、酥（清黄油）、大小麦的人在寒季（冬季两个月）和春季的两个月——制呾罗月（Caitra，即 Madhu）和吠舍佉月（Vaiśākha，即 Mâdhava）内庆祝。

（18）当女人为征服男人，解开漂亮的腰带，脱下胸部的项链，而［感到冬季］那令人痛苦的寒冷；当在某人家做客时与月光接触的享乐不被渴望时；以及当阿魏（Aguru）备受珍重和身体用藏红花粉（Kumkuma，郁金香）涂抹时，它（大蒜）［的节日］应该举行。

（19）然后，一串串带球茎的大蒜花环应该被悬挂在房顶、门口和窗户上，大蒜将会被放在地上举行祭祀仪式。全家人戴上用大蒜做成的项圈。这就是"庆祝这个节日"的方式，人们称之为"无与伦比的"（Svalpôvamâ）。

（20—27）第1个药方：沐浴身体，纯洁、虔诚地敬奉天神，婆罗门和祭火，病人应该在有吉利的星宿标记（吉星高照）的一天，饮用用布过滤的新鲜的大蒜汁。（21）或者1斛（kudava）或半斛或1斛半或者更多量，

第2张：背面

剂量并不确定。在由于体液的浓度引起有关疾病时，让他饮用相应的量。（22）当病人饮用时，要用棕榈叶制成的扇子轻轻地给他扇风。当病人饮用［大蒜汁］而昏倒时，应该给他撒凉水并用旃檀粉擦他的身体。（23）在大蒜汁中，加入三分之一的米酒（surâ），他应该先呷一口，停一会润润喉咙，然后和剩余的一起喝下。（24）待消化后，他可以喝加米的牛奶；或者牛奶里可以加些野味或豆类做的汤，或加些油质的东西。但是他必须有节制地食用，并且1天只能服用1次。（25）他也可以饮用葡萄酒（mârdvîka，madhu），或等量的蒸馏液体和葡萄酒（madirâ 和 madhu），或纤婆（arishtam Azadirachta Indica，Nīm），或者蔗糖酒（sîdhu），或浓烈的米酒（jagala），或一种提神的汁液（agaja），或者迷丽耶酒（mairêya），或者其他任何可能有的烈性液体。但是他服用时应该兑水饮用，并且1次1种，避免混合。（26）如果他不习惯饮用这些液体，他可以喝温水或（未去壳的稻米熬的）

酸稀粥（kâñchika），或他也可以饮用（未去壳的豆子熬的）酸稀粥
（tushôdaka）或（未去壳的大麦熬的）酸稀粥（suvîraja），或新鲜的乳
清。（27）在使用这个药方时，他既不要和糖蜜一起饮用，也不要喝未
煮开的水；他应该始终注意消化，也不能服用短短的几天。

（28和29）第2个药方：把一小块新鲜大蒜茎碾碎，加入等量的酥
油，把他们用一个搅拌棒在盛酥油的容器中搅好，然后将此药剂放置
10天或更久后，把它与等量的木橘（Aegle marmelos）一起服用。当它
消化后，病人可以遵行使用大蒜汁中描述的饮食规定。

（30）我上述提到的这两种使用方法是其主要的。如果任何一个人
不想使用其中任何一种，让他听我讲述其他方法。

（31）第3个药方：把大蒜瓣清洁，直到它们如贝壳般明净后，与
烘烤过的谷物面粉、两种酸粥（kulmâsa和chukra）一起，用酥和油
烹煮，做成肉汤的样子后，加入捣碎的豆类和蔬菜，用一些香料和盐
（sonchal）调味，然后服用。也可以用其他方式调配服用。或者可以使
用其他方法如下：

（32）第4个药方：把大蒜杆和肉一起煮，用布过滤后，把这种美
味的肉汤给病人喝；或者可以给他喝同样方法调制的牛奶，或者加入了
豆子的浓汤。

（33）第5个药方：大蒜加油和米醋（śukta），放入一定量的大麦
中，四周用黏土厚厚地涂抹，放置1年。吃完这个的人将消除疾病（即
使是拖延已久的）。

（34）第6个药方：把一头母牛3天不喂草，然后喂以大蒜杆和两
倍的青草。

第3张：正面

　　任何波罗门服用了这头母牛的牛奶、凝乳、酥油或酪乳（白脱牛奶），将战胜任何疾病，享受幸福。

　　（35和36）第七个药方：32升（prasthas）的大蒜汁，四分之一量的酵母，1升去除杂质的油，和6升面粉，合煮之后，一位聪明的医生会再加入1瓶（kalaśa）凉好的一种马利筋属植物（Mêshaśringî，Asclepias geminata），再放入2升的面粉。（36）在五五二十五天之后，这种药液开始有味、色和香。作为一种药油，它是出色的和最有效的。如果一个人坚持不懈地使用它，不管是作油还是作液，许多疾病都会远离他，就像在战争中手拿武器的人，其他人避而远之一样。

　　（37）第8个药方：将1升洗净的大蒜碾碎，加入半婆罗（pala）的三果（murobalams）散，一斛（kudava）酥和油，然后放置10天，制成一种令人愉快的治疗咳嗽和哮喘用的药糊。

　　（38和39）大蒜与祛风类药合用，能治由风引起的腹部肿胀；与儿茶（Khadira）合用，它立刻治疗皮肤病。与酸浆（Hayagandhâ）合用，能治咳嗽和哮喘。与甘草合用，对嗓子有益。（39）它与不同的物质合用，能治疗各种不同的疾病。使用大蒜没有任何困难，以致图省事的人也爱用它。

　　（40—42）啊，妙闻！集中精力听我说。我将简要地阐明大蒜作为一种增强体质的补药时的种种功效。（41）它能治皮肤病、食欲不振、腹部肿胀、咳嗽、消瘦病、白癜风、消化不良。它能除去风湿病、月经过多、腹痛、结核病、肠子疾病、脾脏肿大和血痣。它能驱除偏瘫、坐骨神经痛、寄生虫、肠梗阻和泌尿紊乱。它还能治愈疲乏无力、头伤风、胳膊或背部风湿病以及癫痫。（42）尊者啊！有着像小鼓和长笛般美丽的嗓音，如融化的纯金般干净的面色，很强的记忆力和头脑，拥有结合紧密的身体，毫无皱纹等等，拥有稳定的意识感觉，不断增长的活力，拥有一个调节好的消化力和无穷尽的生殖能力，你将活到一百岁。

第3张：背面

（43）到此为止，大蒜的治疗方法已经被我讲述，正如它被古代的仙人们证见的那样，……每个人都应该准确地奉行它。……

（44—46）食物、消化、身体诸元素的正常状态、健康、丰满、精神、活力和长寿都依赖于消化功能。（45）消化能力通过食物开始产生能动性，消化的结果是分子；健康有赖于正常状态的分子；丰满有赖于健康；（46）好的精神和活力依赖于丰满；并且通过所有的这些，生物的生命被延长。因此一个人应首先检查消化能力的状态。

（47—49）当消化功能使身体诸元素达到平衡状态时，它被认为是正常的，也可以被合理地认为是最好的状态。当消化不正常时，人应该服用些奶酪、酥油、habush 等诸类的东西。（48）油脂状的温暖的栓剂（蜡烛）也有用；之后可以服用些食物和饮料。当消化虚弱时，人应该首先断食，随后再用药来促进食欲和增强消化。（49）服用加了药粉的药用液体也有利于消除胆汁和痰的失调。当消化规律时，医生应该嘱咐什么是适合身体的。此外以下可以被奉行：——

（50 和 51）当消化太弱或太强时，人都可能会死，除非他接受合适的治疗。当消化不正常时，所有的疾病都会产生。当消化正常时，他会自在地活很久。（51）因此一个明智的医生在所有时间处理所有疾病时，首先会将他的治疗指向消化功能的适当调节，之后再关注去除疾病。

（52—54）一个想要好的记忆力、健康有力、长寿的人，应该服用一种穿心草属植物（Sankhapushpî, conscora decussata）、假马齿苋（Brâhmî, Herpestis Monnieria）、积雪草（Mandûkaparnî, Hydrocotyle asiatica）和甘草的新鲜汁液。（53）1 个月内他将获得好的记忆力。12 个月内，他将能够把仅听过一次的任何事情，丝毫不差地在记忆中重现。（54）用同样的方法，如果服用得当，他将活一千年或两百年，并且坚定地持续使用这个方法，他将永生。

（55—59）就糊、稀粥、药用乳酪（khada）、煎熬好的药液、干糖药剂、药散、和解毒药、药丸、药膏、栓剂、药酒、熏烟和喷嚏剂来说；（56）烤烤过的药（putapâka）、润滑剂、发汗药、催吐剂和滴眼液来说；以及其他未命名的药物来说，当没有提到比例时，（57）各味药应该是等量的；至于蜂蜜和酥油，分量应加倍。而糖浆应该是 3 倍量，散白糖是 4 倍量。（58）当提到磨成散的药，当（药方）没有提及液体时，则默认加水。当提到凝乳、尿、奶、酥油、毛发、角和蹄，（59）均应当作是取自牛。同样就蜂蜜而言也应当作取自普通蜜蜂。

（60）用石榴皮煮芥末油，涂抹会引起耳朵、阴唇和阴茎的增长。

（61—67）煮半婆罗的百花单根的油（Chitraka, Plumbago zeylanica），一种野生番薯属植物（Trivrit, Ipomoea turpethum）和一种羽叶楸属植物（Sâtalâ, Stereospermum suaoeolens）的（油），和 1karsha 的巴豆根（Dantî, Baliospermum montanum）和……也照此，

（62）还有长胡椒、岩盐、阿魏、印度酸模和20个最好的诃子……也照此。

第4张：正面

（63）将这些药物加 8 婆罗的糖蜜，制成 10 个大药丸。每 10 天的第 10 天服用 1 丸。（64）服药后应该饮用温水以便调节失调的体液。在这剂泻药生效后，病人应该沐浴并且恢复正常饮食。（65）对这个药方不应该有任何含糊犹豫，不管是在言语或行动或思想上。它是阿誐悉帝（Agasti）合成的一种泻药，适合君主们，一年四季均可服用。（66）它能预防衰老和死亡，治愈所有疾病。它也可以作为壮阳药和滋补药，并且能增强记忆，促进健康。（67）它不能给任何无儿子和门徒的人服用，也不能给国王的敌人和任何其他坏良心有罪的人服用。

（68—70）两种五根药（"大五根"和"小五根"，Panchamûla），甘草，心叶青牛胆（Gudûchî, Tinospora cordifolia）、一种万带兰属植物（Râsnâ, Kanda Roxburghii）、仙茅（阿输乾陀，Aśvagandhâ, Withania somnifera）、喜马拉雅雪杉（Amaradâra, Pinus deodara）、Pâthâ（Stephania hernandifolia）、桂皮、两种黄花稔（心叶黄花稔与印度黄花稔，Balâ）、多揭罗叶（Tagara, Tabernaemontana coronaria），加入芝麻、锡兰虎尾兰（Mûrvâ, Sanseviera zeylanica）、一种镰扁豆属植物（Kulattha, Dolichos uniflorus）、印度干松（spikenard）和香附子（Ghana, Cyperus rotundus）。（69）黄细辛（Punarnavâ, Boerhaavia diffusa）和 Vênu 的皮和果实、离根香（Jîvantî, Caelogyne ovalis）、小

豆蔻、芦荟和耆婆草（Jîvaka）、蓖麻根及蓖麻籽、蓖麻芽、一种麻黄属植物（Kuranda, Corchorus antichorus）的花和生姜。（70）将 2 婆罗或 3 婆罗的这些药物放在山羊或母牛或绵羊的奶里加水煮，然后，放入少量石盐，这个药剂在微温的时候，可以作为治疗由风性体液引起的眼疾的洗眼剂。

（71—73）印度伏牛花（barberry）、蓝莲花、稠李（Padmaka,Prunus paddam）、海棠果（Tunga、Calophyllum inophyllum）、一种骆驼刺属植物（Yâshâ、Alhagi maurorum）、Mêdâ、莲叶柄、甘草、含羞草（Samamgâ、Mimosa pudica）、黄檀木、水线草（Parpataka、Oldenlandia herbacea）和毛叶腰骨藤（Latâ, Ichnocarpus frutescens），还有葡萄干、酸树根（滇石根，Kâshmarya, Gmelina arborea）、一种扁担杆属植物（Parûshaka, Grewia asiatica），（72）一种稷属植物（Gundrâ、Panicum uliginosum）、Nada 根（Phragmites karka）、省藤根（Vêtasa, Calamus rotang）和不开花的草的叶片、一种香木（Prapaundarîka）、巨苔（Kirâtatikta, Ophelia chirata）、白旃檀、纴婆（Nimba, Azadirachta indica）、一种栝楼属植物（Patôla, Trichosanthes dioica）、鸭嘴花（Vâsâ, Justicia adhatoda），（73）将这些药物的 2 份或 3 份量放在山羊奶或人奶中煮，然后加上糖和蜂蜜，将会制成一种非常好的洗眼剂，主治胆汁性眼病和眼睛充血血管堵塞引起的眼疾。

（74—76a）三辛药（胡椒、长胡椒、干姜）、三果药、姜黄、sulphate of iron、肉豆蔻、烟灰、茉莉、紫胶、野生巴豆根、黄荆（Surasa, Ocimum sanctum）、菖蒲（Vacha, Acorus calamus）、绒毛叶（Pâthâ, Stephania hernandifolia）、仙茅、最好的喜马拉雅雪杉、（75）一种杨梅属植物（Katphala, Myrica sapida）、小豆蔻、芦荟、

Kantakârî（Solanum jacquinii）、一种束藻属植物（Rôdhra，Symplocos racemosa）、一种水黄皮属植物（Karañja，Pongamia glabra）、刺天茄（Vrihatî，Solanum indicum）、矢车菊（Śvadamstrâ，Tribulus terrestris）：将2份或3份量的这些药物，用水煮开，待冷却至温热时，（76a）加入石盐和蜂蜜，用作洗眼剂，治疗痰性眼疾。仙人们如是说。

（76b—78a）一种扁担杆属植物、hog-plum和罗望子的酸果、番樱桃、芒果、木苹果、枣子，（77）与枸橼、石榴汁或用一些液体或者牛奶或凝乳或乳清，加上印度伏牛花、蓝莲花及其上述其他药物，和酸的东西同煮，加入岩盐，（78a）一种洗眼剂就配成了。它会彻底治愈因过热或过冷而产生眼睛充血导致的任何眼疾。

（78b—79a）弄清楚眼疾是由两种体液或全部3种体液缺少或过度所致，（79a）一个聪明的医生才能决定他的治疗方法。

第4张：背面

（79b—80a）蓖麻的嫩根、蓖麻籽和蓖麻芽，加入山羊奶，（80a）做成一种出色的洗眼剂，能治由失调的风和血引起的任何眼疾。良医如此宣称。

（80b—81a）一种香木（Prapaundarîka）、甘草、姜黄……，（81a）和糖混合，制成一种洗眼剂，能阻止任何由失调的胆汁和风所导致的眼疾。

（81b—82a）一种红月桂属植物（Nata，Tabernaemontana coronaria）、蒺藜（Śvadamshtra，Tribulus terrestris）、刺天茄、肉

桂、香锦葵（Hrîvêra，Pavonia odorata）：这些药物在山羊奶和水中同煮，加入石盐，制成一种洗眼剂，能治疗任何由失调的风和痰导致的眼疾。

（82b—83a）……印度伏牛花和最好的甘草，在母牛或女人的奶中同煮，（83a）加入糖，好医生可以将此作为一种洗眼剂，治疗用于由［失调的］风、血和痰导致的任何眼疾。

（83b—84a）三个诃子碾碎，用一块白亚麻布系牢，（84a）浸泡在山羊奶或人奶或水中，该药治疗所有眼疾。

（84b—85a）印度伏牛花、姜黄、三果、香附子，加入糖和蜂蜜，（85a）用人奶煎制，做成一种洗眼剂，据说是最上药（agraya），主治胆、血和风不调导致的疾病。

（85b—86a）蓖麻的嫩根和叶子、Shashtika 米的糊、（86a）一种束藻属植物（Śavaraka，Symplocos racemosa）浸在酥油里，根据前述药方的方式来研磨，该药主治所有眼疾。

（87）一个医生应该准备发汗药、putapâkas、催嚏剂、润滑剂、酥油饮料、膏药和沐浴液，与上述洗眼剂的相同药物（共用）。

（88）据说，脸上的膏药要与季节性的疾病相适应，以消除黑痣、雀斑和黑斑，并预防中毒肿胀和呕吐。

（89—92）（Ⅰ）有乳汁的五种树的皮、旃檀香和稠李（Padmaka，Prunus paddam）、一种稷属植物（Gundrâ，Panicum uliginosum）、莲叶柄还有香附子（Ghana，Cyperus rotundus）、香草根（Vâlaka，Pavonia odorata，一种须芒草属植物，茅根香）；（Ⅱ）俱舍草根、多揭罗香（Tagara，Tabernaemontana coronaria）、针晶粟草（Èlavâlu，Gisekia pharnacoides）、达子香叶（Tâlîsa，Pinus Webbiana）、印度甘松、和

芝麻籽；（90）（Ⅲ）一种豌豆（Masûra, Vicia lens）、狗牙根（Durvâ, Cynodon dactylon, 伴根草）、生大麦（Amayava, uncooked barley）、莲叶柄、甘草汁和莲汁；（Ⅳ）一种香木（Śailêya）、香附子、芦荟、一种香草（Jhâmaka）、一种香药（Sthaunêyaka）、小豆蔻、多揭罗香（Tagara, Taberuaemontana coronaria）、芝麻；（91）（Ⅴ）桂皮、桂叶、青木香（Kushtha, Saussurea auriculata）、芦荟、一种香草（Jhâmaka）、匙叶甘松（Mâmsî, Nardostachys jatamamsi）、一种胡椒属植物（Harênu, Piper aurantiacum）、和一种香附子（Paripêlava, a kind of Cyperus rotundus）；（Ⅵ）甘草、一种束藻属植物（Rôdhra, Symplocos racemosa）、芦荟、白旃檀、黄细辛（Punarnavâ, Boerhaavia diffusa）、黑种草（Nigella）籽、芝麻籽和毛叶腰骨藤（Latâ, Ichnocarpus frutescens）；（92）使用以上6个半颂中叙述到的6种脸部膏药，病人应该在夏天和一年的其他5个季节里治疗。这些药据说对视力有好处。现在听我解释这些药物怎样消除体液的失调。

（93）在雨季它们据说能治疗由于风失调引起的疾病；在秋季它们被用来治疗由被搅乱的胆汁引起的疾病；在夏季它们被用来治疗由被搅乱的血液引起的疾病；在春季它们据说能治疗由被搅乱的痰导致的疾病。

（94—95）棉花根、毛叶腰骨藤Latâ（Ichnocarpus frutescens）、香草根（Uśîra, Andropogon muricatus, 茅根香）、黄旃檀、五种有乳汁的树皮、白旃檀……大麦之实大麦—小麦：这些药物制成膏药，据说能滋润脸部皮肤。（95）这些药物磨成散后，与牛尿混合，或用酸枣汁和尿混合；或者它们干燥后，与香枸橼和芥末汁混合，（从而用作脸部膏药）。

第5张：正面

（96）……如果血液变痛或被污染或吐血，应该使用脸部膏药，同时，与一些油质的东西一起可以作为泻药以及放到鼻子中作为分泌剂。

（97）桂皮、桂叶、匙叶干松、毛叶腰骨藤、白旃檀、雄黄、虎爪香（Vyâghranakha，Unguis odoratus）、一种胡椒属植物（Harênu，Piper aurantiacum）、罗望子、青木香（Kushtha，Saussurea auriculata）、两种圣罗勒（Surasâ，Tulsi–plant）、两种姜黄（Haridrâ，turmerics，姜黄和小檗），制成脸部膏药，可以攻毒。

（98a）锡兰虎尾兰（Mûrvâ，Sanseviera zeylanica）、仙茅、三果、一种水黄皮属植物（Karañja，Pongamia glubra），制成脸部膏药，可以治疗肿胀。

（98b）锡兰虎尾兰与牛尿混合，制成脸部膏药，可以治疗肿胀。

（99）当病人使用脸部膏药时，他不可哭笑，也不可睡觉和吃东西。他还不可烤火，在膏药变干后不可保留。

（100）通过使用脸部膏药，一个人的黑痣、黑斑点，加之皮肤病、雀斑、带毛痣和有色痣会被迅速治愈，还可减轻眼和嘴的痛楚。

（101）当一个人在使用脸部膏药时笑或吃或睡觉，他体内的痰和风将会急剧增多，这种情况下应该在头部使用分泌剂，也可以使用油性物质和吸入熏烟。

（102）如果一个病人的脸部膏药被火的热量融化，或如果病人使膏药变干，据说会引发黑痣和上述其他疾病。可用上述方法消除。

（103）夜盲征、视力模糊、头热、发热和失调的胆汁引起的眼疾，还有其他影响脸部皮肤的恶病，通过使用脸部膏药，可以迅速驱除。

（104）当失调的痰和风导致眼睛的任何不适时，当鼻子中使用分泌剂时，当患了黏膜炎时，当得破伤风时，当患头疾时，据说应避免使用脸部膏药。

（105）脸部膏药应该制成四分之一指（angu）厚；中等类应该有三分之一指厚，最厚的应是二分之一指厚。

（106—108）（Ⅰ）甘草、一种束藻属植物（Rôdhra，Symplocos racemosa）、三果、莲叶柄、冰糖、金子和红赭石；（Ⅱ）桂叶、树皮、小豆蔻、芦荟、喜马拉雅雪杉（Deodar）、黄细辛（Punarnavâ，Boerhaacia diffusa）、"虎爪香"（Vyâghranakha，Unguis odoratus）和方铅矿；（107）（Ⅲ）雄黄，雌黄，刺天茄（Vrihatî）的皮、匙药甘松（Mâmsi，Nardostachys jatamansi）、一种胡椒属植物（Harênu，Piper aurantiacum）和一种香附子（Paripêlava，a kind of Cyperus rotundus）；（Ⅳ）方铅矿（Galena）、红赭石、一种杨梅属植物（Katphala，Myrica sapida）和腰骨藤（Sârivâ，Ichnocarpus frutesccus），加入糖：（108）上述4个半颂中所描述的4组药物，分别主治由痰、血液、胆汁和风失调导致的疾病。或者他们可以作为外用膏药，用在眼睛周围直到眼睫毛的根部。

（109）用酥油研磨一点点的一种束藻属植物（Rôdhra，Symplocos racemosa），或者将诃子在铁器中磨成散，等量的刺天茄的皮（Vrihatî，Solanum indicum）和方铅矿，做成膏药，可以用来治疗所有眼疾。

（110）等量的红赭石、汁安善那（rasôt，小檗汁）、方铅矿、雄黄、黄铜粉，加入一点点黑胡椒，再加上两倍量的……。

第5张：背面

（111）把金子、胡椒、石灰和酥油在文火上同煮，可以制成一种用在眼睑的软膏。

（112）听我讲述（秃头和其他头发疾病的治疗方法）……。

（113）乳糜被搅乱、沉溺于性交、胆汁和血液污染，都会导致早年白头。至于老年人白发是由于年纪大。

（114—116）女人的体质主要是痰性的（黏液质的），躺着……享受着，她们流出经血。（115）她们的头皮能排出血液和胆汁的热量，因而她们不散开她们的头发，因此女人不会秃发。（116）与此相反男人的血液和胆汁受到污染，因此发根松动，变成秃头。

（117）秃头，分为头发完全掉光或变成古铜色，如果秃头长久地存在，就无法治疗。但如果最近才发生，则可以治疗和应该仔细护理。

（118—120）在秃头或头发灰白时，首先应该采取放血，催吐剂的使用也有利于受损血液的净化。（119）之后当胃部清空，可以吃合适的食物，也可使用不同的油制剂和头发染色剂，（120）能引起头发再生和增长的药物也（可以使用）。经常洗头发也是有益的，因为能去除失调的体液。

（121）一个聪明的医生，应该给风性咳嗽的病人吃加入了甜、酸和咸的物质与酥油（配制的药物），根据病人生命元气的状态，可以放在食物中或者单独服用。

（122和123）可以吃麦子和大米，加上家畜、沼泽动物或水禽的肉汤，以及糖浆、洋葱和其他酸的、油质的、辛辣的或甜的东西（123）或者随意饮用些加入了稀粥的米酒、温水和清汤，或加入了大量的糖浆和牛奶的油质东西，当病人得了风性咳嗽时。

（124）生姜、莪术（Shadî, Curcuma zedoaria）、葡萄干、野漆树（Śringî, Rhus succedanea）、长胡椒和长管大青根（Bhârgî, Clerodendron siphonanthus），加入糖浆和甜油，制成"干药糖剂"，对治疗由风失调引起的咳嗽有益。

（125）长胡椒、龙爪稷（Mâruta, Eleusine corocana）、枯茗、莪术、鸢尾草（Pushkara）和石墨根，将上述诸药的散与石盐混合，对治疗由风失调引起的咳嗽有益。

（126—128）30婆罗的黄果茄（Kantakârî, Solanum Jacquinii）在1斛的水中煮，直到减少至原来量的四分之一，过滤之后，在水罐中加入等量婆罗的糖浆，（127）然后加入干姜、长管大青（Bhârgî, Clerodendron Siphonanthus）、小豆蔻、长胡椒、莪术和石墨根诸药的粉，与四婆罗的酥油和（甜）油同煮，（128）直到到达1linctus润喉止咳糖浆的浓度，待它冷却后，加入2婆罗的蜂蜜和1婆罗的长胡椒粉，舔食，作为治疗咳嗽的药物。

（129）把长管大青浆和酥油加十种根（Daśamûla, Ten-drugs）熬制的汁液，放在1只公鸡或鹧鸪汤中煮，这是一种治疗风性咳嗽的最上药。

（130）在1升的黄果茄汁中加入1斛的黄细辛和酥油同煮，可制成一种最上药，治疗风性咳嗽。

（131）长管大青的浆和酥油，混合两份量的黄果茄汁，与4等份的凝结的牛奶同煮，这是一种治疗风性咳嗽的最上药。

（132a）当患由于胆汁过多引起的咳嗽时，饮用酥油，配以泻药，是有效的。

第二部分

第1张：正面

导言

向如来（Tathâgatas）致敬！

（诗颂1—10）我将编制一本权威的、包含着古代大仙人们（Maharshis）创造的最重要的处方、取名为《精髓集》（NÂVA-NîTAKA）的手册。（2）无论是对患不同疾病的男人和女人有益的东西，还是对孩子有益的东西，都将在这本书中讲述。（3）它会成为那些喜欢简洁的医生们的最爱，但由于它的药方复杂，它也将受到那些要求丰富性的人们欢迎。（4）第1章将给出散剂药方；第2章有关各种（药用的）酥油；第3章是关于（药用的）油剂。（5）第4章是关于治疗各种不同疾病的药方的混杂性的一章；第5章讲灌肠剂，之后是［第6章］关于补药的说明。（6）第7章将论述药粥，第8章涉及春药，第9章涉及洗眼剂，第10章关于洗发水。（7）第11章是使用诃黎勒的方法，第12

章是关于五灵脂，第13章关于白花丹根。（8）第14章涉及童子方，第15章关于不育妇女的治疗；（9）第16章是关于已育妇女。这些章将组成《精髓集》。（10）它不能提供给那些无儿子的人，也不能给无兄弟的人，也不能被教给那些无门徒的人。

第一章：药散方

（Ⅰ）达子香叶（TÂLîSAKA）散

（11—13）达子香（Tâlîsa, Taxus bacata）叶、黑胡椒、干姜、和长胡椒，依次将数量增加分量，以一份计，再加入肉桂和小豆蔻各半份，（12）加入长胡椒8倍量的白糖。用这些研成粉末，用来治疗咳嗽、气喘、食欲不振和增加食欲。（13）能去除心脏病、病态苍白、慢性腹泻、肺结核、忧郁和热病。它能止呕吐、腹泻、腹部肿胀和消除肠胃气胀。

（Ⅱ）SHÂDAVA 散

（14—17）拉维纪草、罗望子、干姜、印度酸模、石榴和枣各1两，（15）芫荽籽、青盐、孜然芹籽和肉桂各1个半 karsha，100 颗长胡椒、200 粒黑胡椒；（16）把这些研磨成散，加入4婆罗的糖。这个药散清洁舌头，是一种兴奋剂并增进食欲。（17）它也治疗严重的心痛、脾痛和胁痛，去除闭尿症和便秘。它也制止咳嗽和哮喘，并且可作为收敛剂，治疗慢性腹泻和痔疮。

第1张：背面

（Ⅲ）

（18）……长胡椒和生姜。这些，用香橼汁和小蜜蜂的蜜一起制成一种润喉止咳糖浆，能治疗哮喘。

（Ⅳ）

（19）油炸的稻谷……方铅矿和长胡椒花序，混合以尸利沙花（Śirîsha，Albizzia lebbek）的新鲜汁液，是另一种治疗气喘的药。

（Ⅴ）

（20）甘草、黑胡椒、长管大青、葡萄干、鸢尾根、芦荟，与蜂蜜和酥油一起制成润喉止咳糖浆，是治疗打嗝和哮喘的药。

（Ⅵ）

（21）孔雀羽毛的羽管、鹿角、羚羊的肩胛，浸上酥油，在带盖的坩埚里烧成灰末，加入蜂蜜和酥油，制成润喉止咳糖浆，提供给患哮喘的人们。

（Ⅶ）

（22）珊瑚、贝壳、三果、长胡椒和红赭石，研成粉末，浸在蜂蜜和酥油里，制成润喉止咳糖浆，治疗打嗝。

（Ⅷ）

（23）菽麻籽（Śana，Crotolaria juncea）及其幼根、红赭石，还有驴、骆驼或马骨头的灰，与蜂蜜、酥油一起制成润喉止咳糖浆，用来治疗打嗝。

（Ⅸ）

（24）为了消除打嗝和哮喘，人可以喝加入了椰酒（vârunî）酵母的蓖麻油。待把肠子润滑后，他应该服用一些清泄的药。

第2张：正面

（Ⅹ）VARDHAMÂNAKA 散

（25 和 26）白糖、竹甘露、长胡椒、小豆蔻和肉桂，将数量从最后一个倒数依次加倍，研成粉末，用蜂蜜和酥油一起制成润喉止咳糖浆。（26）或者可以作为单纯的药散服用，作为治疗哮喘、咳嗽和去除过量痰的药；亦可治疗胁剧痛、消化不良、舌头麻木和食欲不振。

（Ⅺ）SHADYÂDI 散

（27和28）莪术（片姜黄）、鸢尾根、一种石斛属植物（Jîvantî, Dendrobium multicaule）、一种葫芦巴属植物（Chôraka, Trigonella corniculata）、芦荟、干姜、长胡椒、香附子、圣罗勒（Surasa, Ocimum sanctum）、肉桂、小豆蔻、Udîchya（Pavonia odorata，香锦葵）各一份（28）和一种锦香草属植物（Tâmalakî, Phyllanthus urinaria），以及全部药8倍量的糖。这是一种治疗哮喘、咳嗽、发烧和治疗胁痛或心痛的药。

（Ⅻ）磨独龙伽（MÂTULUNGA）丸

（29—34）阿魏、三辛药（姜、胡椒、长胡椒）、桐叶千金藤（Pâthâ, Stephania hernandifolia）、habush（一种未明的药物）、诃子、莪术、Ajamôda（Carum Roxburghianum，？）、Ajagandhâ（Seseli indicum，?）、罗望子果、印度酸模，（30）石榴、鸢尾根、芫妥、孜然芹、白花丹根、菖蒲（Vachâ，Acorus Calamus）、两种碳酸盐（碳酸钾和小苏打）、两种盐（黑盐 vida 和青盐 sonchal）和香胡椒（Chavya，Piper Chaba），研磨成散。（31）这剂药散应在人进食时有规律地服用，它既可以在饭前也可在饭中服用，或者简单地用温水冲服。（32）它能治疗严重胁痛或心痛或膀胱痛，能治疗风或痰过多引起的肿瘤、慢性腹泻和痔疮、忧郁、病态苍白和食欲不振，（33）治疗便秘、痛性尿淋沥、子宫和直肠疾病、胸部阻塞、咳嗽、打嗝、哮喘、咽喉狭窄。（34）或者同样的药散可以重复地浸在香橼汁中，然后制成 1karsha 或更重一些的药丸。

（ⅩⅢ）LAGUDA 散

（35—37）等份的三辛药、胡黄连（Tiktarôhinî，Picrorrhiza Kurroa）、大麦穗、chiretta 和止泻木（Śatakratôr-yava，Holarrhena antidysenterica）的籽、两份白花丹根、16 份止泻木（Kutaja，Holarrhena antidysenterica）的皮，（36）全部精磨成散，与半婆罗的糖浆，制成一种大药丸（bolus），用冷水冲服。该药治疗发烧、尿分泌疾病、肿胀、食欲不振、月经不调、腹部肿瘤和病态苍白。（37）无论是由于失调的胆汁和痰引起的疾病还是其他严重折磨人的疾病，都可以被这个药散治愈。它是 Âtrêya 极出色的组成部分，以 Laguda 闻名。

（ⅩⅣ）NAVÂYASA 散

（38 和 39）3 份的三果、3 份的三辛药还有白花丹根、香附子和 baberang 各 1 份，加上 9 份的铁。

第2张：背面

（39）制成 Navâyasa 散，治疗病态苍白和肿胀。

（ⅩⅤ）一种治疗咽喉病的药

（40）用等份的一种带兰属植物（Râsnâ，Vanda Roxburghii）、青盐、香附子、烟灰、三辛药、碱钾碳酸盐（carbonate of pitash）和莪术，制成药散，把它放入嘴里。

（ⅩⅥ）治疗口腔疾病的丸剂

（41 和 42a）等量的亚洲小檗的汁液、印度小檗的树皮、Têjavatî（Piper Chaba）和长胡椒，研磨成散，加水制成药丸，放入嘴里。（42a）他们可以去除口腔流血溃疡、咽峡炎和咽喉脓肿。

（ⅩⅦ）AYôRAJîYA 散

（43—55）1 斛的三果、1 斛的长胡椒、2 斛的酸藤子（baberang）和黑胡椒，（44）然后再取巴豆根（Dantî，Baliospermum montanuma）和白花丹根各 1 婆罗，长胡椒根和青木香各 1 婆罗，（45）2 婆罗的生姜、3 婆罗的香胡椒（Chavya，Piper Chaba）。另外，加入下述各半婆罗药材制成的散：（46）一种万带兰属植物（Râsnâ，Vanda Roxburghii）、心叶黄花稔（Balâ，Sida cordifolia）、蒺藜（Gôkshuraka，Tribulus terrestris）、甘草、喜马拉雅雪杉、菖蒲（Vachâ，Acorus Caladifolia）、一种乌头属植物（Prativishâ，Aconitum heterophyllum）、桐叶千金藤（Pâthâ，Stephania hernandifolia）、香附子（Mustâ，Cyperus rotundus）、胡黄连（Katukarôhinî，Picrorrhiza Kurroa）、

（47）一种杨梅属植物（Katphala，Myrica sapida）、两种腰骨藤（Sarivâ）、一种番薯属植物（Syâmâ，Ipomoca Tuepethum）的黑色变种和一种列印果属植物（Bhallâtaka，Semecarpus Anacardium，婆罗得）、黄细辛（Punarnavâ，Boerhaavia diffusa）、一种藤芋属植物（Têjavatî，Scindapsus officinalis）、桂皮和桂叶、天门冬（Sâtâvarî，Asparagus racemosus）、（48）一种玉蕊属植物（Nichula，Barringtonia acutangula）、一种野生的番薯属植物（Trivritâ，Ipomoca Tuepethum）、长管大青（Bhârgî，Clerodendron Siphonanthus）和止泻木（Kutaja，Holarrhena antidysenterica）的皮和籽。把这些药物精磨成散，（49）加入药散两倍量的铁粉。然后，将其全部混合，加入蜂蜜制成一种润喉止咳糖浆。适量服用，（50）然后饮用适量牛奶，但是不能吃任何固体食物。这是一种充分试验过的增强体质的补药，它以 Ayôrajîya（"铁粉制成的"）的名字闻名。（51）如果全年服用，它可以延长 100 个雨季的寿命。如果服用两个月，它可以延长 100 个秋季的寿命。（52）它能消除发炎的肿胀，就像因陀罗（Indra）的雷电毁坏一棵树一样。它能治疗病态苍白、痔疮、消化不良、子宫病、（53）肛门瘘管、黄疸、皮肤病、腹部肿胀、脾脏病、腹部肿瘤、癫痫、腹部剧痛和肠绞痛。（54）实际上，这个铁粉散剂不管用于什么疾病，都能立刻治愈，就像雷电消灭诸天（Dêva）的敌人一样。（55）服药后的饮食应该由烤干的谷物粉加上蜂蜜。

第3张：正面

作为一种润喉止咳糖浆服用，然后饮 1 口牛奶，并且应该持续 7 到 8 天。

（ⅩⅧ）苦药散（TIKTAKA）

（56—58a）等份量的香附子（Musta, Cyperus rotundus）、小豆蔻、白旃檀、香根草（Uśîra, Andropogon muricatus）、拉维纪草、三辛药、Vatsaka（Holarrhena antidysenterica）的籽和皮、胡黄连（Katukâ, Picrorrhiza Kurroa）、雪松、印度伏牛花、合叶耳草（Parpata, Oldenlandia corymbosa）、桂皮、（57）野葫芦（Patôla, Trichosanthes dioica）、无患子（nîm）、菖蒲（Shadgranthâ, Acorus Calamus）、虎尾兰（Mûrvâ, Sanseviera zeylanica）、龙胆（chiretta）、辣木（Śigruka, Moringa pterygosperma）、山榕（Trâyantî）、乳香（Saurâshtra, alum slate from Sûrat）、小豆蔻和乌头（Prativishâ, Aconitum heterophyllum），研磨成散。（58a）这种药散名叫苦药（Tiktaka），能治疗心脏病、腹部肿瘤和剧痛，并能治愈由失调的三体液共同引起的任何疾病。

（ⅩⅨ）鸭嘴花十二散（VRISHA-DVÂDAŚAKA）

（58b—59）长胡椒、乌头Ativishâ（Aconitum heterophyllum）、阿魏、干姜、止泻木的籽（Indrayava, Holarrhena antidysenterica）、菖蒲（Vachâ, Acorus Calamus）、（59）桐叶千金藤（Pâthâ, Stephania hernandifolia）、Ajamôdâ（Carum Roxburghianum, ？）、胡黄连（Katukâ,

Picrorrhiza Kurroa）、鸭嘴花（Vrisha, Adhatoda vasica）、青盐（sonchal-salt）和诃子。这12种配料制成了"鸭嘴花十二散"（Vrisha-dvâdaśaka），是一种治疗消化不良、便秘和腹部剧痛的药。

（ⅩⅩ）灵验丸（SIDDHÂRTHIKÂ）

（60—62）1斛的长胡椒，1斛的黑胡椒，6婆罗的干姜，5婆罗的达子香（Tâlîsa, Taxus baccata）叶（61）和1karsha的小豆蔻，加半tulâ的糖浆。把这些干的药物磨成粉末，做成每个重1婆罗的药丸。（62）这些药丸，以"灵验丸"（Siddhârthika）为名，能消除痰性咳嗽、厌食、消化不规律和消化不良。

（ⅩⅪ）VARDHAMÂNAKA散

（63）小豆蔻、肉桂、"龙花"（Nâgapushpa, Mesua ferrea, 铁力木）、黑胡椒，长胡椒和干姜，逐次增加分量，研磨成散并加入等量的糖。这个药散能治疗消化不良、腹部肿瘤和肿胀、痔疮、心脏病、打嗝哮喘、胁痛和咽喉的各种不适。

（ⅩⅫ）SÛKSHMÊLÂ–VARDHAMANAKA散

in 2 ślôka

（64和65）小豆蔻、圣罗勒（Surasa, Ocimum sanctum）、阿魏、罗望子、印度酸模、豆蔻、一种锦香草属植物（Tâmalakî, Phyllanthus urinaria）、一种石斛属植物（Jîvâ, Dendrobium multicaule）、莪术、鸢尾根（65）和鸢尾根的根：医生应该用此药散治疗咳嗽、气喘、打嗝、胁剧痛、风和痰不调共同引起的疾病。

（ⅩⅩⅢ）SAUVARCHCHAL–ÂDYA散

（66）青盐、印度酸模、长胡椒、干姜、菖蒲（Vachâ, Acorus Calamus）、阿魏：这些药散用温水服用，能治疗心痛和腹部剧痛。

（ⅩⅩⅣ）药酒用的散

（67—70）止泻木籽（Kutaja，Holarrhena antidysenterica）和长胡椒各2karsha，1婆罗半的葡萄干，1婆罗的桐叶千金藤（Pâthâ，Stephania hernandifolia）、2婆罗的生姜，（68）青盐和大麦秆的碱灰各1karsha，

第3张：背面

半karsha的……，把这全部精磨成粉。（69）一个人可以配以酥油和稀米粥服用1"猫爪"（mârjâra-pada）量的这种药散。或者一个人若习惯于饮酒，他可以用酒把它冲释然后服用。（70）如果用药酒服用，它可以治疗消化不良、脾脏病、泌尿闭结、病态苍白、肛门瘘管和痔疮。

（ⅩⅩⅤ）白花丹根（ŚÂRDÛLA）散

in 4 ślôka

（71—75a）1份阿魏、2份菖蒲（Vachâ，Acorus Calamus）、3份黑盐（vida-salt）、4份生姜，（72）5份拉维纪草、6份诃黎勒、7份白花丹根，把这全部精磨成粉。（73）当被研成散后，可以用清米酒或一些其他让人醉的酒或简单地只加温水服用。（74）这种散能治疗咳嗽、打嗝和便秘。（75a）它是组成了Âtrêya药方的一种最上药，以白花丹根散（Śârdûla）闻名。

（ⅩⅩⅥ）双马童（Aśvins）的磨独龙伽（MÂTULUNGA）丸

（75b—77a）1婆罗的青盐、2倍量的印度酸模，（76）4倍量的孜

然芹、8倍量的黑胡椒，把这些用香橼汁液制成药丸。（77a）它能保持良好的消化，治疗失调的风引起的腹痛。

（ⅩⅩⅦ）酸磨独龙伽（MÂTULUNGA）丸

（78和79）香橼汁和米醋（śukta）、三辛药、印度酸模、黑盐（vida-salt）、拉维纪草、岩盐和青盐，制成药丸。（79）该药被服用来去除痔疮，治疗心痛和胁痛、便秘、腹泻、食欲不振及失调的风引起的腹部肿瘤。

（ⅩⅩⅧ）双马童（Aśvins）的其他磨独龙伽 MÂTULUNGA 丸

in 5 ślôka

（80—84）白花丹根、三辛药、鸢尾根（Pushkara）、阿魏、印度酸模、黑盐（vida-salt）、仙茅（Aśvagandhâ，Withania somnifera，阿输乾陀），还有芜荑籽、菖蒲（Vachâ，Acorus Calamus）、石榴、青盐和新鲜的碳酸钾碱（carbonate of potash）。（81）加入等量的新鲜拉维纪草、黑孜然芹、Ajagandhâ（Seseli indicum）、藏红花、次等的儿茶（Amarajâ，inferior Acacia Catechu）和枯茗籽，在阳光下晒干后，把它们磨成粉末，加入等量的稀释后的香橼汁。（82）在如此浸泡入香橼汁之后，把它搅拌成浆，制成1badara重的药丸。病人在早晨的第一件事就是用一些药酒服用1颗，或者用蜂蜜，或者用蜜酒或糖水，或米酒，或

第4张：正面

用凝乳或乳清冲服。（83）咳嗽、哮喘、长期病态苍白、严重脾脏

病、腹痛、严重便秘、打嗝、心脏病、冷漠症、多涎症、急性腹泻、疼痛的腹部肿瘤,(84)霍乱、中耳炎、消化虚弱、痢疾、肛门炎和痔疮:如果按说明服用,所有这些疾病都会被这种药丸治愈。如果用热水服药,它也是一种极出色的治疗晕厥的药。

(ⅩⅩⅨ)双马童(Aśvins)的 GULMA 散

(85 和 86)桐叶千金藤(Pâthâ, Stephania hernandifolia)、止泻木(Kalinga, Holarrhena antidysenterica)籽、香附子(Mustaka, Cyperus rotundus)、胡黄连(Rôhinî, Picrorrhiza Kurroa)和印度乌头(Ativishâ, Aconitum heterophyllum)各 1dharana,加入四分之一 dharana 的姜黄,用牛尿冲服药散。(86)它能消除身体 36 种皮肤病,消灭 7 个地区的急性肺结核。如果服用 1 个月,它也能治疗腹部肿瘤,同时病人可以食用其他东西特别是酥油和肉。

(ⅩⅩⅩ)MÂGADHA 散

(87—95)等量的长胡椒、黑盐、碳酸钾碱、小苏打,还有生姜、黑胡椒、岩盐、(88)拉维纪草、巴豆根(Dantî, Baliospermum montanum)、印度喇叭花根(turpeth-root)、止泻木(Vatsaka, Holarrhena antidysenterica)、sanchal-salt、孜然芹籽和三果,(89)把它们全部磨成精细粉末。如果在牛尿中浸泡就会制成一种极出色的药散。(90)在病人吃了一些油腻食物导致他的肠子油腻之后,与温水冲服 1vidâra-pala 的药散。(91)如果药散已经消化,病人开始口渴时,可以喝石榴汁加一些一种牧豆树属植物(Ghritagandhâ, Prosopis spicigera)的灰碱汁;(92)然后他会感觉相当舒服。如果药散正在消化时而病人开始渴望食物,(93)他可以吃一种由煮好的红大米配以醋和盐调味的野味肉汤制成的温和的滋补品。(94)就霍乱、痔疮和其他疾病、消化困难或消化不良，还有病态苍白及（95）由失调的风引起的腹部剧痛、慢性腹泻，如果使用这个药方，病人会被治愈。

（ⅩⅩⅪ）双马童（Aśvins）的姜黄（HARIDRÂ）散

（96—101）等份的两种姜黄（姜黄和小檗）、黑胡椒、莲花、青木香（Kushtha，Saussurea Lappa）、长胡椒、棉花根、匙药甘松（Mâmsî，Nardostachys Jatamansi）和碳酸钠（碳酸小苏打），（97）把这8种药物放在磨石上磨成散，然后做成1kôlâsthi重的药丸并在阴凉处阴干。（98）这种药散制成的药丸可以用温水服用。

第4张：背面

现在，听听它可以治愈的不同种类的疾病：（99）消化不良、排泄停滞、痛性尿淋沥、心绞痛、便秘、失调的风引起的腹部肿瘤和蜘蛛毒。（100）它也能治疗毒损害的影响和蝎子蛰的影响，消除肠胃气胀、癫痫和不育，（101）邪魅著身、发疯和分娩综合征。对任何中毒的伤害，无论是来自牙齿的还是根系的，该药散可以作为口服药或药膏使用。

（ⅩⅩⅫ）糖蜜（GAUDIKA）丸

（102和103）莪术、菖蒲（Vachâ，Acorus Calamus）、一种锦香草属植物（Tâmalakî，Phyllanthus urinaria）、长胡椒、生姜和糖浆，用酥油煎炸，把它制成药丸。（103）用此药丸可以治疗胸部痉挛、黏膜炎、胁痛、心痛和腹痛、干咳，甚至当这些疾病恶化时。

（ⅩⅩⅪⅠ）另一种药酒用散

（104—107）200 粒黑胡椒、100（伞形花序的和茱萸花序的）拉维纪草和长胡椒，还有糖和好干姜各 1 婆罗，1karsha 的罗望子、石榴和干净的枣子，加 1karsha 的肉桂，半 karsha 的枯茗，（106）1kursha 的印度酸模，半 karsha 筛滤过的芫荽、1karsha 的青盐。这些药物一起制成一种配药酒的极出色的散。（107）这种散能根治痔疮，也能完全制止慢性腹泻，消除心脏病、病态苍白、咳嗽和哮喘。

第二章：药酥方

（Ⅰ）甘露食（AMRITA-PRÂSA）酥

in 11 ślôka and pâda

（诗颂108—119a）我现在将讲述如神仙食物般的长生药，它能增加男人的力量，被称作"甘露食"（Mmrita-prâśa），是酥药中最尊贵的一种。（109）用余甘子汁、一种番薯属植物（Kshîravidârî，Ipomoea digitata）和甘蔗、小母牛的奶各1升，（110）加入称量好的1升的新鲜酥油，再放入各半婆罗的下列药物做成的药浆中：（111）Rishabhaka、Riddhi、甘草、大药山蚂蟥（Vidârigandhâ，Desmodium gangeticum）、Payasyâ（Gynandropsis pentaphylla，？）、一种黄花稔属植物（Sahadêvâ，Sida rhomboidea）、Anantâ（Hemidesmus indicus，？）、一种雾冰藜属植物（Madhûlikâ，Bassia latifolia）、一种黄花稔属植物（Viśvadêvâ，Sida spinosa），（112）Mêdâ、心叶黄花稔（Rishyaprôktâ，Sida cordifolia）、天门冬（Śatâvarî，Asparagus racemosus）、一种菜豆属植物（Mudgaparnî，Phaseolus trilobus）、一种榄仁树属植物（Mâshaparnî，Teramnus labialis）、绒毛戴星草（Śrâvanî，Sphaeranthus indicus）、发疗鲗豆（cowhage）和狸尾豆

（Vîrâ，Uraria lagopodioides）。（113）此外加入葡萄干、枣椰子、枣子各1斛，胡桃、一种柿树属植物（Tinduka，Divspyros Embryopteris）和一种八角枫属植物（Nikô-chaka，Alangium decapetalum）各半斛。

第5张：正面

（114）把药物全部煮沸和过滤，盛在一个干净的容器里，当它冷却后，加入 1 升的澄清好的蜂蜜，（115）和 16 婆罗精选的白糖粉。然后用半婆罗的黑胡椒和 1palade 的小豆蔻，（116）精磨成粉，把它们撒在药液中，用一个长柄勺搅拌它，每次的药量要适合病人的消化力。（117）当药消化后，可以饮用大米、牛奶和陆地动物熬制的肉汤。这个"甘露食"是一种极出色地增加男人力量和气色的药物；（118）它可以提供给由于肺结核或溃疡导致的虚弱，也可以给年老、虚弱和年轻的人，还可以给那些正在遭受昏厥，哮喘和打嗝之苦的人。（119a）这个作为阿提耶（Âtrêya）的药方的酥药，以"甘露"（Amrita）之名闻名。

（Ⅱ）"善妙酥"（KALYÂNAKA）

（119b—127a）米仔兰（Priyangu，Aglaia Roxburghiana）、零陵香（Tagara，Tabernoemontana coronaria）、青木香（Kushtha，Saussurea Lappa）、石榴、木苹果（Êlâvaluka）、（120）浆果紫杉（Tâlîsa，Taxus baccata）、Mêdâ、三果、铁力木（Kêsara，Mesua ferrea）、刺天茄和黄果茄（Vrihatî）、蓝莲花、雪松（deodâr）、旃檀（sandal）、印度菝葜和毛叶腰骨藤，（121）姜黄和小檗、白花酸藤果子（baberang）、素馨花（Sumanâ，Jasminum grandiflorum）、巴豆根（Dantî，Baliospermum montannum）、兔尾草（Amśumatî，Uraria logopodioides）、西洋茜草、大药山蚂蟥（Sâlaparnî，Desmodium gangeticum）。（122）用（上述药物各）1 两（aksha），与 1 升的酥油在 4 倍量（4 升 prastha）的水中煮。作为一种饮料，这个被称作"善妙酥"（Kalyânaka）的药方，是最好的酥药。（123）它治疗咳嗽、哮喘、黏膜炎、间日热、三日热、燥热症、溃疡、丹毒、尿频、麻风病，（124）打嗝、呕吐、病态苍白、肿胀、尿闭症、男人的精液和女人的子宫紊乱。（125）它也可以使女人易孕，并能解毒。就所有在散药方中提到的毒、脾脏病、痔疮和腹部肿瘤来说，这个酥药表现的像神仙的食物；它也是一种能增强力量和气色、增强食欲的手段。（127a）厄运也将会被放置这种酥药的房子挡开。

（Ⅲ）大妙酥（MAHÂ-KALYÂNAKA）

in 5ślôka and 1 pâda

（127b—132）耆婆草（Jîvaka）、Rishabhaka、兔尾草（Vîrâ，Uraria lagopodioides）、火筒树（Kâkanâsâ，Leea hirta）、莲叶柄，（128）以及菜豆（Mudgaparnî，Phaseolus trilobus）、鉤豆（Mâhaparnî，Teramnus labialis）、Riddhi、Mêdâ，还有千日红（Mahâsahâ，Gomphrena globosa）、药西瓜（Kshudrasahâ，Citrullus Colocynthis）、Kâkôdî，（129）芦笋（Abhîruparnî，Asparagus racemosus）、一种葡萄藤植物（Hamsapadî，Vitis pedata）、莪术、发疗藜豆（cowhage）籽、肉豆蔻、枣椰子和诃黎勒、芒果、余甘子，（130）长胡椒，生姜，糖蜜和糖。用所有这些做成的药膏应该放入牛奶和酥油中。

第5张：背面

（131）当煮沸和过滤后，它可以作为治疗很多疾病的药饮用。它治疗由于风或痰失调引起的咳嗽，或者溃疡。（132）这个"大妙酥"（Mahâ–kalyânaka）能治疗很多疾病，是阿提耶（Âtrêya）的药方，他把它教给大德 Agastya。

（Ⅳ）"苦酥药"（TIKATKA）

in 4 ślôka

（133—136）无患子（nîm）、野葫芦（Patôla, Trichosanthes dioica）、印度小檗、波斯骆驼刺（Durâlabhâ, Alhagi maurorum）、胡黄连（Tiktarôhinî, Picrorrhiza Kurroa）、三果、合叶耳草（Parpataka, Oldenlandia corymbosa）、山榕（Trâyamâna）各半婆罗，（134）把它们在1斗的水中煮，直到减少至最初量的八分之一。放进旃檀、龙胆（chiretta）、长胡椒、山榕（Trâyamâna）、（135）香附子（Mustâ, Cyperus rotundus）和止泻木的籽（Vatsaka, Holarrhena antidysenterica）各半两（karsha）做成的药散。将整个再次在6婆罗的新鲜酥油中煮，就制成1服药剂了。（136）它是一种被验证过的药，治疗皮肤病、发烧、腹部肿瘤、痔、慢性腹泻、病态苍白、肿胀、丹毒、小脓包、脓包、疥疮和足部肿瘤。

（Ⅴ）"大苦酥"（MAHÂ–TIKTAKA）

in 7 ślôka

（137—143）用下列的药物制成药膏：糖胶树（Saptachhada,

Alstonia scholaris）、印度乌头（Prativishâ, Aconitum heterophyllum）、腊肠树（Śamyâka, Cassia fistula）、胡黄连（Tiktarôhinî, Picrorrhiza kurroa）、桐叶千金藤（Pâthâ, Stephania hernandifolia）、香附子（Musta, Cyperus rotundus）、香根草（Uśîra, Andropogon muricatus）、三果、野葫芦（Patôla, Trichosanthes dioica）、无患子（nîm）、合叶耳草（Parpataka, Oldenlandia corymbosa），（138）波斯骆驼刺（Dhanvayavâshaka, Alhagi maurorum）、旃檀、长胡椒、稠李（Padmaka, Prunus Puddum）、姜黄和小檗（两个Rajanî）、菖蒲（Shadgranthâ, Acorus Calamus）、药西瓜（Viśâlâ, Citrullus Colocynthis）、芦笋根（Śatâvarî, Asparagus racemosus）和毛叶腰骨藤和印度菝契（两个Śârivâ），（139）止泻木籽（Vatsaka, Holarrhena antidysenterica）、鸭嘴花（Vâśâ, Adhatoda vasica）、锡兰虎尾兰（Mûrvâ, Sanseviera zeylanica）、心叶青牛胆（Amritâ, Tinospora cordifolia）、龙胆（chiretta）、甘草和山榕（Trâyamâna）。（140）用相当于酥的四分之一量的药，8倍量的水和两倍量的诃子果汁与酥一起煎，就可以制成一服药剂了。（141）这个药能十分有效地治疗风和胆汁失调引起的皮肤病、血痣、丹毒、由于胆汁引起的出血、风性出血和病态苍白，（142）脓包、疥癣、躁狂症、黄疸、肠虫、疥疮、心脏病、肿瘤、丘疹、月经不调和淋巴腺发炎。（143）但是它应该在合适的时间和根据病人的（消化）力来服用。这是一个主要的酥油药方，由于它被广泛应用，所以胜过千百个其他药方。

（VI）"牛五净"酥（PANCHAGAVYA）

（144—147）姜黄和小檗、西洋茜草、绒毛叶（Pâthâ, Stephania

hernandifolia）、胡黄连（Katukarônî, Picrorrhiza Kurroa）、白花丹根、酸藤子（baberang）、长胡椒、药喇叭（turpeth-root）、菖蒲（Vachâ, Acorus Calamus）、（145）印度菝葜（Sârivâ, Ichnocarpus frutescens）、青木香（Kushtha, Saussurea Lappa）、香附子（Musta, Cyperus rotundus）、小豆蔻，甘草和穿心草（Sankhapushpî, Canscora decussata）各1两，把它们和牛五净各1升混合。（146）煎好后服用这个酥药剂，可以使人强壮和健康，使女人脸色好看、聪明智慧和强精壮阳。（147）服用它，说话会变清晰，能牢记圣知，声音和肤色明快，不育的妇女容易怀孕。

第6张：正面

（Ⅶ）无名酥

（148和149）酸藤子（baberang）、白花丹根、巴豆根（Dantî, Baliospermum montanum）、三辛药、一种须芒草属植物（Vairina, Andropogon muricatus）、长胡椒、Asvamûtrî（Bosuellia serrata），药喇叭（牵牛花根）、麒麟角（Kshîrî, Euphorbia neriifolia）、靛青（Nîlîka, Indigofera tinctoria）、石盐和菖蒲（Vachâ, Acorus Calamus），（149）把它们在1升的酥油和2倍量的凝乳中煮。之后，服用一剂，治疗哮喘、痔疮和腹部肿瘤。

（Ⅷ）"六婆罗"酥（SHATPALA）

in 2 slôka

（150和151）长胡椒、长胡椒根、香胡椒（Chavya, Piper Chaba）、白

花丹根和干姜，还有碳酸碱钾各 1 婆罗，在 1 升酥油（151）和 1 升牛奶中煮。这剂药将治疗失调的痰引起的腹部肿瘤，消除慢性腹泻、病态苍白，治愈脾脏病、咳嗽和发烧。

（Ⅸ）三辛酥（TRYÛSHANA）

（152）三辛药、三果、香附子、酸藤子、香胡椒和白花丹根。这些药物做成的浆在酥油和牛奶中煮，制成一种治疗由于失调的风引起的腹部肿瘤。

（Ⅹ）VÂSÂ 酥

in 2 ślôka

（153 和 154）把鸭嘴花（Vriśa, Adhatoda vasica）及其细枝切碎，放入 8 倍量的水中煮，直到减少至最初量的八分之一。然后加入鸭嘴花制成的浆，（154）再在酥油和小蜜蜂的蜜中再次煮。这个药剂治疗由于混乱的胆汁引起的腹部肿瘤，并治疗痔疮、发烧、哮喘、咳嗽和心脏病。

（Ⅺ）酢浆草酥（CHÂNGÊRÎ）

in 3 ślôka

（155—157）干姜、长胡椒根、白花丹根、一种胡椒（Hastipippalî, Piper chava）、蒺藜（Śvadamstrâ, Tribulus terrestris）、长胡椒、芜妥籽、木橘（bêl）、桐叶千金藤（Pâthâ, Stephania hernandifolia）和拉维纪草，（156）这些药做成的浆在酥油和新鲜的酢浆草汁（Chângêrî, Oxalis corniculata）和 4 倍量的凝乳中煮。这个药剂是一种治疗痰和风混乱的药，治疗痔疮、慢性腹泻、痛性尿淋沥、腹泻、肛门脱垂和便秘。

（Ⅻ）另一剂酢浆草酥（CHÂNGÊRÎ）

in 3 ślôka

（158 和 159）把木橘（bêl）果大小的酢浆草浆混合入 1 升的酥油和 4 倍量过滤好的酢浆草汁中，（159）在温火上煮。任何得了痔疮的人，服用此药剂，都会舒服。

（ⅩⅢ）KANTAKÂRIKÂ 酥

in 2 ślôka

（160 和 161）用钝器碾取新鲜的黄果茄（Nidigdhikâ，Solanum xanthocarpum）汁液，把 1 升的酥油在 4 倍量的这个汁液中煮；（161）再放入三辛辣、脆兰（Râsnâ，Vanda Roxburghii）、蒺藜（Gôkshura，Tribulus terrestris）和黄花稔（Balâ，Sida cordifolia）制成膏药。这个药剂是一种能立即治疗 5 种咳嗽的药。

（ⅩⅣ）葡萄酥（MRIDVÎKÂ）

（162—165a）用 8 婆罗的甘草和 1 升的葡萄干，在 1drôna 的池水中用温火慢慢煮；（163）当减少至最初量的八分之一时，在 1 升的酥油中再煮一次。煮好后过滤冷却，（164）然后加入 8 婆罗的糖和半升的普通蜜蜂的蜜。这个药剂可以提供给患了痔疮、咳嗽、精液不足、

第6张：背面

（165a）虚弱和溃疡的人，并且应该服用等量的烤成粉的谷物。

（ⅩⅤ）滋补酥（RÂSÂYANIKA）

in 5 ślôka

（165b—169a）小五根药、心叶青龙胆（Gulûchî，Tinospora cordifolia）、甘草、心叶黄花稔（Balâ，Sida cordifolia）各 1 婆罗

（166）在1drona的水中煮，直到减少至最初量的四分之一。把熬好的药汁和1升酥油，（167）加上"长寿草"（Jîvanîya）的浆、4倍量（即4升）的牛奶以及与酥油等量的一种番薯属植物（Vidârî，Ipomoea digitata）的汁、诃黎勒汁和糖甘蔗汁，（168）全部药物在温火上煮。这个药剂，以"滋补酥"（Râsâyanika）为名，可以治疗肺结核、（169a）心脏病和溃疡引起的咳嗽和发烧。

（ⅩⅥ）ŚARAMÛLÎYA 酥

in 7 ślôka and 1pâda

（169b—176）一种甘蔗属植物（Śara，Saccharum Sara）和糖甘蔗的根、甜根子草（Kandêkshu，Saccharum sponlaneum）、一种甘蔗属植物（Ikshuvâlikâ，Saccharum fuscum）、（170）天门冬（Śatâvartî，Asparagus racemosus）、Payasyâ（Gynandropsis pentaphylla，？）、一种番薯属植物（Vidârî，Ipomoca digitata）、黄果茄（Kanta–kârikâ，Solanum xanthocarpum）、一种石斛属植物（Jîvantî，Dendrobium multicaule）、耆婆草（Jîvaka）、Mêdâ、大叶山蚂蝗（Vîrâ，Desmodium gangeticum）、Rishabha、心叶黄花稔（Balâ，Sida cordifolia）、（171）Riddhi、蒺藜（Gôkshuraka，Tribulus terrestris）、一种万代兰属植物（Râsnâ，Vanda Roxburghii）、发疔䲞豆（cowhage）、黄细辛（Punarnavâ，Boerhaavia diffusa）。用这些药物各3婆罗和1âdhaka新鲜的一种菜豆属植物（Mâsha，Phaseolus Roxburghii），（172）把它们在1drôna的水中煮直到整个减少至1âdhaka量。然后放入甘草、葡萄干、一种榕属植物（Phalgu，Ficus oppositifolia）、长胡椒、（173）发疔䲞豆、一种雾冰藜属植物（Madhûka，Bassia latifolia）、枣椰子、天门冬（Śatâvarî，Asparagus racemosus），把整个药物放在各1âdhaka的番薯

属植物（Vidârî, Ipomoea digitata）汁、诃黎勒和糖甘蔗，（174）1 两的酥油和 1drôna 的牛奶里煮，直到减少至最初的酥油的量（即 1 两）。现在把它过滤（用 1 块布），加入（175）磨成粉末的糖和竹甘露各 1 升，制成每个 1 婆罗的药丸。这种药剂可以根据病人的消化状态使用。（176）该药是一种极出色的春药、增强体质的补药和增强力量的药，利用它性欲会被强烈地激发。

（XVII）孔雀酥（MÂYÛRA）

in 5 ślôka

（177—181）准备好调好香料的孔雀肉馅，并把它和一种万带兰属植物（Râsnâ, Vanda Roxburghii）、10 种药、心叶黄花稔（Balâ, Sida cordifolia）和甘草一起，在 1armana 的水中煮，直到减少至最初量的四分之一。然后把它在 1 升的酥油、4 倍量的牛奶、Jivanîya 属的药材做的浆里再煮一次。（179）这种孔雀酥（Mâyûra）可作为催嚏剂和内服剂，可以外用于头部，是一种治疗头痛、面部麻痹和肿瘤的药。（180）它也消除耳痛、耳聋、脖子硬、破伤风、口臭、耳鸣、腭炎、舌下囊肿，（181）夜盲、红眼病、白内障、体液和眼球晶体病、轻微的和严重的眼结膜炎。

第 7 张：正面

（XVIII）"大三辛"酥（MAHÂ-TRYÛSHANA）

in 5 ślôka and 1pâda

（182—185a）三辛药，三果、桐叶千金藤（Pâthâ, Stephania

hernandifolia）、白花丹根、喜马拉雅雪杉、一种万带兰属植物（Râsnâ，Vanda Roxburghii）、莪术、一种锦香草属植物（Tâmalakî，Phyllanthus urinaria）、一种番薯属植物（Vidârî，Ipomoea digitata）、黄果茄（Nidigdhikâ，Solanum xanthocarpum）、蒺藜（Gôkshura，Tribulus terrestris）、大叶山蚂蟥（Sthirâ，Desmodium gangeticum），（183）发疗藜豆（cowhage）、腰骨藤（Sârivâ，Ichnocarpus frutescens）、Mêdâ和天门冬（Śatâvarî，Asparagus racemosus）。把等量的这些药物在酥油和4倍量的牛奶中煮。（184）这个药剂消除咳嗽、发烧、头痛、食欲不振。它也可以用于心脏病、风性硬球状肿胀和其他由失调的风引起的腹部肿瘤、脾脏病、消瘦和溃疡性虚弱。（185a）它治疗痔疮、风性体液和任何一个肿痛发炎时。事实上，如果它被恰当使用，能治所有疾病。

（ⅩⅨ）"下生仙人之食"酥（CHYAVANA PRÂŚA）

in 13 ślôka

（188—200）印度枳（Bêl）、臭黄荆（Agnimantha，Premna interifolia）、木蝴蝶（Syônâka，Oroxylum indicum）、白柚木（Kârshmarya，Gmelina arborea）、凌霄花（Pâtalâ，Stereospermum suaveolens）、黄花稔（Balâ，Sida cordifolia）、四种"叶子药"（Parnî）、长胡椒、蒺藜（Śvadamshtrâ，Tribulus terrestris）、刺天茄和黄果茄（Vrihatî），（189）野漆树（Śringî，Rhus succedanea）、叶下珠（Tâmalakî，Phyllanthus urinaria）、葡萄干、乳山药（Jîvantî，Dendrobium multicaule）、Pushkara、芦荟木、诃子、心叶青龙胆（Amritâ，Tinospera cordifolia）、Riddhi、耆婆草（Jivaka）、Rishabha、莪术、（190）香附子（Mustâ，Cyperus totundus）、黄细辛（Punarnavâ，Boerhaavia diffusa）、Mêdiâ、小豆蔻、旃檀、蓝莲、七

龙爪（vidârî，Ipomoea digitata）、鸭嘴花（Vrisha，Adhatoda vasica）根，Kakoli，火筒树（Kâkanâsikâ，Leea hirta）。（191）把这些药材各取1婆罗，加入500颗诃子果，把整个药物在1（drôna）的水中煮，（192）直到浆液充分脱水。现在把诃黎勒从浓缩的药液中取出，去核，（193）在12婆罗的（甜）油和酥油中煎。然后（在浓缩的药液和煎好的诃黎勒里）加入50婆罗的精炼的固体糖蜜，直到整个变成糖浆的浓度。（194）冷却后把它和6婆罗的甘草、4婆罗的竹甘露、2婆罗的长胡椒（195）和1婆罗的桂皮、小豆蔻、桂叶和铁力木（Kêsara，Mesua ferrea）混合在一起。这是一个著名的长年药方，叫作"下生仙人之食"（Chyavana-prâśâ）。（196）它治疗咳嗽和哮喘，尤其被说成能促进消瘦的、虚弱的、年老的和年少的稔身体机能的增长。（197）它也能治疗失声、肺结核、胸部和心脏疾病、麻风病、干渴病、尿和精液紊乱。（198）服用这个药剂的任何量而不会妨碍一个人正常的食物消化能力。

第7张：背面

通过使用它，仙人"下生"（Chyavana）在很大年纪时返老还童。（199）智慧、记忆、美丽、健康、长寿、感觉力、与妇女交合的突出能力、消化力的增加、面色干净、风性体液正常规律，（200）所有这些都会被一个男人得到，通过服用这个补药，不管他可能是年老的和衰弱的，如果在他房子的隐秘处使用，他衰老的面容将会变得年轻。

（ⅩⅩ）"十味酥"（DAŚÂNGA）

in 3 ślôka

（201—203）诃黎勒、三辛药、菖蒲（Vachâ, Acorus Calamus）、胡黄连（Katukarôhinî, Picrorrhiza Kurroa）、青盐（sonchal-salt）、碳酸钾碱、酸藤子和白花丹根各 1 两，（202）把它们在 1 升（prastha）的酥油中煮。然后把煎好的药过滤，按适合消化能力的剂量服用。（203）这剂"十味酥"（Daśânga）能消除由失调的风引起的腹部肿瘤、脾脏病、咳嗽、打嗝和杀死肠虫。它治疗这些疾病就像雷电消灭阿修罗（Asuras）。

（XXI）飞箭酥（NÂRÂCHAKA）

in 6 ślôka

（204—209）白花丹根、三果、刺天茄、黄果茄、麒麟角（Snuhâ, Euphorbia neriifolia）的奶汁、酸藤子的籽（baberang-seeds）各 1 升，和作为第 9 个配料的（205）1 斛酥油，把这些在 4 倍量（即 4 升）的水中用温火煮。（206）在合适的时间服用这种药剂半 karsha 量，因为有小量的酥油，所以要饮用些温水。（207）当它使病人通便后，可以服用一些搅拌在酥油里的粥，或吃一些用陆地动物的汤烹饪的食物。（208）这个药剂消除风性肿瘤、排泄停滞、阴囊肥大、脾脏病、慢性腹泻、消化虚弱、皮肤病。（209）它被叫作飞箭酥（Nârâchaka），因为一个医生使用它就像用箭对待敌人一样。

（XXII）萝卜酥（MÛLAKA）

in 6 ślôka

（210—215）用 8 婆罗的老萝卜，放在盛满 1drona 水的平底锅里用温火慢慢地煮。（211）然后放进用不超过 1bilva 的萝卜做成的浆和用 5 婆罗的石榴果制成的浆。（212）然后加入精磨成粉的长胡椒、生姜和白花丹根各 1 婆罗。（213）再加 8 婆罗的新鲜酥油和等量的制好的凝乳。

（214）把整个药在温火上慢慢煮。煮透后仔细地过滤，贮存备用。（215）对身体里由于痰和风的混乱引起的任何疾病，该药都是极出色的。

（ⅩⅫⅠ）双马童（Aśvins）的"大蒜酥药"（LASUNA）

in 7 ślôka

（216—222）在1drôna水中煮100婆罗的大蒜，直到减少至最初量的四分之一。（217）用煎好的汁液煮1âdhaka的酥油，在煮的过程中放入下列药材制成的药膏：（218）白花丹根、长胡椒、胡椒（Chavyâ，Piper Chaba）各1karsha，1婆罗的生姜、（219）五种盐和印度酸模各半婆罗、八角枫（Râmatha，Alangium hexapetalum）和阿魏各1婆罗。（220）熬好后仔细过滤，盖好备用。要在适当的时间服用一剂。现在听它可治的疾病：（221）由混乱的风引起的腹部球状肿大、坐骨神经痛、由混乱的风引起的腹部肿瘤、脾脏肿大、神经性疾病、病态苍白、痔疮和肛门瘘管。（222）任何身体部分麻痹或全身麻痹病人，都可以给他服用这个"大蒜酥药"（Laśunâdya），因为它是双马童（Aśvins）的一个药方。

（ⅩⅩⅣ）双马童（Aśvins）的"退烧酥"（ANTIFEBRILE）

in 3 ślôka

（223—225）酥油与10倍量的水煮，直到所有的水都蒸发：把诃黎勒在它的10倍量的水中煮，（224）直到熬出的药减少至起初量的十分之一，然后把它在1升酥油中煮。做好后，可以给任何发烧和咳嗽的人，以适合他的消化力的剂量服用。（225）它被梵天高度评价为一种治疗各种热病的良药，并且当它被长期服用后，可以作为增强体力和改变体质的滋补药。

（ⅩⅩⅤ）SIDDHÔTTARA 酥

in 6 ślôka

（226—231）emblic, chebulic 和 belleric 三果药各 20 个，还有山榕（Trâyamâna）、（227）胡黄连（Tiktarôhinî, Picrorrhiza Kurroa）和心叶青牛胆（Gulûchî, Tinospora cordifolia）各 1 婆罗，把全部药在半 kamsa 的水中煮，直到减少至最初量的四分之一。（228）然后把它在 1 斛的酥油的乳脂中再煮 1 次，加入下列新鲜药材制成的浆：（229）长胡椒和喇叭花根各半婆罗。

第8张：正面

四分之一婆罗的 Kampilyaka（Mallotus philippinensis，？）、十分之一婆罗的一种玉蕊属植物（Nichula, Barringonia acutangula）。（230）煎好后过滤，可以治疗病态苍白、黄疸、腹部肿瘤、疝气、尿闭症、肿胀、皮肤病，（231）阴茎紊乱、腹部肿大、便秘、发烧和吃不合适的食物引起的疾病。对所有这些疾病来说，这剂药是非常有疗效的。

（ⅩⅩⅥ）DHÂNVANTARA 酥

in [9] ślôka

（232—240）8 捧巴豆根（Dantî, Baliospermum montanum）、白花丹根、20 颗精选的诃黎勒、6 婆罗喜马拉雅雪杉，（233）还有大的和小的大叶黄梁木（Kadamba, Anthocephalus Cadamba）、千金藤（Varana, Crataeva religiosa）、麒麟角（Râjavriksha, Euphorbia neriifolia）、黄细辛（Punnarnavâ, Boerhaavia diffusa）和一种水黄皮属植物（Chirivilva, Pongamia glabra）皮各 1 婆罗，（234）加入两类五

根药各 1âdhaka，然后将全部药在 1drôna 的池水中用温火煮，（235）直到减少至最初量的四分之一。再将熬好的药在 1âdhaka 的酥油中，加入下列药物各 1karsha 制成的浆：（236）长胡椒、长胡椒根、香胡椒、黑胡椒和五种盐。（237）这个称作"用 Dhanvantari 组成的"的酥药可以治疗所有疾病。它治疗五种腹部肿瘤、8 种腹部肿大、（238）肿胀、肺结核、痔疮和 21 种闭尿症。它也能消除慢性腹泻、消化不良，治疗各种皮肤病。（239）它能抵抗蛇毒、鼠毒和各种人工毒药。用任何粥服用都能成功地增加体重。（240）这种用 Dhanvantari 组成的酥药，是极出色的，并被梵天高度评价。任何恰当服用它的人都会获得最高的效用。

（XXVII）双马童（Aśvins）的解毒酥（ANTITOXIC）

in 4 ślôka

（241—244）等量的旃檀、茅根香（Uśîra, Andropogon muricatus）、稠李（Padmaka, Prunus Puddum）、一种镰扁豆属植物（Kuruvindaka, Dolichos biflorus）、山榕（Trâyamâna）、腰骨藤（Chandana–śârivâ, Ichnocarpus frutescens），（242）一种乌头属植物（Prativishâ, Aronitum heterophyllum）和一种锦香属植物（Tâmalakî, Phyllanthus urinaria）。在这些药物放入 4 倍量（4 升）的水中煮，然后再把它们放在 1 升的酥油中煮。（243）所制成的这剂药对闭尿症、出血、肺结核、痔疮、腹泻和病态苍白有利。（244）它也治疗慢性腹泻和皮肤病。这剂酥药作为一种抗毒素药效能就像甘露一样。

（XXVIII）点滴酥（VINDU）

in 6 ślôka

（245—250）用白花丹根和黑色与白色喇叭花根各 1 婆罗。

第9张：正面

还有（22 颗）诃子果，在半 drôna 的水中煮，（246）直到整个减少至最初量的四分之一。再将熬好的药液在 1 升酥油里再煮 1 次，（247）加入靛青（Nîlîkâ，Indigofera tinctoria）、阿罗歌树（Arka，Calotropis gigantea）的汁液各半斛，以及（1 斛半）的（麒麟角）（Sudhâ）（Euphorbia neriifolia）的汁液一起煮。（248）这剂药以"点滴酥"为名，治疗大量疾病。病人服用它数滴，就会顺利排泄。（249）它治疗腹部肿大、脾脏病、腹部肿瘤、皮肤病和中毒；它被用于妇女腹部肿瘤、脾腺和肛门瘘管；（250）还有失调的胆汁引起的痔疮、风上升带来的压力和三体液共同混乱带来的所有疾病，还有病毒引起的疾病和糖尿病。

（XXIX）双马童（Aśvins）的点滴酥（VINDU）

in 7 ślôka

（251—257）用 1 婆罗的麒麟角（Sudhâ，Euphorbia neriifolia）汁煮 2 婆罗的酥油，加入 1 婆罗的 Kampilyaka（Mallotus philippinensis，？）、半 śâna 的石盐，（252）1 婆罗的喇叭花根、1kudava 的余甘子汁，在 1 kamsa 的水中用温火煮。（253）这个药剂，以"点滴酥"（Vindu）为名，是双马童（Aśvins）的药方且十分出色。病人服用它数滴，就会顺利排泄。（254）腹部肿大和肿瘤的情况应该 1 次服用 1karsha 的剂量。（255）之后由于剂量小病人应该饮用一些温水。该药的一剂量足够消散已经长成巨大体积、扩散、引起剧痛的腹部肿瘤，（256）就像风消散乌云。它能消灭 5 种腹部肿瘤，（257）就像大自在天（Svayambhû）手上的雷电能消灭阿修罗（Asuras）的整个军队。这剂酥药，以"点滴酥"（Vindu）为名，被仙人们宣称为完美的药。

（ⅩⅩⅩ）SÂRASVATA 酥

in 3 ślôka

（258—260）用下列 10 种药材：山羊奶、生姜、菖蒲（Vachâ, Acorus Calamus）、辣木（Śigru, Moringa pterygosperma）、诃子、长胡椒、黑胡椒、桐叶千金藤（Pâthâ, Stephania hernandifolia）、乌盐和酥。（259）从生姜到乌盐这 8 种药物各 1 婆罗，在 1 升的酥油中加入 4 倍量的奶一起煮。（260）通过服用这种药剂，人可以获得记忆和智慧，而且能消除耳聋、口吃和哑巴。

第三章：药油方

（Ⅰ）心叶黄花稔油（BALÂ）

in 16 ślôka

（诗颂 261—276）我将描述用心叶黄花稔（Balâ, Sida corfifolia）配制的、主治神经疾病的油。它是由阿提耶（Âtreya）称许的药方组成，并且对不育妇女来说是出色的能够怀孕的药。（262）用 100 婆罗的心叶黄花稔（Balâ, Sida cordifolia）干根、25 婆罗的心叶青牛胆（Gudûchî, Tinospora cordifolia）、10 婆罗的一种万代兰属植物（Râsnâ, Vanda Roxburghii），（263）洗净碾碎，在 100âdhaka 的雨水中煮，直到减少至 1âdhaka。（264）把熬好的药液和（甜）油、带乳清的凝乳、śukta 和糖甘蔗的汁各 1âdhaka，（265）和半个量（即半 âdhaka）的山羊奶，一齐在温火上煮。

第9张：背面

加入各1婆罗下列磨成粉末的药材制成的浆：（266）心叶黄花稔（Balâ, Sida cordifolia）和黄花稔（Atibalâ, Sida rhombifolia）的根、一种松属植物（Sarala, Pinus longifolia）、喜马拉雅雪杉、香附子（Musta, Cyperus rotundus）、甘草、西洋茜草、多揭罗香（Tagara, Tabernoemontana coronaria）、稠李（Padmaka, Prunus Puddum）、芦荟、（267）一种胡椒属植物（Harênu, Piper aurantiacum）、豆蔻、虎爪香（Vyâghranakha, Unguis odoratus）、铁力木（Kêsara, Mesua ferrea）、圣罗勒（Surasa, Ocimum sanctum）、莪术、一种菜豆属植物（Mudgaparnî, Phaseolus trilobus）、一种榄仁树属植物（Mâshaparnî, Teramnus iabialis）、耆婆草（Jîvaka）和Rishabhaka。（268）当发现药液熬好后，立刻把它从火上取下加入桂树叶做成的浆中。（269）过滤冷却后，贮存在一个干净的容器里。然后它可以在适合病人的疾病和消化能力时被服用。（270）它可以用作涂抹剂、催嚏剂、一服麻醉药（potion）、油状灌肠剂，或放在食物中，或作为灌耳剂，或作为通过肛门或尿道的灌肠剂使用。（271）不管是肺结核、咳嗽或气喘、发烧，不管是昏厥、呕吐或虚弱、脸色苍白，（272）或不论是肿胀、精液疾病、腹部肿瘤、脾脏病、阴囊增大、慢性腹泻、肺结核、头热，（273）癫痫和肿胀，所有这些不幸都能用这种药油治疗。所有失调的风，不管是影响皮肤还是骨髓，（274）动脉还是肌肉，或者其他可能影响的，通过药油都可以消除；这是毫无疑问的。（275）在月经期当妇女洗头后可以提供给她们。一个不育的妇女经常服用它可以使之怀孕。（276）它可以被用来改善坏脸色，消除坏运气，增加人的肌肉力和感觉力。总之它是一种吉利的油。

（Ⅱ）另一种心叶黄花稔油（BALÂ）

in 3 ślôka

（277—279）把 100 婆罗的心叶黄花稔（Balâ，Sida cordifolia）在半 âdhaka 的（甜）油里煮成药汁，和甘草、西洋茜草、旃檀、莲花、稠李（Padmaka，Prunus Puddum）、（278）和诸香药（Gandha）和耆婆（Jîvanîya）属的药材，加 2drôna 牛奶一起煮。这样制成一种适合国王的油，能治疗所有神经类疾病。（279）用同样的方法，可以和一种万代兰属植物（Râsnâ，Vanda Roxburghii）、心叶青牛胆（Gudûchî，Tinospora cordifolia）、甘草还有假杜鹃（Sahachara，Barleria cristata）调制成用这 4 种药物分别命名的油。

（Ⅲ）第 3 种心叶黄花稔油（BALÂ）

in 7 ślôka

（280—286）用称量好的 100 婆罗的心叶黄花稔（Balâ，Sida cordifolia），在 1drôna 的水中煮，直到减少至最初量的四分之一。（281）再加 10 婆罗的心叶黄花稔（Balâ，Sida cordifolia），用奶制成浆，还有 2âdhaka 的去壳的芝麻制成的油，（282）把全部药物和芝麻油 4 倍量（即 8âdhaka）的牛奶一起在温火上煮。这个油应该用这种方式煮 10 次。（283）这个心叶黄花稔油（Balâ）是一种被称许可治疗很多疾病的药。它被推荐用作内服药、涂抹剂、作为食物的配料、催嚏剂或灌肠剂，（284）治疗与季节有关的所有疾病、那些伴随出血的疾病、妇女子宫和男人精液的疾病。（285）它治疗腭干、病态口渴、病态发热、胁剧痛、月经不调、身体干涸和消瘦、发疯和丹毒。

第10张：正面

（286）它能延长生命、增长力量、消除咳嗽和哮喘。事实上，这个油可以作治疗所有疾病的普通药。

（Ⅳ）甘露油（AMRITA）

in 25 ślôka and 1pâda

（287—312a）这两个讲真理的双马童（Aśvins），是众神的医生，被诸天尊敬，已经告知下面出色的促进健康的油方。（288）它能消除所有疾病，适合国王使用，与神仙的食物一样好。（289）在鬼宿（Pushya）仪式时，在祈祷之后，完成洁身仪式，用少量的话请求婆罗门保佑之后，拿出生长在有利地方的甘草根。（290）用4种叶子药的根的新鲜汁液，加入下列药材各4婆罗：一种香木（Prapaundarîka）、心叶青牛胆（Amritâ, Tinospora cordifolia）、莲花茎的结、天门冬、（291）菱、余甘子、优昙钵罗花（Udumbara, Ficus glomerata）、一种莞草属植物（Kaśêruka, Scirpus Kysoor）、5种有乳汁的植物的皮，（292）俱舍草根（Kuśa, Poa cynosuroides）、甜根子草（Kâsa, Saccharum spontaneum）、甘蔗（Ikslru, Saccharum officinarum）、一种甘蔗属植物（Śara, Saccharum Sara）、香草根（Vîrana, Andropogon muricatus）、还有一种稷属植物（Gundrâ, Panicum uliginosum）的根、Nadikâ（Phargmites Karka）的根和莲花根，（293）枣（Vadarî, Zizyphus Jujuba）、一种番薯属植物（Vidârî, Ipomoea digitata）、省藤（Vêtasa,

Calamus Rotang）、鸭嘴花（Adurûshaka，Adhatoda vasica）、无患子（Nîm）、木棉（Sâlmalî，Bombax malabaricum）、枣椰子、椰子、一种米仔兰属植物（Priyangu，Aglaia Roxburghiana）、（294）一种枯楼属植物（Patôla，Trichosanthes dioica）、止泻木（Kutaja，Holarrhena antidysenterica）、葡萄干、莲叶柄、檀香、阿周那榄仁树（Kakubha，Terminalia Arjuna）、一种娑罗双属植物（Aśvakarna，Shorea robusta）、一种须芒草属植物（Lâmajjaka，Andropogon laniger）、白花丹根，（295）还有其他收敛性的、甜的或凉性的药材，能获得多少就用多少。把全部药材在 2drôna 的水中煮，（296）当整个减少至最初量的八分之一，把用下列药材各 1 婆罗精磨成的粉末做成的浆放入其中煮：心叶黄花稔（Balâ，Sida cordifolia）、黄花稔（Nâgabalâ，Sida spinosa）、一种石斛属植物（Jîvâ，Dendrobium multicaule）、发疗鳖豆（cowhage）、一种莞草属植物（Kasêruka，Scirpus Kysoor）、（297）一种红月桂属植物（Nata，Tabernoemontana coronaria）、甘蔗汁、一种葫芦巴属植物（Sprikkâ，Trigonella corniculata）、小豆蔻、桂皮、耆婆草、Rishabhaka、Mêdâ、Madhuka（Bassia latifolia）、蓝莲花（298），藏红花、芦荟、桂叶、一种番薯属植物（Vidârî，Ipomoea digitata）、Kshîrakakôlî、狸尾豆（Vîrâ，Uraria lagopodioides）、腰骨藤（Sârivâ，Ichnocarpus frutescens），（299）天门冬（Satâvarî，Asparagus racemosus）、一种米仔兰属植物（Priyangu，Aglaia Roxburghiana）、心叶青牛胆（Gudûchî，Tinospora cordifolia）、莲花丝、一种须芒草属植物（Lâmajjaka，Andropogon laniger）、红檀和白檀、铁线子（Râjâdana，Mimusops hexandra）的籽、（300）珍珠、珊瑚、贝壳、月石、蓝宝石、水晶、银、金子和其他的宝石和珍珠，（301）甘草、西洋

茜草和 Amśumatî（Desmodium gangeticum）。把整个（302）用 4pâtra 的（甜）油和 8 倍量的牛奶一起在温火上慢慢煮，加入牛奶一半量的罗望子果汁和大米醋。（303）应该重复煮 100 甚至上百次；当它完全煮好时，可以通过这个迹象知道，（304）即当接近恰当时间时，油通过太阳光线的照射变黏稠。在祈求完婆罗门的保佑，做完洁身仪式和祈祷完后，（305）这个"甘露油"（Amrita）被诸天高度评价，它可以用作经肛门或尿道的注射剂、内服药、催嚏剂或涂抹剂给病人使用。

第10张：背面

（306）它能消除疾病和传递能量给感觉器官。对那些发热和口渴的人来说，它是出色和有效的涂抹剂。（307）它能促进老年人头发生长和年轻人身体发育；它能使女人可爱和美丽也能使人多子多孙。（308）通过使用这种神仙的食物般的油，妇女易于怀孕。它治疗 80 种神经疾病，和由血液、胆汁（309）或痰或所有体液共同混乱引起的疾病。通过把它用作催嚏剂或涂抹剂，眼睛会变得像鹰眼一样尖锐。（310）它能赶走灾难，消除厄运，促生吉祥。通过使用这剂油，大仙人下生（Maharshi Chyavana）重获年轻，（311）免除衰老和疾病；神圣的大仙（Maharshi）Mârkandêya，他渴望长寿，通过使用这种油他实现了自己的愿望。

（V）小萝卜油（MÛLAKA）

in 6 ślôka and 1pâda

（312b—318a）嫩小萝卜不要叶子，把它们的 1âdhaka 的汁液和凝乳、大米醋、牛奶和（甜）油各 1âdhaka，（313）在文火上煮。（314）加入一种万带兰属植物（Râsnâ，Vanda Roxburghii）、心叶黄花稔（Balâ，Sida cordifolia）、蒺藜（Gôkshuraka，Tribulus terrestris）、石盐、一种辣木属植物（Śigruka，Moringa pterygosperma）、菖蒲（Vachâ，Acorus Calamus）、白花丹根、生姜、长胡椒、一种藤芋属植物（Gajapippalî，Scindapsus officinalis）、（315）一种打印果属植物（Bhallâtaka，Semecarpus Anacardium）和一种乌头属植物（Prativishâ，Aconitum heterophyllum）的浆。（316）这个"小萝卜"油（Mûlaka）被称许对男人瘫痪、大腿麻痹、坐骨神经痛和惊厥中风有益。不育妇女也可以通过它而怀孕。它也能挡开灾难，（317）消除阴囊肿大、膀胱移位和关节阻塞、松弛。所有这些疾病通过服用这种小萝卜油都会被赶走，（318）就像用灵巧实用的刺棒（赶走）一头狂怒的大象。

（Ⅵ）另一种小萝卜油（MÛLAKA）

in 6 ślôka

（319—324）凝乳、大米醋、绿豆醋（Mâsha, Phaseolus Roxburghii）、甘蔗汁、小萝卜汁、（甜）油、枣醋各 1prastha，（320）和下列 7 种药材各 1 份（即 1 婆罗）：一种万带兰属植物（Râsnâ, Vanda Roxburghii）、心叶黄花稔（Balâ, Sida cordifolia）、阿输乾陀（Aśvagandhâ, Withania somnifera）、甘草、生姜、喜马拉雅雪松、木蝴蝶（Syônâka, Oroxylum indicum）。（321）在牛粪火上慢慢地煮这剂"甘露"（Amrita），取下放在一边，根据最能发挥其药效的方式而使用它。（322）他们说，根据疾病的性质，此药可以和食物一起服用，或作为催吐剂或灌肠剂。对体液混乱引起的腹部肿大和四肢风湿病，它应该用作涂抹剂。（323）还有坐骨神经痛、风混乱引起的腹部肿瘤、子宫不调、内风驱下。据说它还对疝气和脾脏病有益。（324）它是由 Vâdvali 合成的补药，以"小萝卜"油（Mûlaka）为名。它可以被提供给那些失去男性生殖力的男人。

第11张：正面

和渴望生儿育女的妇女使用。

（Ⅶ）第 3 种"小萝卜油"（MÛLAKA）

in 4 ślôka

（325—328）小萝卜汁和奶各 1 升，当煮成凝乳时，加入 1 升的（甜）油。（326）加入用水和甘草、一种万带兰属植物（Râsnaâ, Vanda Roxburghii）、桐叶千金藤（Pathâ, Stephania hernandifolia）、糖蜜和生姜各 1 婆罗的散制成的浆，（327）还有 1karsha 的盐，把整个药物在温火上慢慢煮。当此油煮好时，在饭前服用 2 婆罗。（328）食物应该准备成简单的素食样式，并且应该有去壳的大豆和稻米。它也被提供给渴望生子的妇女。

（Ⅷ）假杜鹃油（SAHACHARA）

（329—336）100 婆罗的带根、叶和嫩枝的假杜鹃（Sahachara, Barleria cristata），仔细切碎，在 4drôna 的水中煮，（330）直到整个减少至 1drôna 量。然后把熬好的液过滤，加入 10 婆罗的假杜鹃（Sahachara, Barleria cristata）根制成的浆，在 1âdhaka 的（甜）油再次煮。（331）把它过滤，在其还是温热时，加入 18 婆罗的糖。搅拌好之后，放置备用。（332）该药被推荐用作灌肠剂、内服剂、涂抹剂或催嚏剂。单肢麻痹、或身体整个胁麻痹、颌或头痉挛，（333）面部麻痹、痉挛、精神错乱、整个身体瘫痪、发烧、坐骨神经痛、失调的风引起的腹部肿瘤、恶魔缠身，（334）癫痫、emprosthotonos、瘫痪、中耳炎、甲状腺肿、膀胱移位、阴囊肿大、手或膝盖挛缩，（335）指节和关节松弛、发抖和变干：所有这些疾病都可被这种药消除。它消散它们，就像暴风消散云。（336）如果手边没有糖，此药油可以用奶煮。为了促进大量疾病的毁灭，它已经被自在之神做出规定。

（IX）甘草油（MADHUYASHTIKA）

（337—343）1升芝麻籽压榨出的油，和4倍量的牛奶、1婆罗的甘草一起煮。（338）温火煮，煮好后，多次重复这个过程，直到100婆罗的甘草也煮进去。（339）把它煮100次后，放置备用。它被推荐作为一种内服剂和涂抹剂，也可作灌肠剂和催嚏剂。（340）在食物中服用，它对治疗患肺结核的人像神仙的食物一样好。作为一种顿服剂，它消除心脏疾病，腭病态干燥，胆汁引起的腹部肿瘤，癔病痉挛，（341）病态口渴，精神错乱，丹毒，气喘，咳嗽，月经不健康，污染的风过量，它所有方向的压力，它向上的压力，（342）黄疸……

第11张：背面

（X）阿输乾陀油（AŚVAGANDHÂ）

（344—350a）100婆罗催眠睡茄（Hayagandhâ，Withania somnifera）的根，4âdhaka的水在容器里煮，直到整个减少至最初水量的四分之一。过滤之后，（345）加入下面各1karsha药物的粉制成的浆使之黏稠：甘草、生姜、喜马拉雅雪杉、天门冬、西洋茜草、鑰叶甘松（Nalada, Nardostachys Jatamansi）、青木香、两种水黄皮属植物（Karanja）、黄细辛（Varshabhû, Boerhaavia diffusa），（346）莲藕、Śatapushpâ（Peucedanum graveolens,？）、圣罗勒、一种万带兰属植物（Rāsnā, Vanda Roxburghii）、payasyâ（Gynandropis pentaphylla,？）莪术、鸢尾根、大药山蚂蟥、一种番薯属植物（Dravantī, Ipomoea reniformis）、尖槐藤（Payasyâ, Oxystelma esculentum）。（347）把整个药放入1âdhaka油和4倍量的牛奶中用温火煮。（348）煮好后，把油放在一个干净的容器里。这个药油可以用作内服剂、涂抹剂、灌肠剂或在消瘦的过程中使用。（349）有以下疾病的人可以使用它：冷漠、哑巴、跛足、口吃、瘫痪、或面部麻痹、失忆、肋受伤或骨折、骨头关节错位或粉碎性骨折、行走蹒跚、（350）精子衰弱或受伤、由嫉妒导致的不孕症、破伤风。（XI）另一种阿输乾陀油（AŚVAGANDHÂ），

in 15 ślôka and 1pâda

（351—366a）1秤（tulā）的阿输乾陀根切成碎片，在1drona的水中煮，直到减少至最初量的八分之一。（352）然后，加入1斗的油和4倍量的牛奶，将全部在罐中再次煮，与此同时加入下列药物各1两制成的浆：（353）小豆蔻、莳萝籽、青木香、"虎爪香"、桂皮、甘草、姜、喜马拉雅雪杉、心叶黄花稔、大叶山蚂蟥，（354）rāsnā（Vanda Roxburghii, 一种万带属植物）、鸢尾根、兰花香茅、黄细辛、西洋茜草、鑰叶甘松、桂叶、一种番薯属植物（Dravantī, Ipomoea reniformis）、圣罗勒、菖蒲、（355）蒺藜、莲藕、payasyâ（Gynandropis pentaphylla,？）、一种天门冬属植物（Bahuputrikā, Asparagus racemosus）。把它们放一起煮，（356）煮好后，维持量不变

立即从火上取下。这个药油可用作内服剂、灌肠剂、涂抹剂、催嚏剂或用于食物准备中。现在请听列举使用该药任何形式可以治疗的疾病。该药油可以提供给忍受下列疾病的人：跛足、哑巴、截瘫、面部麻痹、（358）肋部挛缩或骨折、骨头或关节错位或骨折，或者提供给那些身体元素受到失调的风削弱或损坏的人，（359）或者给那些由于失调的风而忍受破伤风、痛风、病态泌尿的人，或者意识被失调的风削弱和损坏的人，（360）和那些精子耗尽的男性，或那些由于嫉妒导致不孕的人，

第12张：正面

或者头脑受到鬼魅或同类影响的人，（361）或者得间歇性热病、血性的腹部肿瘤、深度沙眼、坐骨神经痛、失调的风引起的脾脏病和腹部肿瘤以及……的人；（362）子宫有病，……到了青春期还没怀孕，（363）和分娩延期、不孕症、子宫受损害的女性也可。一个（准备同居）不孕的妇女在月经结束后，洗浴全身，以确保受孕。这是无可置疑的。（364）事实上，该药剂应该提供给月经结束已经洗浴全身的妇女。这是最好的药品，可增强体力，改善肤色，提高智力和（365）记忆力。它是一剂很有效的强化药物，能治疗所有疾病，促进儿童成长。（366a）它是一种甘露的药物，能以全部4种方式被使用。

（XII）蒺藜油（ŚVADAMSHTRÂ）

（366a—379b）现在我将解释蒺藜油，（367）以正确的方式使用，男人严重的疾病将被治愈。请听我说！雨季的两个月（Nabha、Nabhasya）是季节中最好的两个月份（368）此时，大量的药用植物在

地表生长，季节性的云雨（369）使它们在长满嫩绿的庄稼的大地上成长。在它还没有开花结果，在田野里生长到健康和良好的状态时采摘它（蒺藜）；（370）在一个喜悦日子中的吉祥时刻收集它们，洗净，放在一个干净的木钵中，碾碎。（371）用一块布过滤出 1 斗的汁液，加入 1 升的油和 4 倍量的牛奶，（372）和 8 婆罗的糖蜜、6 婆罗的生姜。整个煮好后，把它放入一个纯洁、干净、无污点的容器里。（373）每次服用少量该药剂，然后应该喝些牛奶……，吃些糖蜜和生姜，（374）当药油被消化后，可以吃用 60 天成熟的粳米和牛奶做的饭。现在，听我告诉你它能消除的疾病。（375）它是一种出色的药油……，对患严重疾病的人来说最有价值，（376）它名为 "无敌油"（Ajita），能增强体力、促进健康。当它渗透全身时，能驱除污染的风，（377）……如此四处游动。它能治疗瘫痪病人的颤栗发抖。它也对患下列疾病的人有益：坐骨神经痛、（378）肛门痿管、皮肤病和腹部肿瘤，也对癫痫病人有益，还对子宫有病的年轻女性有益。

第12张：背面

（379a）它能可靠地消灭所有这些疾病，就像金刚杵消灭阿修罗一样。

（XIII）一种治头痛的催嚏油

（380—382）1kudava 的油和 2 倍量的诃黎勒的汁共煮，加入下列各 1karsha 的药物制成的浆：（381）甘草、一种香木（Prapaundarîka）、新鲜的青莲花、长胡椒和旃檀香。这个药油应该总是被以两手指的量做催嚏剂。（382）它能治疗任何头痛疾病：使用1年后它也能使老年人重获黑发。

（XIV）一种退烧的灌肠油

in 3 ślôka

（383—385）一种石斛属植物（Jîvantî, Dendrobium Macraei）、甘草、Mêdâ、长胡椒、一种山黄皮属植物（Madana，Randia dumetorum）、菖蒲、Riddhi、一种万带兰属植物（Râsnâ，Vanda Roxburghii）、心叶黄花稔、木橘、莳萝、天门冬、（384）把它们做成浆，放入牛奶和水，与酥和油一起煮。这种油性灌肠剂能治疗退烧。（385）通过排泄去除（受损）的体液重新恢复身体元素的平衡，病人可以摆脱痛苦，感觉舒服，并完全摆脱发烧。

（XV）一种灌肠的药油

in 4 ślôka

（386—389）长胡椒、甘草、木橘、莳萝、一种山黄皮属植物（Madana, Randia dumetorum）、菖蒲、青木香、鸢尾根、白花丹根和喜马拉雅雪杉，（387）将它们制成浆，放在油和2倍量的牛奶中煮。这可以制成一剂极好地治疗痔疮和肠胃胀气的油性灌肠剂。（388）它能治疗脱肛、疝痛、痛性尿淋沥、痢疾、臀、股或背部虚弱、便秘、腹股沟疼痛、（389）拉稀、直肠发炎、内风和尿路受阻、经常性的疲软无力。这是一剂能治疗（所有这些疾病）的灌肠油。

（XVI）一种治疗神经病的药油

in 3 ślôka

（390—392）5升的萝卜汁和4升的凝乳，还有3斛的醋和油，（391）和4婆罗的岩盐、8婆罗的鲜生姜，如果没有鲜生姜，就用16

婆罗的干姜。（392）这个制剂能治疗坐骨神经痛、截瘫、剧烈痛风、臀部所有疾病和饮酒过度引起的神经病。

（XVII）一种头发和头部疾病的催嚏药油

in 3 ślôka

（393—395）用下列 10 种药：甘草、一种香木（Prapaundarîka）、刺天茄、岩盐、木豆（seeds of Adhakî, Cajanus indicus）、半熟的木橘、一种胡椒属植物（Harênu, Piper aurantiacum）、姜黄和小檗（the two Haridrâ）、长胡椒。（394）把这些各 1aksha 的药物制成浆，

第13张：正面

把整个在半升的油和 4 倍量的牛奶中煮，把药液澄清后，坚持用催嚏剂的形式使用它。（395）通过这个制剂，皱纹和白发……脸上的褐斑……，所有的［头部疾病］都可治愈。医学权威如是宣称。

（XVIII）一种消除皱纹和白发的药油

（396—398）各 1 升的余甘子（emblic myrobalan）汁、夹竹桃、白礼肠（Bhringaraja, Eclipta alba）、甜油，（397）在新的铁容器里煮 4 升。然后在榄仁木做的盒子里放置 1 个月。（398）这个药油去除皱纹和少年白头，甚至改变牛、狗、驴和白羽毛鸟的白毛。

（XIX）治淋巴腺增生的药方

（399—401a）等份的一种牛至属植物（Phanijjhaka, Origanum Marjorana）、土牛膝（Kshavaka, Achyranthes aspera）、一种田菁属植物（Nâdêya, Sesbania agyptiaca）、茉莉花、青盐、菖蒲和阿魏。（400）

取（这些药物）各 1aksha，把它们在 1 升油中用温火煮，再加等量（即 1 升）无罪过的雌性动物尿和 4 份（即 4 升）羊奶。（401a）然后（该药剂）以催嚏剂的形式用来治疗淋巴腺增生。

（XX）（另一个）治疗淋巴腺增生的药方

（401b—403a）取 1 条死蛇，把它放在 1 个新的（陶制）容器中，（402）用［黏土］泥膏（封住蛇嘴），盖好后用强火烘烤。烤好后，混入油，作为一个药膏敷在他［病人］增生的淋巴腺上。（403a）（这个药）使用不超过 7 日将治愈淋巴腺增生。

第四章：杂药方

在这一章，我们将描述杂药方。

两个治麻风病的药方

in 2 ślôka

（I）

（诗颂 404）炒过的芝麻应好好地浸泡牛奶里制成药浆。当与甘草混合后，将制成一种膏药，（它将作为一种药）治疗麻风病。

（II）

（405）（同样地）一剂出色的药膏可以用大麦、羊奶和酥油制成。这个被认为是治疗麻风病的主要药物。

4 个治疗恶臭腹泻的药方

in 7 ślôka

（I）

（406）酥、油、糖蜜、醋和生姜，用这 5 种药物制成的口服剂，将快速地减轻骶骨的剧痛。

（Ⅱ）

（407 和 408）白花丹根和长胡椒根、菖蒲、胡黄连、桐叶千金藤、止泻木的籽、诃黎勒和生姜；——（408）（这剂药）能迅速地止住混乱的三体液聚合引起的腹泻、带恶臭的排泄和剧痛以及痰或胆汁导致的粪便。

（Ⅲ）

（409 和 410）诃黎勒、三辛药、阿魏、青盐、菖蒲、印度乌头——这些制成的药剂用温水服用。（410）它将止住混乱的三体液聚合引起的腹泻、带恶臭的排泄和剧痛，就像海岸（阻止）狂怒的大海。

（Ⅳ）

（411 和 412）诃黎勒、一种乌头属植物（Prativishâ，Aconitum heterophyllum）、阿魏、青盐、菖蒲、岩盐；——

第13张：背面

这些制成的药浆用温水服用。（412）这个主治带恶臭的腹泻的药剂，得到医生的认可，但是计较自身利益和信誉的医生应该慎重使用它。

［用作收敛剂的 4 个药方］

（Ⅰ）

（413—414a）詹部核和芒果核（jâman 和 mango）、一种束藻属植物（Rôdhra，Symplocos racemosa）、石榴皮、汁安膳那（rasot）、Anantâ（Hemidesmus indicus，？）、小豆蔻、莲花须；——（414a）这些药与 1 份蜜混合据说可制成一种极出色的收敛剂。

（II）

（414b—416a）汁安膳那、硫化铅、滑石粉、沥青、香附子、一种杨梅属植物（Katphala，Myrica sapida）、（415）詹部核和芒果核、木橘、一种骆驼刺属植物（Yâsa，Alhagi maurorum）、止泻木、木棉（Śalmala，Bombax malabaricum）、陀得鸡花（Dhâtakkî，Woodfordia floribunda）、珠仔树（Lôdhra，Symplocos racemosa）、一种米仔兰属植物（Phalî，Aglaia Roxburghiana）、一种辣木属植物（Mêchîka，Moringa pterygosperma）和红赭石；——（416a）这些药加米、糖蜜和蜜制成的口服剂，是极出色的收敛剂。

（III 和 IV）

（416b 和 417）此口服药可由黄瓜籽和汁安膳那制成，（417）或由石榴皮和止泻木的皮加酪乳制成。这两个药方被认为是在腹泻时的极好的收敛剂。

［双马童（Aśvins）治疗大出血（Hamorrhage）的药方］

in 8 ślôka

（418—425）出色的最好的医生双马童为了那些承受大出血、痔疮和发烧之苦的人大声地（419）向因陀罗讲述接下来的这个药方，此药方曾是大梵天所说：——旃檀香、轮叶甘松、一种束藻属植物（Rôdhra，Symplocos racemosa）、香草根、莲花须，（420）那伽花、木橘、香附子和糖，还有香锦葵（Hirivêra，Pavonia adorata）、桐叶千金藤、止泻木的籽和皮，（421）生姜、印度乌头、陀得鸡花和汁安膳那、芒果核仁和瞻部果仁、茂遮果汁（Môcha，Bombax malabaricum）、（422）青莲花、含羞草（Samangâ，Mimosa pudica）、小豆蔻、石榴皮。取这所有 24 味药各等份，（423）加淘米水和蜜，制成口服剂。它有益于患大出血、痔疮和发烧的人，（424）也可以给那些晕倒、昏厥的人。（它也能治疗）腹泻、呕吐和女人经行不畅。（425）这个由双马童想出的药方能治疗大出血；它也被认为是消除流畅（威胁）的极好方法

［4个治疗痢疾的药方］

（I）

（426和427）用凝乳、酥、油、生姜、糖浆和蜜、（干）枣粉，加工制成一种药浆，采用饮服的方式。（427）这个药剂能有效地抑制痢疾，就像风吹动水流，却被拦河坝挡住一样。

（II）

（428）枣树叶、诃黎勒和珠仔树（Rôdhra，Symplocos racemosa）加木苹果汁和蜜，制成1剂药浆，可与凝乳一起饮服。

（III）

（429）想要制止痢疾痛苦的人应该服用……用木豆（Âdhakî，Cajanus indicus）汁煮，过滤之后，再在熏过的酥中煮。这个药剂能缓解最剧烈的疼痛。

（IV）

（430a）对于痢疾，病人应该取黄瓜籽的浆，用稻米和虎妥饮服。

第14张：正面

［20个治衰弱、溃疡和其他原因导致的咳嗽的药方］

（I）

（431）当患溃疡引起的咳嗽时，甜、凉和多油脂一类的是可促进体

格成长的物质，是适合用来作为食物和饮料的。那些治疗胆汁性疾病的疗法也可以采用。

（II）

（432 和 433）（a）甘草、长胡椒、葡萄干、紫胶（lac）、一种黄连木属植物（śringî, Pistacia integerrima）、天门冬、4 倍的天竺黄、所有药总量 2 倍的糖；——（433）把这些药加蜜和酥，制成止咳水用于主治溃疡导致的咳嗽。（b）或者用等分的糖、紫胶加牛奶，制成口服剂。

（III）

（434）衰弱导致的咳嗽，应该根据失调体液的不同，进食肉、牛奶和酥，这些食物可以逐渐增强体格，但是要避免节食。

（IV）

（435）长胡椒、一种李属植物（Padmaka, Prunus Puddum）、葡萄干、完全成熟的刺天茄、加上酥和蜜，配制成止咳药水治疗衰弱引起的咳嗽。

（V）

（436—440）煮各 2 婆罗的 10 种根药、发疗鼍豆、豆蔻、长胡椒根、白花丹、一种藤芋属植物（Gajapippalî, Scindapsus officinalis）、土牛膝（Apâmârga, Achyranthes aspera）、一种穿心草属植物（Śankhapushpî, Canscora decussata）、莪术根、心叶黄花稔、（437）鸢尾根，加入 1âdhaka 大麦，放在 1drona 水中。当煮出的药液与大麦完全融合之后，再加入 100 颗诃黎勒煮，（438）和 1 秤（tulâ）糖蜜，其后再加入各 1 斛的酥、油和长胡椒。变凉后配成止咳药，（439）再加入 1 斛蜜，置于一个装酥用的罐中。他可以根据病人的需要作为止咳药水服用，同时应该服用 2 颗诃黎勒。（440）这个（药剂）能止各种咳嗽，特别是由衰弱引起的（咳嗽）。对于那些哮喘和打嗝的病人，它也可以作为发汗的膏药随意使用。

（VI）

（441—444a）（a）秦豆（Kulattha，Dolichos uniflorus）、芝麻、绿豆（Mâsha，Phaseolus Roxburghii）、醋、酥、油、肉和米饭；或孔雀肉汤、山鹩、普通的家禽和三辛药、石榴一起；或（442）阿魏、黑盐（vida-salt）、葡萄干、香橼汁、生姜；或者秦豆、石榴、莳萝、干葡萄；——（443）这些中的任何一种可以和大麦、小麦和稻米做的带油脂的、热的食物一起吃。（b）秦豆、大麦、枣子以及10种根、心叶黄花稔制成的冲剂，（444a）可以饮用，用来治疗咳嗽、哮喘和打嗝。

（VII）

（444b—446a）莪术、鸢尾根、一种石斛属植物（Jîvantî，Dendrobium multicaule）、香附子、干姜、一种胡卢巴蜀植物（Chôraka，Trigonella corniculata）、（445）长胡椒、一种锦香草属植物（Tâmalakî，Phyllanthus urinaria）、圣罗勒（Suraa，Ocimum sanctum）、豆蔻、芦荟、桂皮和香锦葵（Bâlaka，Pavonia odorata）：——（所有这些药）取等份，加入8倍量的糖，（446a）与蜜和酥共配成一剂止咳药水，治疗打嗝和哮喘。

（VIII）

（446b和447a）枣椰子、长胡椒、葡萄干、糖各等份，（447a）加入蜜和酥，制成止咳药水，治疗哮喘和打嗝。

（IX）

（447b—449a）（a）由……、稻米和小麦做的食物，（448）加上凉的野味肉汤、葡萄干，或者加入凉的煮过的牛奶、酥和糖（可以作为食物吃）；（449a）（b）凉的葡萄汁、糖、余甘子冲剂、葡萄干、鸢尾根、喜马拉雅雪杉、甘蔗，根据病人的喜好作为饮料服用。

（X）

（450）葡萄干、余甘子、枣椰子、长胡椒、黑胡椒、加入蜜和酥，配成止咳药水，治疗胆汁性咳嗽。

（XI）

（451）等量的枣椰子、长胡椒、葡萄干和炒米的粉，混入蜜和酥油，制成药主治由胆汁引起的咳嗽。

（XII）

（452）酥、鸭嘴花的汁液和浆、蜜、糖，配成一剂被认可的药，主治失调的胆汁引起的咳嗽和所有疾病。

（XIII）

（453）带乳汁的树木的花萼，碾碎，与葡萄干和酥做的浆，在 4 倍量的牛奶中同煮，配成一剂受到认可的药，主治胆汁性咳嗽。

（XIV）SAMASAKTUKA 药酥

（454—459）在 16 钵（pātra）的水中放入 16 婆罗的葡萄干、8 婆罗的蜜，和半秤（tulâ）的羊肉，（455）一直煮，直到水量减少至原来量的四分之一。然后倒出药汁过滤，加入等量的牛奶和 1 升的新酥。（456）再加入各 1 两的下列药物：Rishabhaka、耆婆草、Mêdâ、一种番薯属植物（Vidârî，Ipomoea digitata）、甘蔗、发疗藜豆、一种胡椒（Bhavya，Piper Chaba）、胡桃、一种八角枫属植物（Nikôchaka，Alangium decapetalum）、菱和莲子，（457）把整个在温火上煮，煮好后加入 8 婆罗的硬糖，（458）8 婆罗的蜜、4 婆罗的长胡椒粉和与总量相等的烘烤过的谷物粉。这剂酥药受到了造物主（Janakêśvara）的高度称赞，被命名为 Samasaktu（或 "包含研磨的烘烤过的谷物等量的"）。

（459）在身体衰弱、溃疡、少精、出血性失调、贪求女色的情况下，可以使用该药，它能起到壮阳的作用，增强体力。

（XV）

（460—462）煮各 1 婆罗的葡萄干、甘草、枣椰子、一种番薯属植物（Vidârî, Ipomoea digitata）、天门冬、一种扁担杆属植物（Parûshaka, Grewia asiatica）、三果药，（461）在 1adhaka 水中，直到整个减少至最初量的四分之一。然后在余甘子汁、酥、甘蔗汁、牛奶以及与其他药物等量的诃黎勒浆中再煮 1 次。（462）煮好后的这剂酥药，应该加入其四分之一量的糖和蜜，用于失调的胆汁引起的咳嗽，事实上可用于失调的胆汁引起的所有疾病。

（XVI）

（463—464）在患痰性咳嗽时第一件要做的事情是服用催吐剂和断食。然后，适合吃些大麦饭、辛辣食物做的汤。（464）同时应该饮用混合进陈蜜的温水或葡萄酒。还应做运动吐纳，并吃干的、热的东西。

（XVII）

（465）当患痰性咳嗽时，医生应该给服用芥末油或红花油；或（病人）可以服用 Pañchakôla-oil。

（XVIII）

（466）三辛药、鸢尾根、葡萄干、三果药、莪术根、白花丹、混合以蜜和油，制成止咳药水，治疗痰性咳嗽。

（XIX）

（467 和 468a）三辛药散、三果药、喜马拉雅雪杉、白花酸藤果子、稠李、心叶黄花稔、一种万带兰属植物（Râsnâ, Vanda Roxburghii），加与总量相等的糖、蜜和酥。（468a）这个可以作为止咳药水治疗失调的痰引起的咳嗽。

（XX）

（468b）三辛药和三果药……

第14张：正面

5个治疗打嗝的药方

in 5 ślôka

（Ⅰ）

（469）用蜜覆盖的甜根子草的根（Kâśa, Saccharum spontaneum）、长胡椒和生姜，制成能最有效地消除打嗝的药水。

（Ⅱ）

（470）病人应该吸入黄牛的角和毛发熏的烟，或者上等的娑罗树脂的烟，或者俱舍草烟，用酥很好涂抹过的（香锭）。［用此疗法］他将摆脱打嗝。

（Ⅲ）

（471）胡黄连（Tiktakarôhinî, Picrorrhica Kurroa）粉、金和红赭石粉，与蜜制成（药浆），能快速地治疗甚至非常顽固的打嗝。

（Ⅳ）

（472）炒米、枣核仁、最好的"河生安膳那"（srotaja añjana 河边硫化锑 riparian sulphide of antimony）：——所有这些配成蜜，制成能最有效地消除打嗝的止咳药水。

（V）

（473）1 婆罗细磨成散的乌盐，加 2 婆罗的酥，可以给病人用来消除打嗝和口中流血。

8 种治咳嗽的药方

（I）

（474）长胡椒、余甘子、葡萄干、天竺黄（bamboo-manna）、糖、炒米、酥和蜜一起制成止咳糖浆，治疗咳嗽。

（II 和 III）

（475）长胡椒、糖、葡萄干、与蜜混合，制成止咳糖浆。（III）同样如此将诃黎勒散和长胡椒散与蜜混合。

（IV）

（476 和 477）三辛药、三果药、稠李、雪松（deodar）、万带兰（Râsnâ，Vanda Roxburghii）、心叶黄花稔和白花酸藤果子（baberang）精磨成粉（477）和整个药粉等量的糖，与糖和蜜整个制成一种糖浆。这个药浆能治 5 种咳嗽及其并发症。

（V）

（478 和 479）取等份大麦灰碱、白花酸藤果子、阿魏、长管大青、生姜、石盐、长胡椒、万带兰（Râsnâ，Vanda Roxburghii）的散，（479）用酥配成口服剂。这个复合散主治咳嗽，并治疗消化不良、昏厥、哮喘和打嗝。

（VI）

（480）（取）100 婆罗葡萄干，磨碎与蜜、长胡椒和糖粉制成浆。这是最出色的糖浆，治疗各种咳嗽。

（VII）

（481）长胡椒、刺天茄、黄果茄（Vyâghrî, Solanum Xanthocarpum）的药液，在牛奶中煮，加入糖、酥和蜜，制成一种治疗肺痨性咳嗽的药。

（VIII）

（482和483）（a）天竺黄、余甘子（emblic myrobalan）、葡萄干、炒米、长胡椒和石蜜；或（b）葡萄干、全缘黄连木（Karkataka, Pistacia integerrima）、三辛药、三果药、莳萝籽（cumin-seed）和白花丹根；（483）或（c）三辛药、雪松、白花酸藤果子、三果药、糖和心叶黄花稔：——每半颂所含的上述（3组）药物，混入酥和蜜，制成药糖剂，主治咳嗽。

泻药方（PRASTHA Purgative）

in 7 ślôka

（484—490）（取）25颗诃黎勒、25婆罗的Dantî（Baliospermum montanum, ?）、同样多婆罗的白花丹根，把它们放在1drôna的水中煮，（485）直到减少至最初量的四分之一。过滤后再次煮，将诃黎勒留在其中，加入与Dantî等量（即25婆罗）的过滤后的糖浆，（486）半斛纯油、4婆罗牵牛花根、

第15张：背面

长胡椒粉和生姜粉各半婆罗。（487）把所有的煮成糖浆的密度，在它还温的时候加入蜜、等量的油、各1karsha的桂皮、豆蔻、桂叶和铁力木（Kêsara）。（488）如果他服用1婆罗的该止咳糖浆，并且服用1

颗诃黎勒，病人将很容易地排出 1 升受损害的体液，变得健康。（489）使用这个药剂能去除腹部肿瘤、炎症、痔疮、病态脸色苍白、食欲不振、心脏病、慢性腹泻、严重黄疸、间歇性发烧、（490）皮肤病、脾脏病、反胃。

加蜜的药酒方

（491 和 493）取各 1 karsha 的珠仔树（Rôdha, Symplocos racemosa）、莪术根、鸢尾草根（orris–root）、小豆蔻、虎尾兰草、酸藤子、药喇叭根（turpeth–root）、拉维纪草、胡椒（Chavya, Piper Chaba）、米仔兰（Priyangu, Aglaia Roxburghiana）、莲花、药西瓜（Viśâlâ, Cytrullus Colocynthis）、印度当归（chiretta）、胡黄连（Katukarôhinî, Picrorrhiza Kurroa），（492）把整个在 1 斛水中煮，直到减少至最初量的四分之一，然后过滤剩下的药液，加入一半量的蜜，在一个盛酥油的容器中放置半个月。（493）这种加蜜制成的药酒，每次饮用 2 婆罗，能立即治疗由受损害的痰或胆汁导致的尿道病，还能治疗病态脸色苍白、痔疮、食欲不振、慢性腹泻、体液受损、白斑病和各种皮肤病。

［6 个治疗发烧的药方］

in 12 ślôka

（I）

（494 和 495a）末杜迦果（Madhûka, Bassia latifolia）、香附子、葡萄干、云南石梓（Kârshmarya, Gmelina arborea）、一种扁担杆属植物（Parûshaka, Grewia asiatica）、山榕（Trâyamâna）、香草根、三果药、胡黄连：——（495a）由这些药制成的口服剂，被放置 1 夜后，可以快速地治愈发烧患者。

（II）

（495b—496a）（取）长胡椒、糖、蜜与酥混合，在牛奶中同煮。（496a）这5味药制成的口服剂，治疗肺痨性发烧和咳嗽。

（III）

（496b—499a）（a）止泻木籽（Kalinga, Holarrhena antidysenterica）、一种栝楼属植物叶（Patôla, Tricosanthes dioica）、胡黄连；（497）或者（b）一种栝楼属植物（Patôla, Tricosanthes dioica）、腰骨藤（Śârivâ, Ichnocarpus frutescens）、香附子、桐叶千金藤和胡黄连；或（c）纤婆（nîm）、一种栝楼属植物（Patôla, Tricosanthes dioica）、三果药、葡萄干、香附子、止泻木；（498）或（d）印度当归（kirātatikta, chiretta）、心叶青牛胆（Amritâ, Tinospora cordifolia）、旃檀香（sandal）、生姜；或（e）心叶青牛胆（Gudûchî, Tinospora cordifolia）、余甘子、香附子：——包含在上述各半颂中的（5组药中的任何一组）制成的药液，（499a）能治愈5种咳嗽中的（任何一种）。

（IV）

（500）纤婆叶、加入一种栝楼属植物（Patôla, Tricosanthes dioica）、旃檀香、香附子、余甘子和诃黎勒，在水中和酥、糖同煮。能给病人消除来自体液的发烧。

（V）

（501）三甜药、各2份的三果药、桐叶千金藤，各1份的茜草、腰骨藤，按量配入水，用（1块）干净的布过滤，制成的药液主治各种发烧。

（VI）

（502和505a）取旃檀香、莲花……香附子、胡黄连、止泻木、山榕、葡萄干、野生鸢尾根，（503）末杜迦果、Śitapâka（或Kakôlî）、甘草和糖，还有耆婆草和 Rishabhaka 以及余甘子；

第16张：正面

（504）……在一个木钵里，放置一夜，和糖一起服，（505a）这个药液将治疗损害的风引起的热病和……

2 个治疗心脏病和其他疾病的药方

（I）

（505b—506a）诃黎勒、阿魏、长胡椒、拉维纪草和印度酸模（Indian sorrel）：—（506a）这些药物各 1aksha，制成口服剂，［作为治疗心脏病的药物。］

（II）

（506b—508a）……（507）据说能制成一剂极好的健胃的药物。其极高的价值体现在治疗心脏病、剧烈的肋痛、由于损害的风引起的腹部肿瘤；（508a）以及在胃中风过量方面，……

5 个治疗头痛的药方

in 13 ślôka

（I）

（508b 和 509a）由……制成的催嚏药（509a）作为治疗头部疾病的药极受推崇。

（II）

（510 和 511a）头疼时，旃檀香、青木香（Kustha, Sassurea Lappa）、一种红月桂属植物（Nata, Tabernaemontana coronaria）、蓝

莲花与酥一起制成的膏药是有用的；或（b）取等份的生姜、豆蔻、白莲花、蓝莲花、一种香木（Prapaundarîka）、喜马拉雅雪杉和青木香，（511a）还有一种李属植物（Padmaka，Prunus Puddum）、一种胡卢巴属植物（Choraka，Trigonella corniculata），把它们与酥制成膏药治疗头痛。

（III）

（511b—513a）……（512）或者最好的酥与枣同煮，可以作为催嚏药使用，在排泄后，也可以饮用些酥，……（513a）在进食时，应该吃些糖蜜。

（IV）

（514—516a）（a）木橘的根和果可作为催嚏剂使用；或者（b）加入……（515）医生应该把整个煮成药油，然后作为催嚏药用来治疗头痛。（516）或者（c）……它应该作为催嚏药被重复给予。

（V）

（517 和 518a）一份的陈油和等量的一种羽叶楸属植物（Pâtala，Stereospermum suaveolens）……（518a）制成一剂极好的膏药，贴在额头上，治疗头痛，是众所周知的。

（VI）

（518b 和 519）盐、姜……（519）……，白花丹、镇杜迦果，混入羊尿，制成主治头痛的膏药。

（VII）

（520 和 521）

第16张：背面

苦瓜（Kandîra, Momordica Charantia）、白礼肠的根（Mârka, Eclipta alba）、三果药、辛辣的印度芥末，（521）加入牛尿，［制成1剂膏药，治疗头痛；或者它可以合成］雨水。

［3个治鼻炎的药方］

（Ⅰ）

（522和523a）取……和黄果茄的籽（Kantakârî, Solanum xanthocarpum），细磨成散。这可制成非常出色的药。

（Ⅱ）

（523b和524a）刺天茄、一种栝楼属植物（Kulaka, Trichosanthes dioica）、三辛药、秦豆（Kulattha, Dolichos uniflorus）、木豆和绿豆，（524a）如果病人服用这些药物的药液，他将摆脱鼻黏膜炎。

（Ⅲ）

（524b）［患者也应该吸入来自］烘烤谷物的粉末的［烟］，混合入酥，放在盖好的锅中熏烧。

4个治疗牙痛的药方

（Ⅰ）

（525和526a）用火将苦瓜烧成灰，聪明的医生将其涂在［病人的］牙根上，……（526a）……这将消除剧烈的牙痛。

（Ⅱ）

（526b和528）莳萝籽、生姜和白花酸藤果子……（527）……和

10 种根，加酥制成药浆，可以服用；（528）（或者）（b）置于铁器上用火煮……

（III）

（529）一种玉蕊属植物（Nichula，Barringtonia acutangula）、白芥子、长胡椒、生姜还有大麦灰碱、盐，制成治疗牙痛的含漱剂。

（IV）

（530 和 531）驱虫斑鸠菊（Sômarâjî，Vernonia anthelmintica）、……（531）……和姜，仔细制成浆，将是一种极好地消除牙痛的含漱剂。

6 个治耳病的药方

（I）

（532 和 533a）……这些在酥中煮。（533a）将（此剂药）放入病人的耳中，他将摆脱严重的耳痛。

（II）

（533b 和 534a）（a）当耳朵嘶嘶作响或耳朵有杂音时，应该在耳中滴辛辣的油。（534a）（b）当耳朵有杂音或耳聋时，可作为治疗耳中剧痛的药。

（III）

（534a—537a）长胡椒、木橘根、青木香和甘草，（535）以及匙叶甘松，虎爪香（Vyâghranakha，Unguis odoratus）、一种束藻属植物（Rôdhra，Symplocos racemosa）、小豆蔻、天木香：——用这些（药）制成的浆在 1 升油中用温火煮。

第17张：正面

（536）（然后）加入香锦葵（Kêyûra, Pavonia odorata）汁和葡萄汁，混入一些油性的物质。这个（制剂）1pichu 的量滴入耳中，或者用作注射剂。（537a）通过使用该药，最折磨人的耳痛也能立刻消除。

（IV）

（537b 和 538a）……，（538a）和油，与长胡椒灰同煮，是治疗耳病的药。

（V）

（538b 和 539a）［另一个治疗耳病的药方，全缺。］

（VI）

（539b 和 542a）取公鸡肉，和一种木波罗属植物（Sthûla, Artocarpus integrifolia）、绿豆（Mâsha, Phaseolus Roxburghii）煮，（540）……（541）把所有的药放在一起几天，……（542）……

［治各种皮肤病的药方］

（I）

（542b—544）阿周那榄仁树（Kakubha, Terminalia Arjuna）、一种素馨属植物（Sumanâ, Jasminum grandiflorum）油、千金藤（Varanî, Crataeva religiosa）……，（543）……。一个聪明的医生应该煮这些药，（544）（让该药放置）7 夜，……

（II）

（545 和 546）……，雄黄、一种杨梅属植物（Katphala, Myrica

sapida）、莲藕……（546）……

（III）

（547 和 548）姜黄、红赭石、小蜜蜂的蜜、碙石、石盐，……（548）……，这些药与油同煮，将制成一个极出色的油膏用来治疗皮肤病。

（IV）

（549 和 550）……（550）这些制成一种浆与盐碱地的盐水同洗后，（可作为一种药治疗），癣（和其他皮肤病）。

（V）

（551 和 552）（第 11 行）……用姜黄和木橘……

（557）（第 3 行）……和香附子

（558）（第 4 行）……让病人吃

（562）（第 7 行）……止泻木

（564）（第 8 行）……制成一种药浆，（治疗）皮肤病。

（566）（第 9 行）……香附子、一种束藻属植物（Rôdhra, Symplocos racemosa）

（568）（第 10 行）……（它治疗）皮肤瘙痒、发疹和起小脓包的［皮肤病］。

［4 个］治疗白色皮肤病的药方

（I 和 II）

（569）（第 11 行）……治疗很多（皮肤病）。

第18张：正面

（570）它去除（白色皮肤病）：这是毫无疑问的。

（III）

（571和572）（a）白色皮肤病可以用车前草的灰加油来治愈。（b）土牛膝（灰），用同样的方法配制，也可使用。（572）或者（c）……加上野兔的血。

（IV）

（573和574）（a）蓖麻、多揭罗香（Tagara，Tabernamontana coronaria）、青木香、白花丹和尿，这5种药，（b）鸭嘴花的根、菖蒲和甘草，（574）决明、白花酸藤果子、石盐、香附子……和麒麟角的乳汁，配成极重要的药物，治疗白色皮肤病。

7个治疗痛性尿淋沥的药方

in 9 ślôka

（I）

（575）牛奶应该与糖蜜同煮，然后冷却后根据需要饮用。这是双马童所说的最有效的治疗痛性尿淋沥的药方。

（II）

（576）葡萄干、糖和乳清制成一味药，据说是治疗痛性尿淋沥从未失败过的药。

（III）

（577）1两一种香瓜属植物（Êrvâruka，Cucumis utilissimus）的

籽，熬成浆后加醋和盐，将其服用能治疗痛性尿淋沥的病人。

（Ⅳ）

（578）2 倍量的 1 两藏红花，加葡萄汁制成浆，允许在水中放置一夜，病人服用后，能治疗痛性尿淋沥。

（Ⅴ）

（579）细磨的铁粉制成的浆，与蜜饮服。这是双马童所说的药方，治疗痛性尿淋沥，从未失败过。

（Ⅵ）

（580 和 581）Kharâśvâ（Carum Roxburghianum，？）、阿魏、圣罗勒、香锦葵（Hirivêra，Pavonia odorata）、汁安膳那、白花丹根、山榕根，（581）各等份，用蜜制成一副药。该药能消除所有的肋痛和痛性尿淋沥。

（Ⅶ）

（582 和 583）（a）当痛性尿淋沥时，应该用水冲服此药液：一种甘蔗属植物（Śara，Saccharum Sara）的根、甜根子草、甘蔗、一种早熟禾属植物（Darbha，Poa cynosuroides）、香草根和蒺藜；（583）或（b）（病人可以）服用一剂藏红花、或淘米水、或加蜜的水，或（c）加蜜的灌肠剂，像前文说的那样，或者采用发汗的方法。

［1 个治疗出鼻血的药方］

（584）鼻子出血时，可以提供催嚏药。由葡萄干、甘蔗、狗牙根（Dûrvâ，Cynodon dactylon）的新鲜汁液、贝壳和（白色）旃檀香（制成）。

［4 个治发炎的药方］

（Ⅰ）

（585）（a）对一个受发炎之苦的人来说，应该服用在水和酪乳中煮过的小萝卜；或（b）可以吃诃黎勒配糖蜜，或者（c）干姜加糖蜜。

（II）

（586）（a）为了消炎，（病人）应该服用黄细辛、喜马拉雅雪杉、老姜加牛奶，连服 3 天。（b）或者应该服诃黎勒、喜马拉雅雪杉、姜、黄细辛、加牛尿。在消化之后，应该沐浴，然后再喝牛奶。

（III）

（588 和 589）取 3 婆罗的诃黎勒、各 1 婆罗的三辛药、各 1 两的（蜜）和油，和半秤的糖蜜。（589）制成叫作"阿誐悉帝丸"（Agasti）的大丸药，可在饭后服用。该药能消炎、治痔疮、调理面色苍白、治咳嗽和排泄物滞留。

（IV）

（590—592）（a）取等份的三果药、香附子和白花丹，以及等份的……和铁粉，加蜜和酥，制成药液。（591）与 1 剂量的牛奶同服，消化之后，再喝另一顿牛奶；或者喝 2 倍量的牛尿和 1 斛牛奶。（b）大麦灰、野味、甘蔗酒和热蒸气浴，也是能消炎的治疗法。

（5 个）治疗呕吐的药方

（I）

（593）呕吐时，一个干渴和内热的病人应该服用淘米水、加入石榴、甘草、一种束藻属植物（Rôdhra, Symplocos Rocemosa）、菩提树脂、糖和蜜。

（II）

（594）呕吐时，可服一种药水，用蜜、枣核仁、方铅矿、糖、长胡椒颗粒、炒米粉和蜂蜡（制成）。

（III）

（595a）芒果核的散、加水，制成一种药液，可用作治病态干咳、呕吐和急性痢疾的药物。

（IV）

（595b 和 596a）（a）香橼芽和瞻部树的芽、糖和蜜，在呕吐时，可像止咳药水那样服用。（596a）或者（b）当它们在冷水中压烂，可作为口服剂使用。

（V）

（596b 和 597）（a）呕吐时，（病人）可以吃加了蜜的炒米的粉；或者（b）诃黎勒和小蜜蜂的蜜；（597）或者（c）也可以吃木苹果加三辛药；或者（d）他可以用浸泡在水中的绿豆服用它们；（或者）（e）他也可以服用（白）旃檀和余甘子的汁做成的浆。

（3个）治疗病态干咳的药方

（I）

（598 和 599a）（a）当病态干咳时，红米粒和方铅矿、蓝莲花、烘烤的铁锉、蜜、葡萄干、枣椰子、一种扁担杆属植物（Parûshaka, Grewia asiatica）应该在水中煮，冷却后可作为口服剂服用；（b）也可加糖水和蜜服用。

（II）

（599b—601a）取等份的糖、白花酸藤果子、甘草、长胡椒、余甘子和石盐，（600）酥、蜜、诃黎勒、油以及16份的炒谷粉，（整个）加水服用，作为提神的药，（601a）治疗病态干咳、腹部肿瘤、发烧、痔疮，像壮阳剂一样起作用，去除慢性腹泻。

（III）

（601b—602a）（a）（可以使用）凉膏药，或者（b）（饮服）凉的野味肉汤或甜类药物（Madhura）的汁，（602a）或者（c）将余甘子、石榴、Âmrâtaka（hog-plums，？）、香橼做成的膏药贴在头上。

（6 个）治疗病态泌尿的药方

（in 5）ślôka and 1 pâda

（Ⅰ）

（603）（a）任何受病态泌尿之苦的人，应该服用由喜马拉雅雪杉、三果药和香附子配制的药液；或者（b）他应该服用 1 剂姜黄加余甘子的汁和蜜。

（Ⅱ）

（604）（a）每一种病态泌尿应服用 1 剂姜黄加余甘子的汁；或者（b）1 剂蜜加牛尿浸泡过的［炒干］的大麦［粉］。

（Ⅲ）

（605）大麦食物、甘蔗酒、野兽的肉或肉汤、三果药、蜜，所配置的药液，忌刺激性、苦或辛辣之物。该药治疗病态泌尿。

（Ⅳ）

（606）姜黄、纤婆、一种早熟禾属植物（Darbha, Poacynosuroides）、姜、阿周那榄仁树、蜜和一种胡椒（Chavya, Piper Chaba），还有青木香、长芒稗、桐叶千金藤、小豆蔻配制的药液，有益于［解除］痰性病态泌尿之苦。

（Ⅴ）

（607）当患胆汁性病态泌尿时，Sallakî（Boswellia serrata）、甘草、余甘子、蒺藜、儿茶（Khadira, Acacia Catechu）、各种尿、土牛膝、牛奶、酪乳、油和药酒配制的药液，是有益的。

（Ⅵ）

（608a）当患所有病态泌尿时，病人可以服用一种由各种苦药的药散加蜜制成的药水。

主治丹毒的［4个药方］

（in 5）ślôka and 1 pâda

（Ⅰ）

（608b和609）治疗丹毒的第1个疗法是放血，（609）由凉性药物做成的泻剂、催嚏剂、止血剂，带苦药的食物，以及［使用］由小扁豆或普通鹰嘴豆的渣滓加蜜做成的膏药。

第19张：正面

（Ⅱ）

（610和611）也可以使用膏药和灌洗法，用……狗牙草、大叶山蚂蝗、甘草、茜草、省藤（Vêtasa，Calamus Rotang）、蓝莲花、铁力木、（611）乳山药（Jîvanîya，Dendrobium multicaule）、紫铆（Palâśa，Butea frondosa）和……的渣滓，在酥、水或牛奶中制成。

（Ⅲ）

（612）药喇叭根（turpeth-root）、三果药、纤婆、……一种刺茉莉科植物（Pîlu，Salvadora persica）和生姜，与糖蜜混合，所制成的药液治疗丹毒和发烧。

（Ⅳ）

（613）与在酥中所煮的苦味药粉的成分一样，"大苦酥药"

（Mahâtikta）也可以作为治疗丹毒和发烧的一种药。

［3 个治疗面色苍白和黄疸的药方］

（614）当面色苍白和有黄疸时，如果病人还发烧，他应该服用 1 剂锡兰虎尾兰的药液，或者加了牛尿的姜黄，或者加了后两者的石榴壳。

（II）

（615 和 616a）各 1 升的长胡椒、葡萄干，在 1 斗的水中煮，加入余甘子汁液，50 婆罗的糖、甘草、生姜、天竺黄和一种杨梅属植物（Katphala，Myrica sapida），（616a）保温，加入 1 升的蜜，（1 次）饮用半婆罗的剂量。

（III）

（616b 和 617）（a）遭受黄疸和面色苍白的之苦的人，可以使用长胡椒；（617）或者（b）香附子等（药散）；（c）或者使用一种牛奶的灌肠剂；或者（d）大麦食品、野味和蜜。（e）他也可以服用 Ayorajîya 散，以及（f）使用胆汁性发烧时所描述的治疗方法。

第五章

（I）双马童的阿输乾陀灌肠剂

（618—624）此外，我将讲述一个促进健康、［改善］肤色的药方，能增长肌肉，增强体力。（619）25 婆罗的阿输乾陀根，切碎放在一个烹饪罐中煮。（620）减少至最初量的四分之一时关火，过滤，倒进一个铁罐中。（621）明智的医生应该在此药液中加入下列药物：所有的"长生类"药、糖粉、（622）各 1prasrta 的蜜、酥和长胡椒粉，以及少量的盐。他要用勺子搅拌，（623）然后将其灌入无裂缝的膀胱中，可以继续用作灌肠剂，用 1 次、2 次或 3 次。当灌注已经溢出时，要再用温水灌一次。此后，药服用红米饭，（624）加牛奶或野味肉汤。

（II）另一个阿输乾陀灌肠剂

（625 和 626)（a)（阿输乾陀根）在酥中煮，加入甘草，也可用作油性灌肠剂；（626）或者将药液用酥加"长生类"药煮，也作为油性灌肠剂。该药剂能促进肌肉生长，防止瘦弱。

（III）万带兰属灌肠剂

（627—632a）一种万带兰属植物（Râsnâ, Vanda Roxburghii）、臭黄荆、一种羽叶楸属植物（Pâtali, Stereospermum suaveolens）、木蝴蝶、云南石梓和黄果茄、加腊肠树、大叶山蚂蟥、一种狸尾豆属植物（Prśniparnî, Uraria lagopodioides）和刺天茄。（628）这些植物的根，再加入蓖麻根。各取 2 婆罗，在 1drona 的水中煮。（629）当此药液减少至最初量的四分之一时，加入精磨成粉的青木香、甘草和黄芥末配成的药浆。（630）也加入……和甘草。该药能增进健康、良好的精神、消化力、精力、体力和长生，并使精疲力竭者恢复元气。（631）患严重疾病时，这是有益的，……治疗胃口失调、不孕症以及任何量大的和积深的不适、（632）闭尿症、发疔、子宫伤口和缺陷、面色苍白、痔疮和慢性腹泻。

（IV）Havusâ 灌肠剂

（633—637）Havusâ 是王仙——自我控制者妙光（Suprabha）用圣体诗（ârya）撰写的。[他]向我解说此[药方]，这是最好的安慰剂。（634）Habusâ、蓖麻子、carbonate of potash、水和石盐的混合物，分量依次为 1prasrta、1prasrta、1 升、1 升和半婆罗；（635）不过，盐要留下来直到所有的水都被蒸发掉。煮好后过滤，再用盐在酥中搅拌。（636）对那些最先需要安慰的、元气耗散、便秘的男人们，这个灌肠剂应该立即在微温的情况下使用。（637）在适当的时候，适度地进食，但不要暴饮暴食，不过也不需要忌食。该药方能保持良好的精神状态，助消化、增加元气、增强体力和男性能力，并能长生。

（V）"蜜油水"或"外来者"灌肠剂

（638—640）等份的蜜、油以及与二者总和等量的温水洗澡，加入1两莳萝和半两石盐。（639）这是一剂特别有效的灌肠剂，能促进食欲、强健肌肉、增肥和增强体力。它被称作"外来者"（Yavana）。（640）使用此灌肠剂后，享受女性之乐、骑乘、做运动、用凉水都是可以的。

（VI）"通治"方

（641）用酥代替油，牛奶代替水，其余的药物同上。它就是"通治方"（Sarva-sâdhaka，治疗全身的）。

（VII）"油等"或"防卫者"灌肠剂

（642—644）等份的蜜、油以及与二者总和等量的一种万带兰属植物（Râsnâ）、加入各1两的莳萝和长胡椒，（643）1团甘草和半两石盐。这种灌肠剂能增建肌肉、增强体力，增肥和促进食欲。（644）该药使人远离苦难，防卫疾病。它是壮阳剂，能赋予人精神和体力，能治疗肠病、痛性尿淋沥、痔疾、病态泌尿、出血症和阴囊肿大。

（VIII）木棉灌肠剂

（645—649）新鲜的木棉花包裹在俱舍草中，敷上黑土，放在牛粪上烘烤。（646）当泥土完全烘干之后，取出木棉花，在臼中捣烂，放进煮沸的牛奶中搅拌，（647）药散的分量相当于1个拳头大小。然后，适当地用油、酥涂抹，加入1团甘草，（648）在涂油之后，将此灌肠剂注入体内，当其后倾溢出时，［病人应该洗澡，并服食牛奶或野味肉汤。（649）这是一种可通便、持久治疗的灌肠剂，能很快消除胆汁性腹泻、

发烧、炎症、痔疾、消化不良和慢性腹泻，甚至当这些病症很严重时也能治疗。］

（650—715）下缺。

第六章：长年方（Râsayana）

（715）提及［获取健康和力量］，尊者阿提耶说："食疗有 3 倍的价值，节制房事有 4 倍的价值。"

（Ⅰ）"长胡椒渐增"（Pippalî-Vardhamâna）长年方

（716—737）为了［关心］人们的福祉，我将讲述有关"长胡椒渐增"长年方的功德、效果和力量。（717）服用 1 剂这样的"甘露药"，没有人会后悔，因为它带来的好处就像掌中的余甘子一样清楚可见。（718）因此，当某人渴望促进财富、健康、生育和智慧，那么就应该服用这个吉祥的、长生的补药。（719）服用 1 剂量的油或酥，加入长生类的药物，［因此］呕吐和排泄，在完全干净之后，可以在吉祥的日子里选择一个合适的时间，使用这一药方。（720）当月亮与井宿、鬼宿、牛宿、Śravisthâ、三 Uttara 和 Hasta 相连时，（721）在禁食之后，洗头，穿上干净的衣服，抑制自己的感官欲望，祭祀诸天神和婆罗门，他应该服用 1 颗长胡椒，（722）然后喝牛奶和羊奶，消化后吃牛奶煮的饭。（723）这样继续服用（长胡椒），以每天 1 颗的量递增，直到 100 颗，然后再来［每天以 1 颗的量］如此递减。（724）当递减结束后，应该以 7 夜（为 1 个周期），分别吃牛奶煮的米饭，然后吃豆子和肉汤煮的米饭。（725）在第 3 个周期，他可以享用野味肉和甜果汁，还可饮用冷却的、加了有益物质的开水。（726）他应该经常待在避风的地方，避免各种不宜的东西。他可以适当地在食谱中加余甘子以及一些酸的东西，（727）罗望子的果汁或石榴汁。他也应该有规律地洗澡。用此疗法，一个人可以快速地获得健康、精力充沛。（728）妇女可以怀孕，甚至不孕的妇女也将怀孕。由此，白斑病、痨病、恶性黄疸、（729）癫痫病、疯病和间歇性发烧都会被消除。经常使用此疗法，将消除皱纹和白发。（730）这是改善肤色、增加精神、增强体力和最好地加快消化的 1 剂药。它是吉祥的、治疗皮肤病，并润喉健声；（731）它能恢复性能力和性敏感的损失。长胡椒吉祥，是辛辣的、甜的、（732）油质的、凉性的，有深远的功德。由于其酸性，长胡椒可以祛痰；其油性可以祛风；（733）由于其凉性，可以用于每一种治疗当中。这个最佳的处方，1 剂可以用 3 颗或 5 颗长胡椒；（734）也可根据（病人）的体力和年龄，1 剂使用 8 颗甚至 10 颗。不过，在每种情况下，都要服药后饮用牛奶，而且牛奶也应该是食谱中的常备。（735）这个药方的用法已经解释，好处也已经宣告。因此，要仔细地遵守此药方的用法，应按照次序（736）使用这个"长胡椒渐增"方。该药方是双马童为了促进健康、财富、力量和长寿创制的。（737）它的用法要不折不扣地执行才能获得一个成功的结果。

（II）[龙葵方]

（737b—741）让一个聪明人收集带着根、叶、花和果的新鲜龙葵，（738）并让他用四分之一的量精磨成粉，在 1 斗的水中煮。（739）当减少至最初量的四分之一时，再放在 1 升油和 4 倍量的牛奶中，加入下列药物的浆共煮：（740）一种香木（prapaundarîka）、甘草、一种万带兰属植物（Râsnâ，Vanda Roxburghii）、天门冬、白花酸藤果子、莳萝和发疗藜豆。（741）这种油作为涂抹剂、口服剂、催嚏药、灌肠剂，可以去除风引起的 80 种疾病。

（III）

（742 和 743）（a）积雪草的鲜汁，或者（b）甘草粉加牛奶，以及（c）心叶青牛胆的汁，加根与花。这剂药物能延年益寿，消除疾病。（743）这些药物有滋补的功效，能增强（病人）体力，（促进）消化，（滋润）肤色，（增强）记忆，刺激智力（发展）。（d）加入一种穿心草属植物（Sankhapuspî, Canscora decussata），这种药浆可用作智力（发展）的刺激剂。这种穿心草属植物是非常有用的。

（IV）

（744）一个人饮服甘草加酥和油，然后喝牛奶，并戒房事，他将长命百岁。

（V）长胡椒药方

（745—748）任何希望获得恢复健康的滋补，应该 1 个月内（每日）服用 5 颗或 8 颗、7 颗、10 颗的长胡椒；（746）或者应该每个上午正餐前，取 3 颗长胡椒，在甄叔迦树的灰中泡软，并在酥中炮制，（747）用酥配制。这个药主治咳嗽、肺病、炎症、哮喘、打嗝、咽喉感染，（748）大出血、慢性腹泻、面色苍白、间歇性发烧、鼻黏膜炎、失音、痞疾和持续的低烧。

（VI）另一个长胡椒药方或者"千颗长胡椒"方

（749—752）让病人 10 天内服用长胡椒和牛奶，每天有规律地增加 10 颗长胡椒，同样地再来 1 次递减。（750）消化后，吃 60 天成熟的稻米和牛奶与酥（煮的饭）。这剂补药叫作"千颗长胡椒"方。（751）长胡椒以粉的形式配成浆，身体强壮的人服用。中等体力的人可以煮着服用。该药分量最轻的是限制在 3 颗以内长胡椒。（752）这剂长胡椒补药能增强身体、滋润声音、延长寿命、治疗脾脏肿大、确保健康和强化体力。

（VII）黄花稔方（Nâgabalâ）或者长生方（Âvalika）

（753—758）在鬼宿（Pusya）秋季开始的时候，医生应该取一种黄花稔属植物，清洗它的根，精磨成粉。（754）将 1 两的该散放在牛奶中搅拌，然后让（病人）服用。消化时病人应该喝牛奶，并禁食含淀粉的食物。（755）每天增加 1 婆罗的剂量，共服 7 夜。然后再每天减少 1 婆罗的剂量，所以感觉不到什么干扰。（756）据说（同时）患者应该避免看到任何女性或首陀罗，或任何野兽。该补药能治疗 11 种棘手的肺痨症状，（757）并延年益寿。以同样的方式，在此药中加入甘草配制，（758）以及积雪草和生姜。这个称作"长年方"的药剂，是一切之中最好的。

（VIII）另一个龙葵方

（759—768a）在吉祥的末伽始罗月，用催吐剂和其他净化药物清洁自身之后，应该取带果子和花的龙葵。（760）10 婆罗的龙葵，洗净，医生应该仔细地、慢慢地用半分量的油，放在铁器中煮。（761）取少量的（药液）和用 60 天成熟的大米煮的饭一起服用。也可以将龙葵和 60 天成熟的大米和牛奶煮的饭一起吃。（762）这个药也可以加入余甘子剂量的水。连续 21 夜（即 3 个疗程），这剂药是最好的。（763）若持续两个疗程，是中等的疗法。而只服用 7 夜，是最轻微的疗法。同时，还应该避免夫妻间的房事，（764）不要白天贪睡，也不要剧烈运动。在疗程结束时，可以逐渐喝些肉汤，（765）但不要饱食过量，不要吃不宜的东西。这一药方能使人返老还童，（766）去皱纹，治疗男性神经疾病。对那些受性能力下降之苦的人，也可（使其）重振雄风。（767）如果与不同种类的疗法联合使用，（病人）将及时地实现所想。（768a）这是一个幸运的、光荣的、快捷的、幸福的、吉祥的和超卓的（药方）。

（IX）作催嚏药的滋补丸

（768b—773a）各 1aksa 的三果药、靛青、蓝莲花、（769）安膳那、长胡椒根、假杜鹃的叶子、阿周那榄仁树的皮和 Pindâraka（Vangueria spinosa，？）的果子；（770）和瞻部树根熬的汁液、瞻部树根的泥土、白礼肠和铁粉。（771）将这些药在毗醯勒的汁液中用温火慢慢地煮。在已经服用泻剂之后，此药可用作催吐剂。（772）患者 1 个月内应只吃加芝麻油的菜肴。当他口渴时，可以喝三果药泡的水，（773a）而且不管该药在什么情况下使用，水都是必需的。

（X）双马童创制的一种长年药

（773b—781a）当大仙人遍友（Viśvâmitra）正在修严厉的苦行时，（774）最好的施主——神医双马童，向他致意，打断了他的苦行。为了重新补上这一过程，（775）讲述了下列最好的长年药，（该药）能促进健康，增强体力。取 1 升上等的、在寒季采摘的余甘子，（776）将其在余甘子汁液中浸泡 21 天。然后加入各 1 升的长胡椒粉和铁粉（777）2 升的蜜、1âdhaka 的酥、2 升的糖、半升的白花丹。（778）再将所有的药，放在 1 个装酥或者其他东西的容器中 1 个月，然后，根据病人的体能服用。（779）每天早晨正餐前，［取］1 婆罗或 2 婆罗的药剂，作为药水服用。然后此人将长命百岁，精气神十足并消除皱纹和白发。（780）此药剂对沐浴、进食和房事没有特别的规定。

（XI）增肥的药方

（782）在冬天，应该有规律地服用阿输乾陀和黑芝麻籽加糖，［服食］之后，牛奶一定要喝。作为赋予［人们］毗湿奴力量的一个方法，这个疗法是天神自己制定的。照此服用 12 天，老人都能变年轻。

（783）阿输乾陀与 Payasyâ（Gynandropis pentaphylla，？）混合，与牛奶一起饮。任何瘦人有规律地服用1个月，都将变胖。

（XIII）耆呵提（Vrhapati）

（784和785a）将长在未被开垦过的，或未被人群和争吵声［污染过的］土地上的带根、叶和花的阿输乾陀，精磨成散。每天取猫爪子大小的剂量，加牛奶，用作止咳药水，然后喝牛奶。当消化后，可吃加牛奶的食物。（785a）连续服用21夜（即3个疗程），可身强体胖。耆呵提如是说。

第七章：药粥方

（I）

（785）枣子、秦豆、大麦和葡萄熬的汁，混合酥和油，加入凝乳、稻米和石盐。这个药粥治疗发烧、祛除肠内风。

（II）

（786）干姜、长胡椒、香胡椒（cavya）、白花丹根、长胡椒根和稻米。用这些药物熬成的粥，主治轻微的腹痛、增强食欲、促进消化。

（III）

（787）木苹果的果肉、木橘的果肉，以及酢浆草、石榴和酪乳。用这些熬成的米粥，可作为收敛剂，并有助消化。（b）在患风性疾病时，该药粥应该加上五根药的根。

（IV）

（788）大叶山蚂蟥和一种狸尾豆属植物（Prśniparnî, Uraria lagop-odioides）以及心叶黄花稔，木橘的肉、石榴所熬的这种米粥有益于健康。

（Ⅴ）

（789）一位专业的［医生］应该在香锦葵（Hrîvera, Pavonia odorata）、胡妥籽、青莲花、干姜、山羊奶中熬粥，用水稀释，加一种狸尾豆属植物（Prśniparnî），可以作为一种有益的［药粥］，治疗出血性腹泻。

（Ⅵ）

（790a）在患恶臭的腹泻时，医生应该给［病人］一份由酢浆草、干姜和印度乌头熬的半流质的粥。

（Ⅶ）

（790b）在患腹部疾病时，应该用黄果茄、蒺藜汁和软糖蜜制成半流质的粥。

（Ⅷ）

（791）白花酸藤果子、长胡椒根、一种辣木属植物（Śigru, Moringa pterygosperma）、Suvarcchikâ（nitrate of potasha）和木棉树胶，与乳酪混合，制成的药粥有益于肠内的活动。

（Ⅸ）

（792）葡萄干、一种香药（thoneyaka）、炒米和长胡椒，（所有这些熬的）半流质的粥冷却后，加蜜，将解极度的干渴。

（Ⅹ）

（793a）用驱虫斑鸠菊熬的粥，据说有益于治疗各种毒所导致的疾病。

（Ⅺ）

（793b）用猪脂熬的汁所做的粥，可用于增加体重。

（Ⅻ）

（794）大麦粥，用……和阿魏煮，用石榴酸化，加入酥、油和盐。该药治疗消化不良、鼻黏膜炎、祛痰。

（XIII）

（795a）用 Parched Job 的眼泪做的稀粥，加蜜，可做稀释剂。

（XIV）

（795b）用芝麻籽做的稀粥，加酥和石盐，可做润滑剂。

（XV）

（796a）用长芒稗做的半流质的粥，在［次等的］大叶山蚂蟥药液中熬，可做干燥剂。

（XVI）

（796b）用 10 种药（五大根和五小根）熬的粥，有益于（治疗）打嗝、咳嗽和哮喘。

（XVII）

（797a）患病时，［病灶］位置在腹部，清米酒在两种油性物质（酥和油）中煮，［服用］，有益。

（XVIII）

（797b）用肉、绿豆、芝麻籽和蔬菜熬的稀粥，可作为排泄剂。

（XIX）

（798a）用瞻部核、芒果核和木苹果、木橘熬的稀粥，可作为强性收敛剂。

（XX）

（798b）灰碱、阿魏以及白花丹、罗望子，熬成稀粥，可用作轻泻剂。

（XXI）

（799a）长胡椒根、诃黎勒和木橘熬的稀粥，可祛风。

（XXII）

（799b—800a）用酪乳做的稀粥，或服用 1 剂的酪乳，有益于食酥过量导致的疾病。（800a）不过，对食油过量导致的疾病，稀粥应由加了一半水的酪乳、芝麻油饼和蜜熬成。

（XXIII）

（800b）长胡椒、余甘子所熬的稀粥，在两种油性的物质（酥和油）中煮，可作化痰剂。

（XXIV）

（801a）用稻米熬的稀粥，用凝乳和白落葵煮，可治疗精神激动。

（XXV）

（801b）用大蜥蜴［的肉］和多刺的花汁所熬的稀粥，可作为治疗打喷嚏的药物。

（XXV）毗卢粥

（802—804）在风性疾病时，用五根药的根熬稀粥，加酥和油，用石榴酸化，［服用］是有益的。用陈年谷物熬的稀粥可用来治疗痰性疾病。在治胆汁性疾病时，应服用白莲花、蓝莲花和糖所熬的粥。（803）"愿火神不离我身，愿风神赐我精气，愿因陀罗赐我力量，愿水神赐我财富"。（804）服用此［稀粥］和造访一位女性之后，让病人做净身仪式并重复上述咒语，那么其生命将不再衰弱。

（XXVII）

（805 和 806）……、止泻木的籽、生姜、芒果核、一种杨梅属植物（Katphala，Myrica sapida）、瞻部、陀得鸡花、加上 Hirivera（Pavonia odotara，香锦葵）和芳香鞘蕊花（Śilodbhida，Coleus aromaticus）、

"水生的香附子"（Vâristha–musta，Cyperus scariosus，一种莎草属植物）、蓝莲花、莲花须，（806）各取 1 陀罗那（等于 10 婆罗），剂量平衡，置于一个有边的、圆形容器中，洗之，做成粥……。

（XXVIII）

（807）如果服用萝卜、凝乳、酥、油和成比例的米共煮的粥，可驱除肠内的风。

（XXIX）"善妙粥"

（808 和 809）等份的莳萝、葫芦巴、生姜、白花丹、黑莳萝与酥油同煮，加入 1 分的盐，熬成一种上好的粥，名为"善妙"。（809）它能刺激处于迟缓状态的十二指肠，祛胆汁、痰和风，治疗痔疮、健脾、治痞疾和恶性黄疸。

（XXX）

（810—813）（a）"百花"（Śatapuspa）、莪术、木橘、鸢尾根、白花丹、菖蒲，（b）或者黑盐（vida）、石盐、生姜和长胡椒；（811）或者（c）1 婆罗的盐、加上等份的石榴、花椒的心皮、胡妥和莳萝；（812）将各种药与米，在两种油性物质（酥、油）中熬成粥。（813）这种药粥能祛胃痛、促进排泄，治痛性尿淋沥，（813）以及治疗任何可能有的疾病。这剂药粥是圣医双马童所说。

这是双马童的 3 种药粥的药方［结束］。

第八章：春药方

（I）辩才天女（Sarasvatî）酥

（814和815）各1升的甘蔗汁、乳山药（Vidârî，Ipomoea digitata）、余甘子、酥油、牛奶、蜜和等量的肉汤，（815）和5婆罗的甘草、1

升去皮的绿豆（Mâsa，Phaseolus Roxburghii）。对于想得子的王仙（Râjarsi）来说，这就是（所需要的）辩才天女（Sarasvatî）酥。

（II）

（816—818）各 1 升的余甘子汁、甘蔗汁，和每份各 1 升的羊奶和牛奶，（817）和各 1 升的乳山药汁和酥油同煮。当此（混合）药物变凉时，加入 1 升的蜜和 25 婆罗的石蜜，（818）和［每份］2 斛的洗净并磨成散的胡椒、长胡椒。这是一个最好的刺激性的、强力的春药。

（III）

（819）酥油、天门冬，在 10 倍量的牛奶中煮，并混合进糖、长胡椒和小蜜蜂的蜜，制成一剂最好的春药。

（IV）

（820）蒺藜的汁、酥油、羊奶和牛奶，与 1 团（2 婆罗）的蜜混合，制成一剂春药，（能使男子）20 次射精。

（V）

（821 和 822）乳山药、豇豆、余甘子、一种骆驼刺属植物（Yavâsa，Alhagi maurorum）和……的散，与牛奶制成浆。（822）然后让其在酥油中泡制，当它变凉后，与蜜混合。食用此糖剂，一个疲软的男性可重振雄风。

（VI）

（823 和 824）取……和 5 倍的糖，同样多的蜜和酥油，（824）男根已经衰弱的男子，可服 1 两的剂量，且忌食酸、辣，禁房事。

（VII）

（825—827）各 1 婆罗的豇豆和五根药（五大根和五小根）的根，在 1 斗的水中同煮。加入 1.5 倍的牛奶，（826）以及 1 升的石蜜粉，和各 1 份的蜜与酥油。然后加入小麦磨成的面粉，制成每个 1 婆罗重的大药丸。（827）每次服用 1 丸，可连续做 60 次，获得女性欢心。据说这是最好的春药。

（VIII）

（828）谁食用泡在肉汤中的洗净去皮的芝麻籽越多，谁的性能力就越强。

（IX）

（829 和 830）让小麦磨的面粉和鳖豆在牛奶中煮，冷却后加入蜜和酥油。食用此药，并喝小母牛的奶。（830a）使用此法，［男性］将获得两个星期内持续不衰的性能力。

（X）

（830b—832a）将洗好的绿豆在蒺藜的汁液和牛奶中煮，（831）加入蜜和酥油。在晚上服用木橘大小的分量，再喝加糖的牛奶。（832a）则 1 天可以连御百女。

（XI）

（832b 和 833a）取乳山药在牛奶中加酥油和蜜泡制，（833a）冷却后，随意尽情享用，即可交欢 60 次。

（XII）

（833b 和 834a）取乳山药的散，在其汁液中浸泡，（834a）再加入蜜和酥油调制成药液。服用后能射精 10 次。

（XIII）

（834b 和 835a）同样的，余甘子的散在其汁液中浸泡，（835a）再加入酥油和蜜调制成药液。服用能射精百次。

（XIV）

（835b 和 836a）阿输乾陀根、蓓蕾和果子，同样地，［在其汁液中浸泡］，（836a）白天加牛奶服用，1 夜能射精 20 次。

（XV）

（836b 和 837a）水蓑衣、长胡椒根、酥油和黧豆，（837a）配成 1 个贴脚的膏药，只要脚不沾地，就能增强男性能力。

（XVI）

（837b 和 838a）将麻雀拔去羽毛，加 10 倍量的木蝴蝶。（838a）酥油与其同煮。这个药可作为贴脚的膏药。

（XVII）

（838b—840a）乳山药的散、绿豆和红米，（839）与猪脂、鸡蛋和麻雀汤混合，再随意加些盐，然后放在酥油中整个烤成 1 个饼。（840a）每次服用 1 两（Pânitala），则可御百女。

（XVIII）

（840b 和 841a）（取）……加蜜和酥油，（841a）在夏季服用后，再喝牛奶，就可以交欢 10 次。

（XIX）

（841b 和 843a）取下列 8 种药物：……（842）……，和莲藕的汁。加羊奶调成浆，放在酥油中烤成 1 个饼。（843a）每次服用拇指节的量，可以［射精］50 次。

（XX）

（843b 和 844a）……，（844a）加服 1 剂的米酒，则可以获得性能力。

（XXI）

（844b 和 845a）吃饱公鸡肉，然后喝牛奶，（845a）在性生活中，男根不会疲软，其精不竭。

（XXII）

（845b 和 846a）食用 60 天成熟的大米，加上酥油和绿豆酱，（846a）然后喝牛奶，能在彻夜的性欢乐中保持清醒。

（XXIII）乌纱那斯（Uśanas）所创"因陀罗喜见"（Indrapriya）方

（846b 和 847a）糖、蜜、牛奶、酥油、三辛药和水，所有这些药物可以配成 1 剂名为"因陀罗喜见"（Indrapriya）的药。

第九章：洗眼剂

（847b 和 850a）取 4 份贝壳、2 份雄黄、1 份胡椒、半份石盐。这些制成的栓剂，在毗提（Vîdeha）地区使用，去病如刀。这些病是：［眼睛］损伤、视网膜受损（Patala）、白内障、流脓和充血（赤膜）。贝壳应在牛奶中研磨，雄黄在山羊奶中、胡椒在绵羊奶中、石盐在人奶中研磨。

（851）1 份胡椒、2 份 clearing-nut、3 份糖、4 份乌贼骨和 5 份铜灰（calx of brass）共同制成一种栓剂，有益于所有的眼病。

（852）糖、红赭石、蜜、铜灰，制成一种涂抹剂，是治疗各种眼病的绝妙药。

（853）将凝乳与盐在铁容器中精磨。当眼剧痛时，用来涂眼，会很快康复。

（854）乌盐（新陀婆盐）、刺天茄、铜、胡黄连、贝壳和长胡椒，所制成的这种栓剂（黑眼膏）能治疗结膜炎、角膜白斑、睑缘炎。

（855）将长胡椒、姜黄，在 1 面镜子上反复研磨，制成眼膏，当眼睛剧痛时涂抹，很快会变好。

（856 和 857）将含树脂的松木（Cîdâ，Pinus longifolia）磨成粉。再将此粉在雄山羊的尿中泡 3 天。它是治疗睑缘炎和虫子的最好的洗眼剂。

（858）某人可用闭鳖金水治疗白内障；用［普通的］水治疗结膜炎，用蜜治疗眼睛感染；用牛奶治 sprung-up。

（859 和 860a）下列药物治疗……白内障。黑蛇脂以及余甘子的果汁，与蜜混合。［使用此药］，任何一个已经失明 3 天的人，都可复明。

（860b 和 861a）研磨茅根香、多揭罗香、石盐、香附子、桂皮和红赭石，制成药浆，治疗眼睑之疾。

（861b—863a）雄黄、锑、红赭石和长胡椒，分别与油、山羊奶、雄山羊尿和公牛的尿研磨，等量混合，制成一种栓剂，用于治疗烂睑缘和多泪。

（863b 和 864a）雄黄、锑、一种辣木属植物的籽（Śigru，Moringa pterygosperma），等量研磨，制成治疗白内障的药。

（864b—866a）等量的三果药、姜黄，在池塘水中与牛奶一起煮。把整个用来冲洗眼睛。这是一个极出色的药方。聪明的医生用来治疗各种眼病，特别是疼痛的那些。

（866b—868）黄细辛、刺天茄、黄果茄、蒺藜和长胡椒的叶子，在山羊奶中煮。再加入牛奶、蜜和温水，制成 1 个最好的洗眼剂。……酥油，在铜器研磨，用山羊角烤制，再加入人奶搅拌，可作为洗眼剂，治疗眼部剧痛。

（869 和 870）将一种香木（Prapaundarîka）、甘草、一种香木（Śaileya）和蜜，适当捣烂，放在干净的芦苇上，经常浇水，再一次次榨干。它可以制成 1 个重要的洗眼液，治疗眼睛剧痛。

（871—874a）两种茄子（刺天茄、黄果茄）的根皮、长胡椒、生姜和石盐，加上铜，与牛奶研磨成药浆。制成软药浆后，再在一个铜容器上涂抹。重复这个过程到 8 天 7 夜。然后作为去痛的洗眼剂。它可以彻底治疗肿胀和充血，也可治疗眼伤、视网膜受伤、云翳和白内障。

（874b—876a）rasot……雄黄，……俱舍草根，与蜜混合。这个药治疗流泪和发痒，也能治疗眼伤、白内障和各种眼病。

（876b—877a）（前缺）和 16……甘草、糖，制成一种栓剂，有益于治疗才发作的眼疾。

（877b—878a）贝壳、姜黄和小檗、三果药和三辛药，加上甘草，制成治疗白内障的最好药物。

（879）等量的茉莉、贝壳、雄黄、甘草、乌贼骨、茜草、胡椒和锑，加入等量的桐叶千金藤和长胡椒，和 2 倍量的上好红赭石。该药能去除诸病，据说是治疗眼病的最好栓剂。

（880—882）等量的一种香木（Prapaundarîka）、甘草、糖、贝壳、长胡椒籽、rasot 和锑，铜灰、clearing-nut 的籽、石盐、乌贼骨、胡椒和蜜，制成药丸，放置蒸好，阴干。该药能增加头发力量，并使那些得烂睑缘或其他眼病的人解脱。

（883—884）各 1 份的白锑和乌贼骨，各 1 份的一种辣木属植物的籽（Śigru, Moringa pterygosperma）和长胡椒，再加 1 份的盐，每份 1 两。精磨成粉制成药，治疗白内障。该药得到尼密的看重，适合受人尊重的人使用。

（885）红赭石、糖和铜灰，加入蜜，制成一种洗液，有益于治疗眼疾。

（886）3 份的诃子、1 份的生姜，在水中磨碎，制成 1 个栓剂，有益于治疗各种眼病。

（887）一种辣木属植物的籽（Śigru，Moringa pterygosperma）、乌贼骨、白糖、贝壳、铜粉、clearing-nut 的籽、铁粉、龙爪稷、小豆蔻、石盐、和胡黄连、长胡椒籽，这些药的浆和水制成栓剂。这是一种吉祥的栓剂，能治疗白内障、发疗、云翳和夜盲症。

（888—890）等量的芦荟、旃檀、桂叶、欝金、铁力木、刺天茄、一种辣木属植物的籽（Śigru，Moringa pterygosperma）、香附子和蓝莲花在人奶中捣碎。如果没有人奶应在山羊奶中研磨。该药治疗发疗、白内障、流泪、充血、夜盲症和其他各种眼病。

第十章：乌发方

（I）

（891）在芝麻油中煮……用夹竹桃。该药作为催嚏药或油膏，是使白发变黑的有效药物。

（892 和 893a）一种香木和……制成的药浆，（893a）可作为油膏令头发变黑。

（893b 和 894a）天竺黄、龙葵、Śatapuspa（Peucedanum graveolens）、芝麻籽，（894a）（该药）若用于洗发，可使头发像安膳那（añjana）一样黑。

（IV）

（894b 和 895a）靛青、石盐、长胡椒和水制成药浆，（895a）用于洗发，可使头发像安膳那（añjana）一样黑。

（V）

（895b 和 896）先用诃黎勒、余甘子洗发，（896）然后，用绒毛戴星草、靛青做成的药浆，温温的时候涂抹头发，头发就不会变白。

（Ⅵ）

（897和898）等份的瞻苍、香附子、苍石、海龟胆汁、铁粉、Dantî（Baliospermum montanum）、一种黄花稔属植物（Sahadevâ, Sida rhomboidea）和白礼肠，（898）与毗醯勒油同煮，该药能使白发变黑。如果经常用它作润发油膏，可防止头发变白。

（Ⅶ）

（899和900）1升的白礼肠汁液，与等量的牛奶，1婆罗的甘草，在1斛的油中煮。该药可使白发变黑。（900）如果用作催嚏剂，使用1周，可使12年没有皱纹和白发，使用1个月，可保证100年。

（Ⅷ）

（901和902）1婆罗的一种蔷薇属植物（Râmatarunî, Rosa alba）、1婆罗的甘草、半婆罗的一种束藻属植物（Śâvaraka, Symplocos racemosa）、10婆罗的毗醯勒油，（902）置于一个铁器中，用太阳能煮10天。该药用作催嚏剂，可使白头发变得像大黑蜂那样。

（Ⅸ）

（903和904）1升的毗醯勒油、等量的酥油、1婆罗的甘草，这些药用文火煮。（904）这个药可以给失明者带来光明，使白发变黑。如果坚持用作催嚏剂，将恢复受损害的（眼睛）晶状体。

（Ⅹ）

（905—909）等份不超过四分之一婆罗的三果药、靛青、蓝莲花和Pindâraka（Vabgueria spinosa）的果子，（906）安膳那、长胡椒根、假杜鹃的叶子和瞻部的汁、瞻部树根上的泥土，（907）阿周那榄仁树的果子，和2斛的芝麻油，将这些在毗醯勒油中用温火慢慢煮。（908）该药用作催嚏剂，服用15天。然后第16天，富贵的病人将没有白发，他的头皮是黑的。（909）他的脸和眼睛将很好，所有的头发都是深黑色的。最好的尊者Agastya如是说。

（XI）

（910—916）三果、假杜鹃花、瞻部树、云南石梓、阿周那榄仁树的花、芒果核、Pindâraka（Vangueria spinosa）的果子，（911）和仓石、阿西那花、靛青、蓝莲花、莲藕、安膳那、黑土和铁粉，（912）两种茄子（刺天茄和黄果茄）、两种腰骨藤、白礼肠的汁液和毗醯勒油。（913）这些药混合阿西那的汁液，不用煮，在铁容器中放置10天。然后用温火煮。（914）再加一半泡着菜豆（Mudga, Phaseolus Mungo）和绿豆的米醋。做好半个月后，存放。（915）当病人用三果药涂抹全身，使用Khicarî时，要服用在密闭容器中放置好的、1婆罗的此药做催嚏剂。（916）不管病人头发怎样白，只要服用1升的此药做催嚏剂，就会拥有满头黑发。

第十一章：诃黎勒的药理

现在，我们将解说诃黎勒的药理（kalpa）。

（I）

（917—929）双马童悠闲地坐着，对梵天说："诃黎勒长在哪里？它有多少种？（918）它有多少（初级的）味道？又有多少次级的味道？每一种的名称、颜色和标志各是什么？（919）它能治疗什么疾病？其颜色和形状如何？能与何种药物同用，又能治疗什么病？（920）这个问题希望您能愉快回答。"听了双马童的问话，梵天答道：（921）"你问我的这几点，我将一一向你解释，以便你能完全理解它们。（922）当帝释天饮用甘露的时候，有一滴落到了地上，从此，最好的药——诃黎勒就生长出来。（923）Vijayâ、Trivrtâ、Rohinî、Pûtanâ、Amrtâ、Jîvantî 和 Abhayâ——这是 7 种诃黎勒。（924）Vijayâ 的形状像葫芦瓶，Rohinî 是球形；Pûtanâ 有一个大果核，果肉较薄，Amrtâ 的果肉很厚。（925）Jîvantî 是金色的，Trivrtâ 是五边形的；Abhayâ 则为黑色。梵天很久以前就跟世间如是说了。（926）我再描述一下这 7 种诃黎勒的味道和性能。它们有 5 种味道，是热性的，但是缺少咸味，是非常有用。（927）由于是没有盐味的，所以诃黎勒是无害的。因为它能排除体内的盐分，因此被认为是有益于健康，能延年益寿。（928）它是吉祥的，药效快捷、无害、让人舒服、促进健康。对于穷人们来说，它是药物的代表，（929）对年轻人来说，和对那些长年患病的人也是这样。事实上，诃黎勒是人们的福祉，对治病有益。

（II）

（930 和 931）不管谁依次服用诃黎勒（Abhayâ）、石盐和生姜、长胡椒，就不会患任何病。（931）或者，让一个人每天服用 2 颗加糖蜜，直到服用 1000 颗，那么将治愈任何疾病。

（III）

（932 和 933）每餐用诃黎勒（Abhayâ）与菜豆同食，可以长命百岁，抵制疾病。（933）有规律的使用此食谱，他将健康强壮，没有皱纹和白发，精力充沛。

（IV）

（934）诃黎勒（Abhayâ）、姜黄、长胡椒和石盐、青木香，加上牛尿，可作为泻药。

（V）

（935）糖蜜、葡萄汁、小蜜蜂的蜜、诃黎勒（Harîtakî），这些药制成 Kankâyana 的药方，可作胆汁类的泻药。

（VI）

（936）长胡椒、石盐、白花酸藤果子、诃黎勒（Harîtakî）、加入牛尿和姜黄，作为泻药。

（VII）

（937）诃黎勒（Harîtakî）、等量的糖蜜、与蜜混合，制成 1 剂合适的泻药，是有效的补药。

（VIII）

（938—946）如上所述，这种诃黎勒（Harîtakî）能治疗各种疾病。请仔细地听，我已经简要地解说：（939）此诃黎勒（Harîtakî））主治时断时续的热病，有兴奋剂的滋补效果；能促进消化，治疗痞疾。（940）使用诃黎勒（Harîtakî））也可治疗腹胀，维护生命，调节痰性肺病，（941）咳嗽、哮喘、打嗝、昏厥、晕眩和痉挛。这些疾病无一能战胜诃黎勒（Abhayâ），就像阿修罗战胜不了因陀罗的大军一样。（942）诃黎勒（Harîtakî））治疗最严重的黄疸和皮肤病、痔疮和每一种闭尿症。（943）通过使用诃黎勒（Harîtakî），可以消除发炎性的肿胀。由失调的风导致的痢疾、痰和胆汁失调，或血和胆汁失调，面色苍白、恶性黄疸以及……其他的疾病，服用诃黎勒（Abhayâ）可治愈。（945）它也治疗鼻黏膜炎、面容失色、失音、失味、心脏病和晕倒。（946）就像火神遇到风更强一样，诃黎勒加上糖蜜的功效也如此。

下列几颂就论及此［主题］。

（IX）

（947—949）在任何情况下，如果［诃黎勒］与糖蜜混合，作为内服剂或药水使用，可以使疾病甚至是顽疾和长期疾病得到治疗。（948）大地上不存在诃黎勒治不了的疾病。这种显赫的药物，来自甘露，在所有情况下都会被聪明的医生使用。（949）盐对马有益，水对大象有益，火对奶牛有益，诃黎勒对人类是最好的药物。"梵天这样说。

第十二章：五灵脂的药理

我们将解说五灵脂（沥青）的药理。

（950—957a）五灵脂是略酸、涩、消化时是辛辣的。它既不太热，也不很凉。它产自4种金属：（951）金、铜、银、铁。当合理配置时，它可以作为滋补剂、壮阳剂、和医用药品。（952）当它浸泡在这些熬煮的药液中时，它的能量就发展到最高程度，或连用或单用，能治风痰胆失调。（953）

（957b—964）现在我将解释5种不同的五灵脂及其用法。金子和山中其他金属，当被太阳加热时，排除杂质，像油重，像黏土一样，这些就是五灵脂。（959）甜、苦、颜色像宋槿，味辛辣、凉，这是金的挥发。（960）铜一类，颜色像空的咽喉，是苦的、热的、味辛辣。银一类，是辛辣的，白色、凉，消化时，是甜的。（961）铁一类，是所有当中最好的，其颜色像没药树脂，味苦和咸，消化时是辛辣的、凉的。（962）这几类都有牛尿的气味，都可作药用。不过，在用作滋补剂的成分时，最后一种是最好的首选。（963）当风和胆失调，痰和胆失调，痰失调，以及风痰胆三者共同失调时，金和其他金属种类特别受欢迎。（964）在使用五灵脂期间，一个人应该戒用任何增热和重性的东西，不过要避免使用秦豆。

（965—967a）各种奶、米醋、肉汤和蔬菜同煮，加水和牛尿，和各种不同煮的药液，均可和五灵脂混合。任何一种都能直接用于调整（体液失调）。（966）大地上不存在五灵脂不能彻底治疗的疾病。因此不管采用哪种方式，（967a）它均将有益健康，增强力量。

第十三章：白花丹的药理

我们下一步将解说白花丹的药理。

（968—974a）毗湿奴问智者 Dhanvantari："任何药物能治疗一切疾病吗？"（969）听了毗湿奴的问题后，Dhanvantari 回答："可以这么说，跟白花丹比较，就没有其他药物了。（970）应该知道它有黑、白、黄 3 种，分别是最好的、最差的和中间的。（971）对皮肤病、闭尿症、腹胀、白癜风来说，黑色的［白花丹］是特别有效的。（972）对于治疗慢性腹泻、痔疮，并治疗急性腹泻，而且保护生命、促进智力来说，开白花的那种是最有效的。（973）黄色的那种能刺激智力发育，是一种好的［烈性］饮料，有助消化，治疗痰性疾病。它们分别是治疗风、胆、痰性疾病的良药。（974a）不过实际上，人们得到此药使用均能治疗一切疾病。

（974b—975）人们采摘此药应该在迦刺迦底月，或在末迦始罗月，或安沙荼月。

（976）向天神祈祷，并恳求婆罗门的祝福之后，应该在一块［地方］，那里没有墓地，没有光秃秃的盐碱地，没有蚁丘，没有支提塔……（下残）

（977—1010）缺。

第十四章：童子方

迦叶丸

（Ⅰ）

（1010 和 1011a）在……情况下，（1011a）[医生] 应该让儿童服用 1 丸。

（Ⅱ）

（1011b 和 1012）儿童严重腹泻时，医生应该给儿童服用 1 丸。（1012）要用蜜和米汤冲服，药丸要用一种扁担杆属植物（Parûsaka, Grewia asiatica）的汁、糖和蜜制成。

（Ⅲ）

（1013 和 1014）呕吐的儿童，医生应该给他服用 1 丸。药丸要用心叶青牛胆汁、糖和蜜制成。（1014）或，药丸用烧红的铁锉过滤后的溶液，加蜜和糖制成。然后儿童将康复。

（Ⅳ）

（1015 和 1016）由血液失调引起的痢疾时，医生应该给儿童服用 1 丸。药丸要用"五种皮"的汁液，或用米汤，（1016）加糖和蜜制成。或此药丸要用野兔血、羚羊血或鹿血，加蜜制成。

（Ⅴ）

（1017）排泄受阻时，医生应该给儿童 1 丸。该药丸用水冲淡的糖蜜或三果药的汁液制成。

（Ⅵ）

（1018）拉恶臭的痢疾时，医生应该给儿童服用由乳清或罗望子果汁制成的药丸。

（Ⅶ）

（1019—1022）泌尿结石、（膀胱或肾脏）结石、痛性尿淋沥、闭尿症时，医生应该给儿童服用 1 丸。该药丸由蜜和纯米酒制成。（1020）

或用一些合胃口的药酒制成药丸。儿童将康复。迦叶（仙人）这样说。
（1021）用这种方法，肠内的虫会被快速清除。该药还能解除头痛，制止呕吐。（1022）如果儿童的肛门滋生虫子，可用此药丸涂抹。儿童会康复。这也是迦叶（仙人）建议的。

（VIII）

（1023—1025）在（儿童）病情没弄清楚前，医生应该让他用温水服用 1 颗能治所有病的药丸。（1024）由于考虑到病人的利益，医生应该采用各种治疗方法，考虑儿童的体力或虚弱，还要考虑时间和季节。（1025）医生应该对他们的乳母采用五业治疗法，即两种泻剂、催吐剂、两种油性灌肠剂。

（IX）

（1026 和 1027）肠痛时，医生应该给儿童服用 1 丸。该药丸用猪粪和淘米水制成，（1027）而且要加 1 剂量的糖和蜜。服用，儿童将康复。这是迦叶（仙人）说的。

（X）

（1028）打嗝、哮喘和咳嗽时，医生应该给儿童服用 1 丸。该药丸用香橼或 Sonchal 盐和香料制成。

（XI）

（1029 和 1030）遭受虫之苦的儿童，医生应该给他服用 1 丸。该药丸用石榴水和蜜，或者纯米酒制成。（1030）也应该给催嚏药、润喉止咳糖浆、加了调料的蔬菜，还有稀粥作为清淡的食物。

（XII）

（1031）严重黄疸或各种病态面色苍白、肿胀时，医生应该给他服用一种刺茉莉科植物（Pîlu，Salvadora persica）煮出的汁制成的药丸。

（XIII）

（1032 和 1033）当白喉、上颚发炎，甲状腺肿、舌下囊肿时，医生应该给他服用研磨成粉的药丸，将［药丸］的糖衣切开。（1033）用这种方式，儿童的牙齿能容易生长，消除肿胀。各种疾病治愈，得到康复。

（XIV）

（1034—1036）患癣、各种皮肤病、湿疹、牛皮癣、即各种皮肤病时，医生应该给他服用 1 丸。（1035）该药丸用粗糠柴（Kampilya，Mallotus philippinensis）和相思子的粉散，与芝麻油调制成浆。用此药浆，可给病人用作膏药，（1036）再灌注微温的牛尿或儿茶的汁或苦栋煮的汁液。然后病人可以康复。

（XV）

（1037 和 1038）对面露病相、被富多那（Pûtanâ）或其他鬼魅所控制的儿童，医生应该给他服用由山羊尿制成的药丸。（1038）或将药丸研磨成散，用牛尿配成药浆，作为膏药贴用。任何暴戾的鬼魅都会被驱除。

（XVI）

（1039 和 1040）肋部剧痛时，医生应该给儿童服用 1 丸。该药丸用秦豆（Kulattha，Dolichos uniflorus）的汁，或用肉汤制成。（1040）还要给儿童的乳母服用 depuratory 药。这能驱除失调的体液，儿童将很快恢复体力，面色如初。

（其他药方）

（I）

（1041）如果一个儿童处于恐惧当中，哭闹得很厉害，应该给他 1

剂由三果药、长胡椒加蜜和酥制成的润喉止咳糖浆。

（Ⅱ）

（1042 和 1043）如果身上出现变色的圆斑，（医生）应该给他贴 1 剂膏药，这个膏药是用 10 种"特效药"的根加上酥油制成，或用黄细辛的浆或甘草浆。还要给孩子适当灌注一些温水。

（Ⅲ）

（1044 和 1045）如果出生 10 日之内的儿童哭闹，并受咳嗽或哮喘之苦，医生应该给他灌用一种黄连木属植物（Karkataka, Pistacia integerrima）、（1045）盐和长胡椒，以及蜗牛壳或双贝壳类的壳（烧成的灰）（配制的药液）。或者用［同样的药物］在香草根的冲剂中煎熬，（服用此冲剂）。

（Ⅳ）

（1046—1048a）如果发烧，应该净化母亲的乳汁，为此目的，要服用 1 剂熬煮的……药液。（1047）和香草根、香附子和山榕。外用的药物——旃檀木浆、甘草和糖。（1048a）和加了"长生药"类药的酥油，也是有用的。

（Ⅴ）

（1048b—1054a）对于身体虚弱、瘦弱的儿童，我将讲述一个很好的、有效的药方。该药方能促进身体生长，增强体力，改善气色。（a）吉祥草、甜根子草、香草根、葡萄干、莲花须、（1050）牛奶和糖与药粉同煮，可以给虚弱的孩子（服用）。（b）或者酥油与这些药粉、同"长生药"一起煮，用来擦身体。（1051）（c）或者也可服用牛奶和心叶青牛胆一起煮的。或者（d）取一种田菁属植物（Tarkârî, Sesbania aegyptiace）、莲花、石盐、茜草、芝麻、（1052）多刺的 chaff-flowere、青木香、余甘子粉、和阿输乾陀、一种胡椒（Cavyâ, Piper Chaba）、一种米仔兰属植物（Priyangu, Aglaia Roxburghiana）和白芥子，（1053）加入与总量相等的凝乳，这种最好的涂抹剂可给日渐消瘦的儿童。（1054a）当他全身涂抹好后，再用1斗的凉牛奶沐浴。

（VI）

（1054a—1059b）如果难过小儿受哮喘或咳嗽之苦，（1055）就给他服用下列止咳糖浆和口服液：（a）一种杨梅属植物（Katphala, Myrica sapida）、生姜、长胡椒、诃黎勒、（1056）石盐、这些药散与蜜和酥制成止咳糖浆；（b）或一种胡椒属植物（Harenukâ, Piper aurantiacum）、长胡椒、小豆蔻、一种骆驼刺属植物（durâlabhâ, Alhagi maurorum）、（1057）和葡萄干、研磨成散，与蜜和酥制成止咳糖浆；（c）或青木香、石墨根、生姜、诃黎勒，（1058）和成一团，用温水配成口服液；（d）或者香附子、阿魏、多揭罗香和一种胡庐巴蜀植物（Coraka, Trigonella corniculata），（1059a）混合成一团，用温水配成口服液。这些都是治疗咳嗽的。

（VII）

（1059b和1060a）紫胶、姜黄、茜草、长胡椒和喜马拉雅雪杉，（1060a）研磨成粉，加入酥，治疗咳嗽。

（VIII）

（1060b—1064a）（a）对患干渴症、面色苍白、日渐衰弱的儿童，（1061）苦苹果、石榴、水、使他服用。（b）或一种米仔兰属植物（Priyangu, Aglaia Roxburghiana）、香附子，混合成1团，（1062）加淘米水和蜜，（c）或炒米、香附子……（1063）这4种药磨成粉，放在一个新的陶器中，当药液澄清之后，与蜜混合，给患干渴症和呕吐的儿童服用。（d）或者（1064a）儿童可以服用 1 剂蜂蜜水，或者［也可服用］……。

（IX）

（1064b—1066a）阿输乾陀、娑罗树脂、大麦粉、凝乳，（1065）与蜜、酥混合，制成一种膏药，贴在头皮上。这种药能治疗发烧、干渴、呕吐和其他疾病。（1066a）无论何时需要冷却法时，也可使用此药。

（X）

（1066b 和 1067a）如果儿童身上起疖子，好像要发烧，（1067a）应该服用由苦的和甜的药煮的药液。

（XI）

（1067b 和 1068a）等份的伞房花耳草、香草根、红赭石，（1068a）混合成药浆，制成 1 剂膏药。

（XII）

（1068b 和 1069a）香根草、糖和白莲花须，（1069a）还有旃檀和茜草，制成一个小儿用的膏药。

（XIII）

（1069b 和 1070a）糖水、双贝壳类的壳、海螺壳、狗牙根和省藤，（1070a）这些药制成药膏，治疗（儿童的）疖子。

（XIV）

（1070b—1073a）嘴里起泡时，应该服用加了蜜的葡萄干。（1071）或用亚洲小檗的汁液和蜜，清洁病人的口腔；如果儿童因嘴疼而拒绝吸奶时，（1072）用素馨叶子和蜜涂抹，或用甜根子草秆的粉末和甘松香制成的软膏（涂抹），（1073a）当看到嘴巴已干净时，还应该敷上酥油。

（XV）

（1073b—1075a）然后，（a）取下列药浆：陀得鸡花（Dhâtakî,
Woodfordia floribunda）、Sallakî（Boswellia serrata）和 Jinganî（Odina
Wodier）、（1074）含羞草、茜草、用芝麻油煮。然后用于耳露，多次清
洁耳朵。（1075）（b）[另一个方]，也可将 Beld 与旃檀煮的芝麻油用于
滴耳。

（XVI）

（1075b—1077a）取 Beld 的浆和木苹果汁，（1076）用牛奶和芝麻
油煮。该药液可用作耳腔的清洁剂。[另一个方]，所有的香药，用同样
的方法煮，可用来去除耳内流脓。（1077）[另一个方]，毗醯勒和娑罗
树的树脂，可用来熏耳、清洁耳朵。

（XVII）

（1077b 和 1078a）当儿童受耳病之苦时，高明的医生应该滴一些香
油。（1078）[有一个方]，温热的萝卜汁，也可作为滴耳药。

（XVIII）

（1079）一种黄连木属植物（Kulîra, Pistacia integerrima）的苦汁、
胡椒、炒粳米、锡兰虎尾兰、长胡椒和安膳那，还有甘草和蜜，在一个
新的陶制容器中与芝麻油同煮。据称可制成治疗儿童呕吐的药物。

（XIX）

（1080）长胡椒、糖、炒粳米、甘草、胡椒、天竺黄和蜜制成的止
咳药水，可治疗呕吐。

（XX）

（1081）长管大青、长胡椒、桐叶千金藤、乳山药（Payasyâ,
Gynandropis pentaphylla），与蜜一起作为舔剂，消除由（失调）的痰引
起的呕吐。耆婆这样说。

（XXI）

（1082）喜马拉雅雪杉、青木香、诃黎勒、石盐和酥油，制成止咳药水，可治疗风性呕吐。

（XXII）

（1083）……与长胡椒制成的止咳药水，很快可以止呕吐。

（XXIII）

（1084）冲淡的牛粪，加上4种香料（肉桂、桂叶、豆蔻和龙花须），与蜜制成止咳药水。病人服用，可止呕吐。

（XXIV）

（1085）长胡椒与胡椒的粉，加蜜和糖，香橼汁，该药可以止呕吐。

（XXV）

（1086和1087）取芒果和瞻部树的嫩芽、一种油乳液的植物和Payasyâ（Gynandropis pentaphylla）、腰骨藤、茜草、白花丹，（1087）整个煮了之后，再加入蜜、糖和3种香料（肉桂、桂叶、豆蔻）。生病的孩子将此药当饮料喝，治疗呕吐和腹泻。

（XXVI）

（1088）将木橘的树根煮，与炒粳米的粉混合，加上糖和蜜，制成止咳药水。儿童服用后可以驱虫和止呕吐。

（XXVII）

（1089）豆蔻、阿魏、长管大青、生姜、石盐，加上酥油。这个药能很快治疗风痛。

（XXVIII）

（1090）白芝麻籽、甘草，加上糖、油和蜜，制成药水，治疗儿童出血。

（XXIX）

（1091 和 1092a）甘草、芝麻浆、糖、蜜和淘米水混合，加入蜜和糖。得出血性痢疾的儿童服用，将获得安乐。

（XXX）

（1092b—1094a）印度榕树的花萼、珠仔树、云南石梓的果子、糖，（1093）甘草、木橘的树根、含羞草、大叶山蚂蟥、心叶黄花稔、木棉树花、一种狸尾豆属植物（Prśniparnî, Uraria lagopodioides）、陀得鸡花、（1094a）酥油熬煮的这个药能快速治疗痢疾。

（XXXI）

（1094b 和 1095a）肉桂、珠仔树、优质的诃黎勒：（1095a）三药等量，磨成粉，加入蜜制成漱口水。

（XXXII）

（1095b 和 1096a）姜黄、纴婆树叶、甘草、蜜和青莲花，（1096a）这些药和白礼肠，所煮的油药，治疗口腔化脓。

（XXXIII）

（1096b 和 1097a）[三]辛药加蜜，和三果药的散，（1097a）[这个药]可用作清洗剂和催吐剂，治疗口腔化脓。

（XXXIV）

（1097b—1099a）两种茄子（刺天茄和黄果茄）、蓖麻杆、蒺藜、白的与黑色鸭嘴花、（1098）生姜、大麦粒、一种早熟禾属植物（Darbha, Poa cynosuroides）、菩提树。这些药在牛奶中与长胡椒、酥油煮。（1099a）这剂药能治疗胸部痉挛。耆婆这样说。

（XXXV）

（1099b—1101）五小根、秦豆、枣子、（1100）石盐……桂叶、

苹（Grâha，Marsilea quadrifolia）、和酥油、两种水黄皮属植物、一种早熟禾属植物（Darbha，Poa cynosuroides）、木棉、一种辣木属植物（Madhuśigu，Moringa concanensis）、蒺藜、木田菁和莲花柄、蓝莲花所制成的一种药，治疗……（后缺）。

（XXXVI）

（1102 和 1103a）取……糖和……长胡椒、石盐、小豆蔻和胡椒籽，（1103a）这些药和糖、蜜，制成一种药水，用于治疗……（后缺）。

（XXXVII）

（1103b—1105a）［取］……煮，加上枣子和小枣，（1104）和秦豆、一种辣木属植物（Madhuśigru，Moringa concanensis）、山鹑的肉汤，与少量的油脂、青盐……（1105a）该药能治疗结石和……（后缺）。

（XXXVIII）

（1106）［取］瞻部树的嫩芽、木苹果、孟加拉榕的芽和蓓蕾，用芝麻油和这些药煮，据说此药有益于耳漏和……（后缺）。

（XXXIX）

（1107）［取］……长胡椒、刺天茄的果实、胡椒、白花酸藤果子和白色夹竹桃的散混合，据说可以制成一种治疗虫的药。

（XL）

（1108 和 1109）青木香、姜黄和……的果实，制成药浆，据说可以作为涂抹剂，有益于治疗疥疮。（1109）事实上，这些药治疗白斑病、癣菌病、瘢痕瘤、湿疹和各种皮肤病……。对儿童病来说，这个药是一个万用药。

（XLI）

（1110 和 1111）［取］青莲花的茎、根和须，一种有乳液的树芽、生姜、一种早熟禾属植物（Darbha，Poa cynosuroides）的根、茅根香和印度酸模在清水中煮。（1111）再加糖和蜜，这个药是治疗病态干渴的最好药物。

（XLII）

（1112）蓝莲花、余甘子、一种米仔兰属植物（Priyangu，Aglaia Roxburghiana）、腰骨藤、制成一种治疗儿童病态干渴的药。

（XLIII）

（1113）石榴籽、旃檀香、莲花须、长胡椒、糖蜜和蜜，制成药水，治疗病态干渴。

（XLIV）

（1114—1118）五种有乳液树的树皮和芽，……，置于一个新罐中，……放于空地上。（1115）与腰骨藤、茅根香、那伽花或旃檀香，或稠李、茳芒决明，或蓝莲花的叶子和……，将其磨成浆。（1116）用熬煮的药液涂抹患儿全身，药凉后可以服用，加入鹌鹑的肉汤和糖，但不要加盐和任何酸的东西。（1117）冷药膏……冷房子、和穿湿的、冷的东西看护，还可供应汤解渴。（1118）这些药物治疗病态干渴、用于驱除胆汁热。锡兰虎尾兰和……也可用于治疗这些疾病。

（XLV）

（1119）阿魏、一种黄连木属植物（Karkata，Pistacia integerrima）的汁液、红赭石、胡椒、干姜和豆蔻，这些药物加上蜜，治疗咳嗽和打嗝。

第三部分

第1张：正面

（Ⅰ）一种药油

（诗节1—4）取各1两精磨好的……白花丹根、Dantî（Baliospermum montanum）、夹竹桃根、相思子（Guñja, Abrus precatorius）、嘉兰（Lângalakî, Glorious superba）、刺天茄、腊肠树（Suvarnapushpî, Cassia fistula）、Pîlu（Salvadora persica）、生姜、Nahikâ、硫酸铁；（2）加入1斛的阿罗歌（Arka, Calotropis gigantea）果汁。（3）把这些药混入1升的油和牛尿在4倍量的水中……（4）这个要治疗……癣菌、瘢痕瘤和皮肤病；也能治疗katri–mâlâ、瘘管疼痛、恶性肿瘤、中毒伤口和淋巴腺肿大。

（Ⅱ）"持金刚"（VAJRAKA）油

（5—9a）取……迦昙花树（Kadamna, Anthocephalus Cadamba）、蓖麻根、青木香、桐叶千金藤、白花酸藤果子……黄荆（Nirgundî, Vitex Negundo），（6）松脂、粗糠柴（Kampilyaka, Mallotus philippinensis）、

雪松、雄黄、药西瓜和菩提树［的根皮］。（7）用各半两的剂量制成的药油能治疗痔疮，并且是像任何辐射热或柳叶刀或腐蚀剂一样好的干燥剂。（8）……任何疼痛、癣菌病、白斑病、湿疹、牛皮癣、"肉胞型"皮肤病、糠疹、（9a）妇女病和瘘管。所有这些疾病，这个"持金刚"药油都能治疗。

（III）宝贤（Mânibhadra）油

（10—14）煮300婆罗的婆罗得（Bhallâtaka, Semecarpus Anacardium）和……，直到整个减少至最初量的四分之一，

第1张：背面

（11）加入各1婆罗的［磨成粉］的浆：……乌头和印度乌头。这个药油（病人）应该根据自身体质服用1个月。（12）消化之后，可以适量进食。持续使用这种油，他将战胜18种皮肤疾病，就像佛陀克服（各种）道德污点一样。（13）这个治疗皮肤病的药物是宝贤出于内心的怜悯和体贴提供给一个将死的僧人的。（14）鼻子和手指已经腐烂的（病人），使用此药油将（康复），就像月亮摆脱了罗睺（Rahu）的控制重放光明一样。

（IV）一种糖浆

（15—19）取等份的山榕、一种西瓜属植物（Viśâlâ, Citrullus Colocynthis）、胡黄连……桂皮、小豆蔻，（16）和Nahikâ和Kalasî（Hamionitis cordifolia），把整个细磨成散，用1斛的儿茶木（Khadira, Acacia Catechu）和阿西那木（Asana, Terminalia tomentosa）煮，（17）……，这样制成药物，或者将各1两的药散混合，也可食用。（18a）当消化后，可以吃60天成熟的大米加绿豆汤混入酥油做的食物。（19）这个药用来……意识（？），就像受热折磨的马脱离缰绳奔跑一样。

（V）一种糖浆

（20—24a）取半婆罗的铁、三果药……

第2张：正面

酸藤子籽、一半量的儿茶和……，等量的酸藤子。（21）把这些放置1季，……，一个长者，在断食时，应该服用2kalaśa加了酥、蜜的这种药，（22）当他咳嗽、手指颤抖、牙齿脱落、失忆和年老衰迈时，同时他应该献身于修行佛法。（23）如果他食用适当的食物。加入酥油和蜜，他将恢复青春面貌。通过食用……汁和绿豆冲剂，患任何皮肤病的人无论是在四肢或身体的什么部位，他都将从疾病中解脱，……

（VI）阿提耶的白花丹酥

（25—36a）取各4婆罗的……，桐叶千金藤、一种胡椒（Têjôvatî，Piper Chaba）和长胡椒根，（26）……珊瑚、茉莉、夹竹桃，（27）再加7婆罗的桂皮、紫铆（Palâśa，Jasminum grandiflorum）、Sâkôtaka（Trophis aspera）、……（28）现在将（整个）与白花丹煮，当减少至最初量的四分之一时就从火上取下。（29）（再投入）……

第2张：背面

印度乌头、等量的胡黄连，（30）和各1斛的长胡椒、酸藤子和止泻木……，（31）再加各2婆罗的……和……、碳酸钾和苏打。（32）将整个药……，和各种不同的灰盐和盐，医生应该用1斗酥煮。（33）在消化时，服用1两的该药可以治疗便秘和人类所有的……。（34）（他也治疗）与血症相关的不适，和各种不同的腹部肿瘤。病人应该服用大量的油性食物，并吃肥肉。（35）当消化受阻时，（这个药）是令人满意的，它能治疗……众所周知的疾病。（36）它被叫作白花丹酥，是老阿提耶（Atrêya）出的处方。

（VII）那罗延天的"义成"（Siddhârtha）油

（36b—53）天门冬、大叶山蚂蟥、一种水黄皮属植物（Pûtikâ, Pongamia glabra）、两种茄、（37）蓖麻根、假杜鹃根（Sahachara, Barleria cristata）和臭黄荆（Agnimantha, Premna integrifolia）、木橘、蒺藜、黄细辛。（38）这些药各10婆罗在1drona的水中煮，（再加入）1升的天门冬汁和4升的牛奶。（39）当减少至最初量的四分之一时，搅拌并取（下列药）的药浆：

第3张：正面

莳萝、天木香、匙药甘松、珠光海衣（Śailêyaka）、菖蒲（40）旃檀、多罗揭香（Tagara，Tabernaemontana coronaria）、青木香、小豆蔻和大叶山蚂蟥。把这些各 1 两在此药油中煮。（41）现在请听这个油的功德吧，如下所述：它能治疗跛足，甚至马跛足，还有驼背和侏儒。（42）简而言之，它能治疗任何严重的疾病或骨折，还有那些风性的内部肿瘤、胸口和肋部剧痛、（43）各种咳嗽和哮喘、痔疮、腹部肿瘤、水肿、肛门瘘管、黄疸和面色苍白、衰弱无力、病态肤色。（44）它也适于那些单肢麻痹或全身瘫痪的人，或意识的力量被（不良习惯）浪费或被年老消耗的人；也适于意识衰弱、获得的指示已经丧失的人，（45）也适于那些耳背的人和口吃的人；（46）和那些（在房事方面）有障碍的男人和不受妇女欢迎的男人、那些阴囊受风失常和受疝气之苦的人，（47）那些不能生育或只生 1 个孩子的妇女，那些月经过长或月经不调的妇女；（48）那些没有受孕或流产的人，以及那些不管不孕或多产子宫都痛的妇女，（49）那些癣菌、瘢痕瘤、牛皮癣斑和宿疾，以及其他皮肤病。（总之），它适用于（失调的）痰、风或胆汁引起的任何疾病。（50）也适于嘴巴有恶臭或感染溃疡的任何人。事实上，该油对没一种疾病都是非常有效的。（51）它可用作催嚏药、口服剂、涂抹油或灌肠剂的形式；也可用作润喉糖浆的形式。

第3张：背面

（使用任何一种形式）据说都能促进人体生命。（52a）因此，它被命名为"义成"，（称为）灵验油，是那罗延天所开的（处方）。（53）（病人的）食谱要由千金藤的叶子组成，用纯的山羊酪乳、小麦和其他（谷类食物）一起煮。

（VIII）一种涂抹油

（54）……根、白胡椒、磨成粉，用牛尿制成一种药浆，成为治疗角膜白斑的一种极好的涂抹药。

（IX）另一种涂抹油

（55和56）（取）印度没叶（Indian bdellium）、黑胡椒、酸藤子、芥末、硫酸铁、香附子、娑罗树脂、松脂、"黑香"（Kâla-gandha，一种眼镜蛇）、雄黄、胆苍、粗糠柴，（56）加上姜黄和小檗。（这些药）和油混合，暴晒在阳光下。用此药涂抹，会摆脱皮肤病和恶性肿瘤。

（X）大丸药方

（57—60a）各5婆罗的Dantî（Baliospermum montanum，？）、牵牛花根、酸藤子、3婆罗的香附子、1婆罗的诃黎勒，（58）2婆罗的对叶榕（Kâkôdumbarikâ）的根。把（整个）绑在一起，放入麒麟角的汁液中，制成18颗大药丸。（59）每10天服用1颗，消化后喝点稀粥，第二天再喝稠的粥。（60a）5个晚上之内，（这个药丸）将治愈所有的皮肤病。作为……的大药丸，它们是非常有名的。

（XI）一种润喉糖浆

（61和62）三果药、酸藤子、白花丹根、打印果、驱虫斑鸠菊、白礼肠、铁，分量递增，浸泡在芝麻油里，可以作为一种润喉糖浆，治疗一切皮肤病。（62）甚至也可以作为一种擦剂治疗Akâkolîna。

（XII）丸药方

（63和64）（取）夹竹桃根、一种西瓜属植物（Indravârunî，Citrullus Colocynthis）根和嘉兰根，以及（与全部等量）的印度没叶。加一半的煤烟，全部与山羊尿混合。（64）干燥后，制成1个枣子重的药丸。当肛门瘘管开裂时可以使用。如果（患者）每天有规律地服用，那么他的瘘管将很快治愈。

（XIII）一种涂抹剂

（65）黄细辛、心叶青牛胆、干姜和须芒草，磨成粉，加入清水制成药浆，将患者溃疡性的导管用菩提树叶的叶脉处理后，可使用该药治疗肛门瘘管。有经验的医生这样说。事实上，他们中最好的一直推荐这个药。

第4张：正面

（66—72）取各半婆罗的达子香、黑胡椒、香胡椒，1 婆罗的干姜，各 1 婆罗的长胡椒和长胡椒根，（67）1 两地龙花、半两小豆蔻。（把全部）磨成粉，加入 3 倍量的糖蜜，（68）制成每个 1 两重的药丸。加入酒、汤或牛奶，或加姜黄液，这些药治疗每一种痔疮，（69）也治疗严重的腹部疼痛、酒精中毒、病态的面色苍白和慢性腹泻。（70）它们也治疗咳嗽、打嗝、食欲不振、哮喘、虫病、痢疾、严重的黄疸、消化不良、轻微炎症。（71）同样的药散和 4 倍量的糖混合，制成最好的（如同甘露）的药物，治疗失调的胆汁所引起的疾病。（72）同样的药丸，与 3 婆罗的诃黎勒一起使用，是一个治疗炎症、痔疮、慢性腹泻、病态面色苍白和严重腹部疼痛的好药。

第四部分

第1张：背面

向难提留陀罗史跋罗（Nandirudrêŝvara）致意！向阿阇梨（Áchâryas）致意！向神（Îŝvara）致意！向摩尼跋陀罗（Mânibhadra）致意！向所有的药叉（Yakshas）致意！向所有的提婆（Dêvas）致意！向湿婆（Siva）致意！向战神（Shashthî）致意！向生主梵天（Prajâpati）致意！向楼陀罗（Rudra）致意！向毗沙门天（Vaišrâvana）致意！向风神（Marutas）致意！致意！

让骰子为了预言而降落！希利（Hili）！希利（Hili）！是摩登伽种（Mâtanga）的女人 Kumbhakârî 的能力让它们降落！

根据所有悉达多（Siddhas）的真理，根据所有学派的真理，根据他们的真理和真实的意愿，让湿婆（Śiva）断言出失去了什么保留了什么，和平和动乱，得到和失去，胜利和战败，萨婆诃（svâhâ）！以神圣的那罗延天（Nârâyana），有保护力的天神（Dêvata）和圣者（Rishis）作为神谕的真理的依据，作为占卜过程的真理的依据。让骰子公开地降落！萨婆诃！让真相被看到！

神奇的处方、医用草药和预后症状……的功效绝非假话。歌颂天神毗湿奴（Vishnu）！

（诗颂 1）444 致意！毗湿奴非常满意你是优秀之人。你的所有敌人都被杀死了。所有你期望的，都将得到。

（2）A Navikkî：333：你的经历感受既不会悲痛也不会疲劳；你也不会有任何或高或低的恐惧。

第2张：正面

……汝将得到。

（3）A Pattabandha：222：即使是在享受所有愿望实现的乐趣之中，一个人的幸福会逐渐产生干扰；但干扰一出现，神会减轻你的恐惧。

（4）A Kâlaviddhi：111：你的智力出现了问题；……；你正盘算的任务将会落空。

（5）第 1 个 Sâpata：443：你将很快从所有疾病中解脱；或者，又一次，你将获得幸福；但是最终，你将不会得到任何非常大或非常小的东西。

（6）第 2 个 Sâpata：434：我看到一个巨大的努力来反对那些和你有冲突的人，但是我发现这种努力会因为你的询问无果而终。

（7）第 3 个 Sâpata：344：你正考虑一个会议，但害怕没有人参加；你的身体被欲望之火灼烧，但是你将不会获得任何愉悦。

（8）第 1 个 Mâlî：343：快乐、富有和所有欲望的满足带来的愉悦一起来临；他们将很快地永远属于你。

（9）第 2 个 Mâlî：334：你将之视为宝贵之物，即能促生善意的幸福；持之耐心你将收获美好的幸福；失之耐心你将失去它。

（10）(第 3 个 Mâlî：)：433：这被你视作美妙之物；但是还有比那更好之物：一个安全到达国外地区的旅行并且安全地返回朋友那儿。

（11）第 1 个 Vahula：324：长寿是件很棒的事情；你将不会获得最好的这个，但你将得到金钱和谷物、工具还有享乐上的富有。

（12）第 2 个 Vahula：432：我看到你到达你决心要去之地；你将带着你的货物安全地从那里返回。

（13）第 3 个 Vahula：243：我看到你生意多种多样，你有很多儿子；去期待你自己之幸福；你将获得属于它的所有一切。

（14）第 4 个 Vahula：423：你的成就是多种多样的，你使你的大量朋友愉快；其他人会妒忌你；

第2张：背面

……但是你将不会妒忌羡慕他们。

（15）第 5 个 Vahula：342：你期盼着你朋友的到来，并且你感觉肯定成功；但是爱是互相怀有的；他为什么应该来？你当去。

（16）第 1 个 Kûta：414：埋怨国王，故法律和制度因此停止；但是你已得到你的利益；因此你当坚定地奉行法律和制度。

（17）第 2 个 Kûta：144：你现在之处境是不稳定的；既无安逸，友情也无进展；但是即使你被天神牢牢约束仍将得到解脱：这是毫无疑问的。

（18）第 3 个 Kûta：441：有安逸；无畏惧；我也在这儿看到了成就；你将在爱的艺术中享受那些女人；你在任何地方都不会有恐惧。

（19）第 1 个 Bhadrâ：421：你的不利已经消失；你所有之罪过都被宽恕；你将战胜你所有之敌；你即将获利。

（20）第 2 个 Bhadrâ：214：在你的头脑里，你已经设想了一个谋取第一的计划；但是等待一段时间：然后你将得到（你将实现它）。

（21）第 3 个 Bhadrâ：142：你将获得 1 个处女，

第 3 张：正面

并将获得你朋友之欢心；天神将给你富有、爱和好运。

（22）第 4 个 Bhadrâ：241：你收入丰富且没有任何损失；你没有任何理由恐惧天神；因为你尽了你的职责，所以你的愿望将实现。

（诗颂：——）（第 5 个 Bhadrâ：）：

（23）第 1 个 Śaktî：341：你正计划婚姻，并且你将很快实现它，并且获得一个充满深情的亲属，他将赠予你财富和欢乐。

（24）第 2 个 Śaktî：134：你正计划一个会议，并且它将很快得到通过；会议的程序出自阿史文兄弟（Aśvins），并且会议也不会有任何不愉快。

（25）第 3 个 Śaktî：413：我看到你有些特别之事即将发生并且也会获益；你的家庭成员也会有无敌的增长：对此毫无疑问。

（26）第 4 个 Śaktî：314：作为一个排除了一切障碍的国王，你将被提供优良的军队，战胜你的敌人，并且永久地控制整个地球于你一人统治之下。

（27）第5个Śaktî：431：你可能不希望有任何朋友，或你总是以拥有一个朋友为乐；但是不管你是否友好，他们都将毫无理由地以你为敌。

（28）第6个Śaktî：431：你正策划一个会议；它肯定会实现；你将在一个合适的时机得到它，并且不会有任何失望。

（29）第1个Dundubhî：321：不管是你丢失或被消灭的东西，或被小偷偷去的，或传到其他人手中的东西，在不是很长的时间内你将复得。

（30）第2个Dundubhî：213：不论你是否被朋友抛弃，或者是否得到朋友的支持，你都将不管天神的嫉妒而得到你喜爱之物。

第3张：背面

（31）第3个Dundubhî：132：我看到你目前享受身体的健康；你因礼拜天神而得到这份安宁。

（32）第4个Dundubhî：231：我看到你与敌人有一场很严重的争吵；但是你将不会受到任何伤害，并且你将战胜你的敌手。

（33）第5个Dundubhî：312：我看到你将得到一个非常好的收获；此外你将生个儿子；你将实现你一直期盼的愿望：这是毫无疑问的。

（34）第6个Dundubhî：123：你现在思绪复杂困惑；你的地位不稳固；只需要等一个月，然后你将获得幸福。

（35）第 1 个 Vrisha：442：不管你房子里有什么东西，牛群、谷物和钱财，你应该将它们分配给梵天；你的进展则会很快得到。

（36）第 2 个 Vrisha：244：你正计划一个集会，你的心爱之人在远方；但你所有愿望都将在一个不是很长的时间内实现满足。

（37）第 3 个 Vrisha：424：你将遭受巨大的奴役，但你将重获你的地位；你将获得报酬并将拥有安宁。

（38）第 1 个 Prêshyâ：

第4张：正面

422：如果你想要得到消息或……，但是你安坐于家中不动，你将一事无成。

（39）第 2 个 Prêshyâ：242：你已经想到的事情，……关于你打听的事将不会有结果。

（40）第 3 个 Prêshyâ：224：你考虑好的演说将带来财富：很快你将获得财富：这是毫无疑问的。

（41）第 1 个 Vitî：332：汝从不会有任何麻烦，汝很精明于事；汝不会遭受任何不幸，汝也不会被汝之敌手战胜。

（42）第 2 个 Vitî：323：你的利益将不会得到，你将会失望；但是迅速地去另外一个地方，你将得到非常大的幸福。

（43）第 3 个 Vitî：233：我看到你的目的；它是关于一些二足（人？）；它将会像风神的话一样肯定会实现。

（44）第 1 个 Karna：114：你将被施予所有的礼仪的荣誉；你将获

得好运、和平和成为一个国王所必需的一切。这一切将会在一段不很长的时间之后发生。

（45）第2个Karna：141：你所有财产均已被神毁灭，并且……

第5张：正面

（46）第3个Karna：411：你策划将要进行一场出行，但是你将遭遇不幸；你将带着你未完成的生意无功而返：这是无可置疑的。

（47）第1个Sajâ：322：你将战胜所有敌人，你有1个强大的敌手；你将获得第一；但之后你将遭受悲痛。

（48）第2个Sajâ：232：你不懂生意，你将会后悔；但因为你对天神的称赞，你将有所收益。

（49）第3个Sajâ：223：你身体一个最严重的危险已经过去了；你的安全完全是由于天神一个人的喜爱。

（50）第1个Kâna：331：你的人身、收益和财富的安全都在你的掌控之下，你的成功将要到来，像风神的话一样的肯定。

（51）第2个Kâna方案：313：你期盼健康和充分的权力：这是无可置疑的；你也将肯定获得成功和充裕的欢乐。

（52）第3个Kâna方案：133：你有时撒谎，并且你总是对朋友表现出恶意；但是等待，并且由于天神的喜爱你的成功将会来到。

第5张：背面

（53）第 1 个 Chuñchuna：311：我看到不久之后你的快乐将被剥夺；但你会得到另一个职位；不要感到沮丧失望。

（54）第 2 个 Chuñchuna：131：财富和完美：这两个还有家庭团结，和你的其他期盼，你均将得到，像风神的话一样的肯定。

（55）第 3 个 Chuñchuna：113：你被剥夺金钱，被朋友和好心人抛弃；据我看来你对解脱感到困扰。

（56）第 1 个 Pâñchî：221：我看到你现在的处境不安全和有麻烦；不要在意！你应该从事一些生意，你将从不幸中被解救出来。

（57）第 2 个 Pâñchî：122：所有的地方被同样攻击；你要奉行一个及时的处理方法；否则你将在任何时候都不会在它们那儿拥有幸福和生意。

（58）第 3 个 Pâñchî：212：你将献出许多动物祭品和许多其他祭品；并且你将供给完整的供品：这是无可置疑的。

（59）第 1 个 Kharî：112：你的麻烦已经过去你的不幸也同样如此；你被从不幸运的开始中解救；你的成功将要来到。

第五部分

（诗颂 1—4）我颂扬毗湿奴（Janârdana），这个世界之主，依赖他，这个占卜的真相得以彰显。神圣的……，（2）……被虔诚的人们所理解的那些东西被昭示于众。（3）在手掌和额头的（征兆），好或坏的运气，生或死，所有推测可能发生在人们身上的事情在占卜的过程中被风神（Maruts）昭示。（4）这个咒语由圣者（Rishis）创作，适合被那些居住在须弥山（Mêru）上的使用：因此使用这个咒语可以使风神（Maruts）和其他神喜悦。咒语如下：——

（散文）"啊，汝纯净、无暇、纯洁的天女（Dêvî）！啊！天女！什么是真，什么是假，所有的一切你务必告知我们。（诗颂 1 和 2）尽管人之肉眼可能失误，神性之眼将会成功；尽管人之肉耳可能失误，神性之耳将会成功；（2）尽管人之嗅觉可能失误，神之嗅觉将会成功；尽管人之舌头将会失误，神之舌头将会成功。啊！汝给他戴上花环，汝给他戴上花环！萨婆诃！

第1张：正面

（诗颂1—4）441：两次4和1，——如果骰子这样降落，无疑将失去朋友，麻烦和巨大的痛苦将属于你；（2）你的司命星（命运）正最强烈地反对你：无论是你祖传的还是你自己的生意都不会繁荣，（3）还有你怀着极大期望，已经在你心中规划的事情：考虑一些其他的事情：原本考虑的事情将不会实现。（4）你将陷入5年的麻烦中，并且没办法高兴。这对你将是一个标志：在你的后背的底部有1个痣。

（5—8a）144：当第1次出现1然后接着两次4，那么你所有的生意和财富都将取得进展：（6）你的亲属提婆（family Dêva）、摩醯首罗（Mahêśvara），伟大的提婆（Great Dêva），将会赞成你：赞扬他、崇拜他，并坚持节日前夜对他的祈祷礼。（7）你的收获将非常巨大：这是无可置疑的。这对你将是一个（提醒）标志：你的臀部将出现溃烂：（8a）你也会说很多梦话。……

第2张：背面

（8b—11）414：先是1个4，然后1在中间，再1个4在最后。（9）……你正考虑之事确有利于你的进步：（10）但是你不尊敬你父母，也不尊敬你朋友和亲属，既不敬拜长者也不敬拜摩醯首罗和你的亲属提婆。（11）因此你心想的那些好处一个也不会到来。但是如果湿婆被安抚好，他将给你安宁和满足你内心所欲。

（12—14）334：生意称心，广聚朋友和亲属，摆脱每个麻烦，并且你将到达你想要的成功。（13）这是无可置疑的：从现在开始6个月内，巨大的财富将属于你。你正期盼之事将会达成：这是无可置疑的。（14）你将没有任何障碍轻松得到所有一切！这将对你是一个标志：你头上有个溃疡的悬雍垂。

第3张：正面

（15—17a）433：……，你所有的罪过都免除。你将一直有一个玷污灵魂的想法：（16）并且你这个想法和人有关系：通过全盛期后它将迅速实现。（17a）从现在起第18年你将获得财富。

（17b—19）343：你与无赖、小偷和恶人商量事情；（18）你图谋不轨：因此你不会拥有成功。有如此品行你将一无所获：考虑一些其他之道吧。（19）至目前为止你已身处麻烦很长一段时间：这是毫无疑问的：但是从现在开始你将迅速容易地拥有好运。

（20—22a）344：你拥有金钱和粮食；你在每个方面都完胜：你心里所计划的一切都将实现（21）你的麻烦正在消失；你的幸福即将来到。你将在生意上称心满足并且去外省（外国）。（22a）在那里你将有所收获然后返回。

第3张：背面

（22b—26a）443：你将生意兴隆：你将与儿子们和兄弟们有一个聚会：（23）这是毫无疑问的。你也将获得财富、从所有的疾病中复原，并且在生意上称心满意，这些将给你愉悦。（24）在不久之将来所有这些都将实现：你心理所盘算期待的都会发生。（25）这对你是一个标志：在你后背的下部有 1 个痣。（26a）每件事情都会发生，正如占卜所宣示的。

（26b—29a）434：金钱、很多谷物、健康和幸福你都会得到；（27）你付出和享受的时间，你的成功将要来到。无论你为了任何目的在心里谋划的任何事情，（28）你都会实现：不要焦急忧虑：你的成功被清楚地预示。这对你是一个标志：你已经具备性交能力；（29a）但是那个与你对着干的妻子很失望并准备姘居。

第4张：背面

（29b—31）343：3，4，最后又是 3。（30）这是……，成功实行你的目的，获得衣物，增加财富。（31）你将总是生活在幸福中，被你一群男亲属围绕。这会对你是一个标志：你将……和你妻子。

（32—34a）141：1，4，最后又是 1。各种不同的获利预示给你，并且你的好运将要来到。（33）持续地用花环敬拜毗湿奴，并总是能成为所有创造物的朋友。（34a）那样你就会长寿和富有。

（34b—36）224：当两个 2 在前，4 在最后时，（35）那么你心中正觊觎垂涎你儿媳和女人；并且企图破坏其他人的生意。（36）将会有……，一些你的罪过；并且你会因为你的不光彩而承受巨大的痛苦。

第 5 张：正面

（37）但是你正谋划要做的所有一切都将实现。这会对你是一个提示标志：在你肛门底部有 1 个痣。

（38—41a）422：当第 1 次是 4 后两次是 2，它表明你很长一段时间内会一直有麻烦；你不能以贫为乐；（39）你在不停地考虑如何夺取其他人的财产。但是讲真话……，并总是德行优良：（40）那么你很多物品会增长，这是毫无疑问的。现在你已深陷麻烦 3 年之久；并且这是你自己的行为：（41a）你和一个与你对着干的妻子生活：因此你不会享受到任何幸福。

（41b—44a）242：先是 2 和 4，再一个 2 在最后。（42）你的幸福将要来到。你的敌人打算让你悲痛；但是他正考虑要做的事情不会很快实现。

第 5 张：背面

（43）……巨大的好运。这会对你是一个标志：在你阴部有 1 个黑痣。（44a）……你心中已经盘算的所有一切。

（44b—47）442：两次4然后一个2：这对你是有力一掷。（45）和朋友们……；你心中已经谋算一件很重要且有影响分量很重的事情。（46）但是你是否会将它付诸行动或设法达成它，你都不会成功。你陷入一个无聊的争吵中，……，（47）……你反击。这一切都是无利的。考虑一下你自己的一些其他事情：这不会给你幸福。

（48—52）424：当有一个4和2，最后又一个4，它预示着一些不确定甚至神秘的事情：你一定不要再考虑。（49）你心里谋划一些冲动的行动；但是它们会使你困惑。寻求神的保护吧！……（50）……爱人；在这些女人中没有一个人同意你。一个恶贯满盈的人打别人的东西的主意，但一个好人，专注于他自己的。（51）现在你心里有一个影响重大的事情；……它是因为你亲属们。（52）并且这会对你是一个标志：在你梦里你很快被你妻子抓住，并且发出声音，……

第6张：正面

（53和54）244：起初是2，然后两次4；这对你是有力一掷。你的好行为有利于你；不会有事情引起你做坏事。（54）每件事都会发生在你身上，就像已经在占卜中预示的那样。这会对你是一个标志：在你侧面的尽头有1个黑斑。

（55—58a）114：当投掷出两次1和一个4，你家庭将会快乐增加，并且你的成功将会来到：（56）得到土地，得到财富，和建立姻亲的机会。你心里谋划的事情，你会很容易达成。（57）所有的……在不久之内会实现。并且这对你会是一个标志：在你左大腿有 1 处溃烂，（58a）并且在右大腿有 1 个小痣：这是毫无疑问的。

（58b—61）411：4，和两次 1，——如果骰子这样降落，那么肯定（59）你会有好事发生。并且你会获得财富；你的成功，及财富和智慧的增长将要来到：

第6张：背面

（60）并且你祈求的事情会迅速发生。从现在开始第 7 年你的亲属会被破坏（61）这会对你是一个标志：在你颈部后面有 1 个痣。但是不要焦急忧虑：你欣喜欢乐的时光将要来到。

（62—65a）412：4，1 在中间，2 在最后：这一掷为你落下。你正在做最大的努力，并且你的贫困非常巨大。（63）你会从中解脱；不要焦急忧虑；财富将要来到。在你心里正考虑的是一个有分量的问题。（64）障碍卸除者会带走你的麻烦和贫困。从罪恶和繁荣中净化后，你会获得一切。（65a）从现在起第 7 天……它会发生。

第六部分

第1张：正面

　　如是我闻：曾经佛住在室罗伐城逝多林给孤独园。 在那时在室罗伐室给孤独园住着一位叫莎底（Svâti）的托钵僧，他年少新出家，最近才受圆具足戒，被允许学习毗那耶。当他为众人洗热水澡劈烧火用的木头时，他右脚的大拇指被一条大黑蛇咬了一口，它是从朽掉的木头的圆孔的另一边钻出来。他气绝倒在地上，口吐白沫，翻滚眼珠，撕扯身体。具寿阿难陀看到莎底比丘无意识地躺在地上，完全气绝，口吐白沫翻滚眼珠，询问佛：

第1张：背面

　　"世尊我该如何救护此比丘？"在他说完之后，佛对其如是说"阿难陀！你应当为莎底比丘持大孔雀咒经与结界结咒，令其所有痛苦全部消除，不被刀杖侵害，不为诸毒恼害。令其不被天神、龙、摩栖多、迦楼罗、乾阇婆、紧那罗、摩喉罗伽、罗刹、毗舍遮、浮陀、鸠槃荼、富单那、黑富单、乾陀、煴摩陀、车耶、阿钵摩罗、欝多伽、吉遮、羯摩那、佉躯陀、翅兰那、毗多荼、脂遮、卑沙迦等伤害。"

第2张：正面

如果有非法食非法吐，非法视非法举，非法越非法触，如果有一日发热病，二日、三日、四日、五日、六日、七日发热病，半月或一月发热病，或只是间发热，持续热、张弛热，或鬼神热，或风、胆、痰一种、二种或三种体液失调引起的热病，或者各种热病和头疼，悉令解除。令其不受偏头痛、食欲不振、皮肤病、鼻痛、嘴痛、喉疾、心疾、耳痛、齿痛、心痛、肋痛、背痛、腹痛、面痛、肩胛骨痛、股痛、腿痛、手痛、脚痛、肢节痛，无论或大或小的痛。

夜安稳，昼安稳，中间安稳，

第2张：背面

昼夜安稳，诸佛护佑！伊稚比稚，吉稚迄稚，腻阿呵腻，阿舍婆契伽稚摩诃伽稚婆枳那枳只句娄句娄多婆漏，醯轮醯轮，醯利醯利，弥利弥利，吼吼吼吼，茂吼茂吼，茂漏茂漏，悉窣，希利希利，弥利弥利，底利底利，呼噜呼噜，乌鲁乌鲁，乌鲁乌鲁，乌鲁乌鲁，乌鲁乌鲁！吼

吼吼吼吼吼吼！巴巴，巴巴，巴巴，巴巴，巴巴！迦拉，迦拉，迦拉，
迦拉！度麻……

第3张：正面

希望巨大、成熟、迷人、欢乐、尊贵的女神护我繁荣！希望湿婆能
于我所到之处普降甘霖！伊利枳斯！莎婆诃！

（诗颂1—17）慈念持国龙王族，慈念爱罗畔挈族，慈念毗庐博叉
族，慈念黑乔答摩族，慈念末尼龙王族，慈念婆素枳龙族，慈念杖足龙
王族，慈念满贤龙王族，慈念无热恼池婆娄挈族，慈念曼陀洛即得叉迦
族，我常于难陀邬波难陀龙族与慈念，慈念阿难得迦诸龙王族，慈念婆
苏目佉龙王，阿波罗市亦起慈，侵波龙王亦慈爱，大末那斯我慈念，

第3张：背面

小末那斯亦慈爱，慈念阿钵罗罗哥洛迦，慈念室罗末尼蒲伽畔，常
慈达第目佉及末尼，奔陀利迦苦钵底，割孤得迦及蠹足，毛琰马腾二常
慈，婆鸡得迦君鞞罗，针毛臆行诸龙王，颉利沙婆及哥罗，满耳车面常
慈念，孤洛哥龙我慈念，婆雌弗多苏难陀，爱罗钵多大龙王，滥部落迦
我慈念。非人龙王我慈念，上人龙王我也慈念，蔑栗袛龙常慈念，目真
邻陀我慈念，所有在地上走的龙王，或在水中作的龙族，或常在空中行
的龙族，或常在高处住的龙族我均慈念。一个头的龙王我慈念，两个头

的龙王我亦慈念，乃至多个头的龙王我亦慈念。无足龙族我慈念，二足四足诸龙王，

第4张：正面

还有多足龙王皆起慈心护念。使无足龙族不伤害我，二足也不伤害我，四足多足也不欺害我。诸龙和神我慈爱，慈念一切诸众生，慈念动或不动一切诸生，希望一切诸生常见一切善祥，不睹一切罪恶。我常发起慈念，愿诸生能灭除诸恶毒。礼敬南无佛陀，礼敬窣睹菩大裔，礼敬窣睹木多，礼敬窣睹木带裔，礼敬窣睹扇多，礼敬窣睹扇带裔！礼敬他们，希望他们拥护 Yaśômitra 的利益！莎婆诃！希望他们护其免于一切恐怖一切恼乱一切灾害一切热病一切疾病一切变怪一切恶毒！

第七部分

第1张：背面

阿难陀！我将重复佛母大孔雀王咒。即说此咒：伊底弥底，底利弥利，弥底底利，弥利弥利，底利底利，点弥苏耽婆耽婆苏跋者，止里枳斯也，频那迷峙，南无佛塔南质栗羯斯，伊底诃罗，庐斯多暮丽，耽婆庵婆，底罗君杜奈底，愿求常被拥护寿命百年。伊利弥利，枳利弥利，吉利弥利，苏达罗迷峙，达利迷三睹伐帝部娑伐帝，部萨罗，部萨罗那，伐萨咀落吉奈羯罗奈羯罗，迷佉里末罗诘丽一萨折丽，耽薛睹耽薛，安那奈帝，安那末诘丽，并求所愿满，那罗演尼波罗演尼，诘利多里，君多里，伊里弥利，枳里蜜悉底，吉底利弥底，伊迷悉甸睹，达罗弥罗，曼瞻罗钵陀。希望此咒护佑！莎婆诃！阿难陀！这就是大孔雀王咒！

第2张：正面

阿难陀，这个大孔雀王咒，应该被一个人想起，无论他去村落还是去丛林；无论他是在正路上还是在歧路上；无论他是在王侯之中还是在强盗之中，或是在火中，或是在水中，或是在敌手中，或是在会众中，或是在争辩中；无论他是被蛇咬，或饮用了任何毒药或在各种危险同时存在时；他也必须想起它在由于风或胆汁或痰的失调或这三种体液一起失调时所引起的四百零四种疾病时，或者如果他得了任何其他种类的疾病时，或者当所有不幸一起发生时。因为什么原因这样做？阿难陀，因为一个人原本应该罚死罪，以杖鞭打得解脱；原本应该罚杖打，以手打得解脱；原本应该罚手打，以被骂恐吓得解脱；原本应该罚被骂恐吓，以被谴责得解脱；原本应该被罚谴责，以威慑性的姿势得解脱。无论是什么，他都会得到解脱；他会从所有疾病中得到解脱。阿难陀，这个咒语的字都应该被想起。只利弥利，吉利弥利，

第2张：背面

吉睹目利，部萨帝，部娑诘利尔，部陀尼部陀曷喇尔，吉伐帝，吉婆吒目利，耽薛耽薛，钵利伐帝，祈求愿满！南无薄伽伐都，因达罗，瞿死迦耶，波散尔矩利，劫必罗弥帝，伊利弥帝，南无薄伽伐都。向佛陀致敬！希望咒语能有效，莎婆诃！阿难陀！以此大孔雀王咒受持护

佑 Yaśômitra 远离一切恐怖一切恼乱一切危险一切灾害一切疾病一切恶毒！护佑其长命百岁！阿难陀！不仅是我，一切人天魔梵沙门婆罗门一切世间若能读诵此大孔雀王咒，皆得护佑远离一切危险一切恶毒一切不幸。

参考文献

一、典籍

［汉］刘歆撰，［晋］葛洪辑，向新阳等校注：《西京杂记》，上海：上海古籍出版社，1991 年。

［唐］李延寿：《南史》，北京：中华书局，1975 年。

［唐］李冗、张读撰，张永钦、侯志明点校：《独异志 宣室志》，北京：中华书局，1983 年。

［唐］《全唐诗》，北京：中华书局，1960 年。

［唐］义净撰，王邦维校注：《南海寄归内法传校注》，北京：中华书局，1988 年。

［唐］玄奘、辩机撰，季羡林等校注：《大唐西域记校注》，北京：中华书局，1985 年。

［宋］范晔撰，［唐］李贤等注：《后汉书》，北京：中华书局，1965 年。

［宋］程大昌：《演繁露》，北京：中华书局，1991 年。

［清］赵翼：《陔余丛考》，北京：中华书局，2006 年。

二、论著

A. L. 巴沙姆主编，涂厚善译：《印度文化史》，上海：商务印书馆，1997 年。

奥里尔·斯坦因著，殷晴译：《沙埋和阗废墟记》，乌鲁木齐：新疆美术摄影出版社，1994 年。

伯希和著，耿昇译：《伯希和西域探险记》，昆明：云南人民出版社，2001 年。

陈明：《印度梵文医典〈医理精华〉研究》，北京：中华书局，2002 年。

陈明：《殊方异药——出土文书与西域医学》，北京：北京大学出版社，2005 年。

曹仕邦：《中国沙门外学的研究——汉末至五代》，台北：东初出版社，1994 年。

关克俭、陆定安编：《英拉汉植物名称》，北京：科学出版社，1979 年。

亨利·萨姆纳·梅因著，沈景一译：《古代法》，北京：商务印书馆，1996 年。

蒋忠新：《摩奴法论》，北京：中国社会科学出版社，2007 年。

吕澄：《中国佛学源流略讲》，北京：中华书局，1978 年。

廖育群：《阿育吠陀——印度的传统医学》，沈阳：辽宁教育出版社，2002 年。

李零：《中国方术续考》，北京：东方出版社，2000 年。

刘达临：《世界性学文化史》，上海：三联书店，1999 年。

李良松：《佛教医籍总目提要》，厦门：鹭江出版社，1997 年。

李衍文、黄云晖、黄月中编：《汉拉英中草药名称词典》，广州：广东科技出版社，1998 年。

李瑞哲：《龟兹石窟与龟兹佛教研究》，兰州：兰州大学博士后研究工作报告，2009 年。

马伯英：《中国医学文化史》，上海：上海人民出版社，1994 年。

马伯英：《中外医学文化交流史——中外医学跨文化传通》，上海：文汇出版社，1993 年。

马克斯·韦伯著，康乐、简惠美译：《印度的宗教——印度教与佛教》，桂林：广西师范大学出版社，2005 年。

秦关月编著：《释迦的医学》，台北：长春树书坊，1992 年。

任继愈主编：《中国佛教史》，北京：中国社会科学出版社，1985 年。

汤用彤：《汉魏两晋南北朝佛教史》，北京：中华书局，1997 年。

荣新江：《海外敦煌吐鲁番文献知见录》，南昌：江西人民出版社，1996 年。

尚会鹏：《印度文化史》，桂林：广西师范大学出版社，2007 年。

王尧主编：《佛教与中国传统文化》，北京：宗教文化出版社，1997 年。

魏长洪：《西域佛教史》，乌鲁木齐：新疆美术摄影出版社，1998 年。

西尔文·列维著，冯承钧译：《大孔雀经药叉名录与地考》，上海：商务印书馆，1931 年。

羽溪了谛著，贺昌群译：《西域佛教史》，北京：商务印书馆，1999

年。

《云梦睡虎地秦墓》编写组：《云梦睡虎地秦墓》，北京：文物出版社，1981 年。

周一良著，钱文忠译：《唐代密宗》，上海：上海远东出版社，2012年。

周叔迦：《周叔迦佛学论著集》，北京：中华书局 ，1991 年。

张国领、裴孝曾主编：《龟兹文化研究》，乌鲁木齐：新疆人民出版社，2006 年。

三、论文

程之范：《印度古代医学简介》,《中华医史杂志》1953 年第 1 期，第 31—43 页。

蔡景峰：《唐以前的中印医学交流》,《中国科技史料》1986 年第 6期，第 16—23 页。

常任侠：《从游戏玩具上看中印古代文化的关系》,《常任侠文集》，合肥：安徽教育出版社，2002 年，第 272—285 页。

陈明：《"八术"与"三俱"：敦煌吐鲁番文书中的印度"生命吠陀"医学理论》,《自然科学史研究》2003 年第 1 期，第 26—41 页。

陈明：《敦煌出土的梵文于阗文双语医典〈耆婆书〉》,《中国科技史料》2001 年第 1 期，第 77—79 页。

陈明：《古代西域的两部印度梵文医典》,《自然科学史研究》2001年第 3 期，第 332—351 页。

陈明：《印度佛教医学概说》,《宗教学研究》2003 年第 3 期，第 36—43 页。

陈明：《〈阿育吠陀——印度的传统医学〉评介》，《自然科学史研究》2003 年第 3 期，第 278—283 页。

长江流域第二期文物考古工作人员训练班：《湖北江陵凤凰山西汉墓发掘简报》，《文物》1974 年第 6 期，第 41—54 页。

房亚定：《从〈外台秘要〉看印度医学对我国医学的影响》，《南亚研究》1984 年第 2 期，第 68—73 页。

格桑央京：《敦煌写卷 ch. 9. II. 19 号初探》，《中国藏学》2005 年第 2 期，第 9—17 页。

霍旭初：《对龟兹流行密教几个论说的辩析》，《考证与辨析——西域佛教文化论稿》，乌鲁木齐：新疆美术出版社，2002 年，第 187—207 页。

霍旭初：《唐代龟兹僧勿提提犀鱼汉译〈十力经〉及相关问题》，《敦煌研究》2001 年第 3 期，第 153—160 页。

湖南省博物馆、中国科学院考古研究所：《长沙马王堆二、三号汉墓发掘简报》，《文物》1974 年第 7 期，第 39—46 页。

I. C. 沙尔玛著，巫白慧译：《印度伦理学》，《哲学译丛》1980 年第 3 期，第 19—24 页。

季羡林：《古代印度的文化》，《历史教学》1962 年第 10 期，第 36—40 页。

季羡林：《古代印度沙糖的制造和使用》，《历史研究》1984 年第 1 期，第 25—42 页。

季羡林：《印度眼科医术传入中国考》，《国学研究》1994 年第 2 期，第 555—560 页。

季羡林：《新疆的甘蔗种植和沙糖应用》，《文物》1998 年第 2 期，第 39—45 页。

季羡林：《龟兹之密宗》，《延边大学学报》（社会科学版）2007 年第 1 期，第 5—11 页。

季羡林：《商人与佛教》，《第十六届国际历史科学大会中国学者论文集》，北京：中华书局，1985 年，第 107—206 页。

J·邓肯·M·德列特：《社会政治思想和制度》，A. L. 巴沙姆主编，涂厚善译《印度文化史》，上海：商务印书馆，1997 年，第 181—205 页。

刘成基：《中印历史中的医药关系》，《中医杂志》1958 年第 4 期，第 280—283 页。

李经纬：《隋唐时期中外医药之交流》，《中华医史杂志》1985 年第 4 期，第 236—242 页。

李良松：《佛教医药纵横谈》，《亚洲医药》1997 年第 9—10 期，第 97—101 页。

李零：《东汉魏晋南北朝房中经典流派考》，《中国方术续考》，北京：东方出版社，2000 年，第 368—393 页。

廖育群：《印度古代药物分类法及其可能对中国医学产生的影响》，《自然辩证法通讯》1995 年第 2 期，第 56—63 页。

廖育群：《印度医学经典〈阇罗迦集〉中的治疗方法》，《中华医学杂志》1997 年第 2 期，第 114—118 页。

廖育群：《阿育吠陀中的"妙闻之论"——印度传统医学经典介绍》，《中国科技史料》2000 年第 4 期，第 368—378 页。

廖育群：《印度医学中的味（rasa）》，《中国科技史料》2002 年第 3 期，第 255—272 页。

罗新本、许蓉生：《成都出土"四点施朱"骰子考论》，《文物研究》第 3 期，第 15—18 页。

齐陈骏、王冀青：《阿富汗商人巴德鲁丁汗与新疆文物的外流》，《敦煌学辑刊》1989 年第 1 期，第 5—15 页。

申俊龙：《佛教与中国传统医学》，王尧主编《佛教与中国传统文化》，北京：宗教文化出版社，第 922—956 页。

山东临淄市博物馆：《西汉齐王墓随葬器物坑》，《考古学报》1985 年第 2 期，223—266 页。

汤用彤：《针灸·印度古医学——康复杂记之二》，《新建设》1961 年第 7 期，第 58—61 页。

太宰不二丸著、尚林、周润身译：《鲍尔的信——敦煌学起源》，《新疆文物》1990 年第 3 期，第 138—140 页。

王静如：《佛母大孔雀明王经夏梵藏汉合璧校释》，《西夏研究》第 1 辑，北平：国立中央研究院历史语言研究所出版，1930 年，第 181—249 页。

王静如：《佛母大孔雀明王经龙王大仙众生主名号夏梵藏汉合璧校释》，北平：国立中央研究院编《庆祝蔡元培先生六十五岁论文集》下册，1935 年，第 737—776 页。

王冀青：《库车文书的发现与英国大规模搜集中亚文物的开始》，《敦煌学辑刊》1991 年第 2 期，第 64—73 页。

王冀青：《英国国家图书馆东方部藏"霍尔宁搜集品"汉文写本的调查与研究》，《兰州大学学报》1991 年第 1 期，第 143—150 页。

王冀青：《日本大谷大学图书馆藏"霍恩勒文库"附新疆考古通信研究》，《西域文史》第 5 辑，北京：科学出版社，2010 年，第 219—

242 页。

王冀青：《霍恩勒与中亚考古学》，《敦煌学辑刊》2011 年第 3 期，第 134—157 页。

王棣：《宋代中国与印度洋沿岸各国的医学文化交流》，《华南师范大学学报》1992 年第 2 期，第 74—79 页。

王尧、陈践：《三探吐蕃卜辞——伦敦印度事务部图书馆所藏藏文占卜文书译释》，《青海社会科学》1987 年第 3 期，第 77—84 页。

王惠民：《论〈孔雀明王经〉及其在敦煌、大足的流传》，《敦煌研究》1996 年第 4 期，第 37—47 页。

谢后芳：《古代藏族卜辞》，《西藏研究》1982 年第 3 期，第 147 页。

薛克翘：《印度佛教与中国古代汉地医药学》，《佛学研究》1997 年第 6 期，第 252—262 页。

余新忠：《关注生命——海峡兴起疾病医疗社会史研究》，《中国社会经济史研究》2001 年第 3 期，第 94—98 页。

周济：《我国传来印度眼科术之史的考察》，《中华医学杂志》1936 年第 5 期，第 54—58 页。

周叔迦：《北平图书馆藏西夏文佛经小说》，《周叔迦佛学论著集》下册，北京：中华书局，1991 年，第 732—741 页。

张敏：《〈妙闻集〉记载的古印度外科学》，《中华医史杂志》1998 年第 1 期，第 40—44 页。

朱伟奇、王宁：《从〈摩奴法论〉看印度古代社会价值体系的悖论》，《郑州大学学报》2006 年第 5 期，第 39—41 页。

四、外文资料

A. F. Rudolf Hoernle, *The Bower Manuscript: Facsimile Leaves, Nagari Transcript, Romanized Transliteration and English Translation with Notes*, Calcutta: Superintendent Government Printing, 1893–1912.

A. F. Rudolf Hoernle, 'The old Birch MS. From Kashgaria', *Proceedings of the Asiatic Society of Bengal*, for April, 1891, pp. 54–65.

A. F. Rudolf Hoernle, 'An Instalment of the Bower Manuscript', *Journal of the Asiatic Society of Bengal*, Part I, Vol. 60, for 1891, No. 3, pp. 135–195.

A. F. Rudolf Hoernle, 'On the Date of the Bower Manuscript', *Journal of the Asiatic Society of Bengal*, Part I, Vol. 60, for 1891, No. 2, pp. 79–96.

A. F. Rudolf Hoernle, 'A Note on the Date of the Bower Manuscript', (Reprinted with alterations and additions from the Journal of the Asiatic Society of Bengal, Part I, Vol. 60, No. 2, 1891,), *The Indian Antiquary*, Vol. 21, for Februry, 1892, pp. 29–45.

A. F. Rudolf Hoernle, 'A Collection of Antiquities from Central Asia', *Journal of the Asiatic Society of Bengal*, Part I, Vol. 68, No.1, Extra-Number1, 1899, p. 11.

A. F. Rudolf Hoernle, 'Another Instalment of the Bower Manuscript', *The Indian Antiquary*, Vol. 21, for May, 1892, pp. 129–145.

A. F. Rudolf Hoernle, 'The Third Instalment of the Bower Manuscript', *The Indian Antiquary*, Vol. 21, for December, 1892, pp.

349-369.

A. F. Rudolf Hoernle, 'Studies in ancient Indian medicine.V: The Composition of the Caraka-sa ü hit ā in the light of the Bower Manuscript: An Essay in Historical and Textual Criticism', *Journal of the Royal Asiatic Society*, 1909, pp. 857-893.

A. F. Rudolf Hoernle: 'The Weber Mss. —Another Collection of Ancient Manuscripts from Central Asia', *Journal of the Asiatic Society of Bengal*, Vol. 62, No. 1, pp. 1-40.

B. N. Puri, *Buddhism in Central Asia*, Delhi: Motilal Banarsidass Publishers Private Limited, Reprinted 1996.

Captain H. Bower, 'A trip to Turkestan', *The Geographical*, Vol. 5, No. 3, 1895, p.247-250.

Caraka, *Caraka-Samhit ā (Text and English Translation)*, Edited and Translated by Priya Vrat Sharma ect, Varanasi: Chaukhambha Orientalia a House of Oriental and Antiquarian Books, 2000.

J. G. B ü hler, 'A Note on the Mingoi or Bower Manuscript', *Wiener Zeitschrift f ü r die Kunde des Morgenlandes*, Wien, Vol. 5, for 1891, p. 103-107.

J. G. B ü hler, 'A Futher Note on the Mingoi or Bower Manuscript', *Wiener Zeitschrift f ü r die Kunde des Morgenlandes*, Wien, Vol. 5, for 1891, pp. 104-108.

Kshanika Saha, *Indian medical text in Central Asia*, Calcutta: Firma KLM Private Limited, 1985.

Kaviraj Kunjalal Bhishagratna, *Suśruta Samhit ā : Text with English*

Translation, Prologued and Edited by Dr. Laxmidhar Dwivedi, Varanasi: Chowkhamba Sanskrit Series Office, 1998, Vol. 1, p. 9.

K. R. Srikantha Murthy, trans., *Ast ā nga Samgraha of V ā gbhata (Text, English Translation, Notes, Appendices and Index)*, Varanasi: Chaukhambha Orientalia, second edition 2000, vol. 3, pp. 460–520.

Kenneth G. Zysk, Religious Medicine: *The History and Evolution of Indian Medicine*, New Brunswick and London, 1993.

K. Watanabe, 'A Chinese Text Corresponding to Part of the Bower Manuscript', *Journal of the Royal Asiatic Society*, April, 1907, pp. 261–266.

Lore Sander, 'Origin and Date of the Bower Manuscript', *A New Approach, Investigating Indian Art: Proceedings of a Symposium on the Development of Early Buddhism and Hindu Iconography*, held at the Museum of Indian Art in May 1986 (=Veroffentlichungen des Museums fur Indische Kunst, edited M. Yaldiz and W. Lobo, viii), 1988, pp. 313–323. incl. 6. figs.

Marc Aurel Stein: *Ancient Khotan: Detailed Report of Archaeoloical Exploration in Chinese Turkestan*, First Published by Oxford University at the Clarondon Press, 1907, vol. 1, p. 5.

Maurice Winternitz, *History of Indian Literature*, vol. 3, translated from German into English by Subhadra Jha, Delhi: Motilal Banarsidass Publishers Private Linited, reprinted 1998.

O. P. Jaggi, ed, *Indian System of Medicine*, Delhi–Jaipur–Chandigarh–Lucknow: Atma Ram & Sons, 1973. pp. 21–23.

Proceedings of the Asiatic Society of Bengal, for Februry, 1892, pp. 61–63.

Priya Vrat Sharma, ed. and trans, *Suśruta-samhit ā , with English Translation of Text and Dalhana' s Commentary along with Critical Rotes*, Varanasi: Chowkhamba Sanskrit Series Office, 1999.

Pramod B. Thaker, *Philosophical Foundations in Ancient Indian Medicine: Science, Philosophy, and Ethics in "Caraka-samhita"*, Ph. D. of Boston College, 1995.

Ram Karan Sharma and Vaidya Bhagwan Dash, ed. and trans, *Agniveśa' s Caraka-samhit ā , (Text with EnglishTtranslation and Critical Exposition Based on Cakrap ā ni Datta' s Āyurveda D ī pik ā)*, Varanasi: Chowkhamba Sanskrit Series Office, 1998.

William Johnson, 'Report on his Journey to Hohi, the capital of Khotan, in Chinese Tartary', *Journal of the RGS*, vol. 37, 1868, pp.57–61.

Zapiski Vostocnago otdyeleniya imp. *Ruask Arkheol.Obstchestva*, t. XI, 1897–1898, Petersburg 1899.

荻原云来编纂, 辻直四郎监修:《梵和大辞典》, 台北: 新文丰出版公司影印, 1979 年 8 月。

大日方大乘:《佛教医学研究》, 东京: 风间书房, 1964 年 12 月。

福田胜美:《佛教医学事典》, 京都: 雄山阁, 1990 年 12 月。

加藤胜治编纂:《医学英和大辞典》, 东京: 铃木正二出版社, 1978 年 3 月。

矢野道雄:《印度医学概论》, 东京: 朝日出版社, 1988 年 12 月。